Dear Hal,

I picked this up at the library. I thou[ght] "regular" book, but [...] through this! My n[...] were interested in [...], so this is yours. Enjoy!

Your,
Joanne

OF ARTHOUR AND
OF MERLIN

VOLUME I · TEXT

EARLY ENGLISH TEXT SOCIETY
No. 268
1973

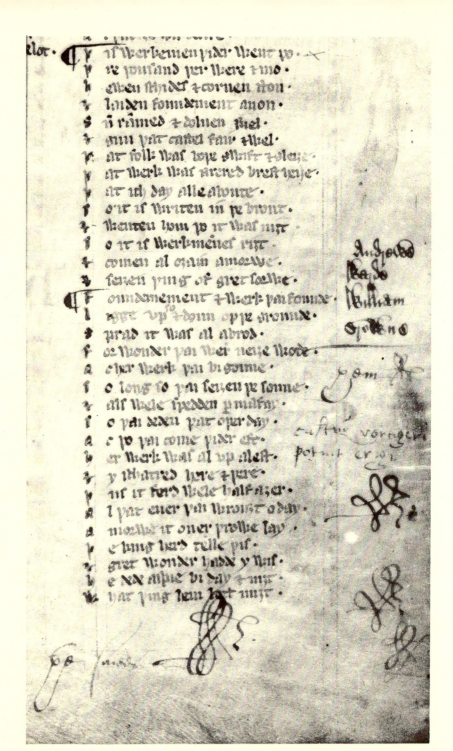

Auchinleck MS., part of f. 204rb (full size). Lines 529–560

In Engelond schulde beo afterward
Strong bataile and happes hard
Al þat Merlyn tolde and saide
In scripture hit was leyde
Of alle þe auentures y understonde
Þat euer schal beo in Engelonde
Bote for hit is so derk þing
Þat Merlyn made in his sayinge
Þat fewe men wiþ olde wone
Konne understonde what hit may mene
Bote ȝef ȝe wolen a stounde dwelle
Of oþir þing y wol ȝow telle
Of þe kinges breþere eke
Uter and Pendragon al so
I tolde ȝow y understonde
How þei weren flemed out of londe
Now wol y telle ȝow for certain
In what manere þei com agayn
Wiþ gret strengþe and power
And how þei drof sire Fortager
Forþ in to his castel strong
For his grete pride and his wrong
And how þei brende him flesch and bon
And how þei can kyng Aungys slon
I wol ȝow telle in what manere
Listeniþ now and ȝe may here
Mury tyme hit is in May
Whan springeþ þe someres day
And damysels carolles ledeþ
On grene wode foules gredeþ
So in þat tyme as ȝe may here
Alle barouns com to Fortagere
And seiden my lord þe kyng
We haue ȝow brouȝt an hard tidyng
Of Pendragon þat is þy fo
And of Uter his broþer al so
Þei ben comen in to þis lond

Lincoln's Inn MS., part of f. 26 r (full size). Lines 1790–1826

OF ARTHOUR AND
OF MERLIN

EDITED BY

O. D. MACRAE-GIBSON

VOLUME I · TEXT

Published for

THE EARLY ENGLISH TEXT SOCIETY

by the

OXFORD UNIVERSITY PRESS

LONDON   NEW YORK   TORONTO

1973

Oxford University Press, Ely House, London W. 1

GLASGOW NEW YORK TORONTO MELBOURNE WELLINGTON
CAPE TOWN IBADAN NAIROBI DAR ES SALAAM LUSAKA ADDIS ABABA
DELHI BOMBAY CALCUTTA MADRAS KARACHI LAHORE DACCA
KUALA LUMPUR SINGAPORE HONG KONG TOKYO

ISBN 0 19 722270 6

Printed in Great Britain
at the University Press, Oxford
by Vivian Ridler
Printer to the University

TO THE MEMORY OF GANDALF THE GREY
AND IN HONOUR OF HIS CHRONICLER
IS DEDICATED THIS STORY OF
A BROTHER-WIZARD

PREFACE

A NEW edition of the romance *Of Arthour and of Merlin* needs no apology. The poem is of distinct literary interest, and of prime linguistic importance as a monument, in its composition and in its principal manuscript, of the language of the London area of the late thirteenth and early fourteenth centuries. The only satisfactory edition is Kölbing's, of 1890; an admirable work but now unobtainable.

The present edition hopes to improve on Kölbing's text in comparatively few instances—a score or two of more accurate readings of the manuscripts, several manuscript readings retained as defensible which he emended, and a very few new emendations put forward. I trust, however, that few corrections will need to be made later to the texts printed here, whereas Kölbing's definitive texts must be arrived at by applying to his printed ones several different sets of corrigenda, including for the later version of the romance one which must be sought in a footnote to a review of the edition. My presentation of this later version also differs in intention from Kölbing's. He showed its two main manuscripts in parallel, to bring out the relationship between them. I show its most important manuscript on facing pages with the main version, to bring out the relationship between the two versions, and content myself with selected variants from the other manuscripts in footnote. Further differences of emphasis and intention will appear in my Introduction, Commentary, and Glossary, to be printed as Volume II in due course.

During the years in which I have been working on this text, I have accumulated many obligations for kindness and assistance of all sorts. But as I expect to accumulate more before my second volume is completed, I hope those to whom I owe them will allow me to stay my thanks a while, and pay them when I part from the task with which they have helped so much. I must not defer, however, expressing my gratitude to the Librarian and staff of the National Library of Scotland for constant helpfulness during my many periods of work there, and for one of my frontispiece photographs; and to the Benchers of Lincoln's Inn, and the

Librarian and staff of the Inn's library, for similar help, as well as for allowing a treasured manuscript to be taken several times to the photographic department of London University and to the studios of Messrs. R. B. Fleming and Co. Ltd.—to the former, and in particular to the expertise of Mr. F. J. Bosley, I am indebted for most of the ultra-violet work on the Lincoln's Inn MS., and to the latter also for ultra-violet work and for my other frontispiece photograph. My demands on the Librarians and staff of the British Museum and the Bodleian have been less persistent, but have been met with equal efficiency and kindness.

Aberdeen, 1973

CONTENTS

THE TEXTS

THE texts rest on independent examination of the manuscripts. Those printed in full are:

A The Auchinleck MS. (National Library of Scotland)
L Hale MS. 150 (Lincoln's Inn Library, London).

Matter lost from L by damage to the manuscript, and the continuation of this version of the romance after L concludes, are supplied from the closely related:

P The Percy folio MS. (now Add. MS. 27879, British Museum).

Variants closer to A than L is (and therefore presumably to the common original, if the descent is not in fact from A itself), and a few other variants which may assist towards establishing the texts of L or A, are also printed in footnotes from P, and from:

D MS. Douce 236 (Bodleian Library, Oxford)
H Harleian MS. 6223 (British Museum)
S MS. Douce 124 (Bodleian Library).

Line-references to P, D, H, and S are to the manuscripts; published editions of the first two are slightly in error, but not enough to cause any trouble in finding passages. The manuscripts and their relationships will be discussed in Volume II.

Normal abbreviations are expanded silently. The form *ihū(s)*, which occurs frequently in A and once in L, is expanded *Ihesu(s)* rather than *Iesu(s)*. In A, where the word is never written in full, this is the more likely form at the date of the manuscript; in L the word normally does appear in full, in this form. Square brackets indicate editorial insertion or alteration, and a dagger editorial deletion; for an insertion there is no footnote but in the other cases the manuscript reading is reported. Angle brackets indicate editorial restoration or supply of illegible or missing portions of text; where restoration has been impossible dots within angle brackets indicate the approximate extent of the missing matter. Where illegibility has resulted from casual fading, rubbing, etc., there is no footnote, but where text is cut or torn away, or where there may have been deliberate erasure, the facts are noted. Obscure and uncertain, but not wholly illegible, letters are so reported in the footnotes (again, the cause is casual unless otherwise stated), but without mark in the text. Minor imperfections of the manuscripts which do not prevent confident reading are ignored. In a number of cases matter obscure or illegible by normal light could be made out by examination or photography under ultra-violet; readings so obtained are normally printed without comment.

Running corrections of various sorts by the original scribes are quite frequent in A and occasional in the other manuscripts. They are noticed here only if of particular interest; an account of them will appear in Volume II. Another stratum of corrections occurs in A apparently not made at once, and similarly in L. A few in A may be, and in L some at least probably are, by the original scribes, but certainly in A and probably in L most are not, though they are of similar date. These are all recorded (though arbitrary decision was necessary in some borderline cases), as 'in darker ink'. Marginal annotations of about 1600 also appear in both A and L (there are specimens on the frontispiece facsimiles); they are not printed here, but a few deletions and one correction in A are tentatively ascribed to 'the late marginal hand'.

The different forms of *i* which occur in the manuscripts are not distinguished, but *u* and *v* are printed as they occur; the occasional use of *ʒ* in the value [z] by the scribes of A and L is retained (but in P the form is used exclusively in this value, and is transcribed *z*), as is the occasional initial *ff* of L and P (but in quotations from D, in which *ff* is universal at the beginning of the line, it is transcribed *F*).

Word-division, capitalization, and punctuation are editorial, except for the large initial capitals and the signs represented ⁊ in A, and the single large capital at the beginning of L, which are from the manuscripts. The manuscripts employ capitals elsewhere, and in general divide words clearly, but in each case with inconsistencies and uncertainties which would make it very difficult for an editor to follow them. They have no punctuation. To impose a system of syntactic punctuation on a text written with no such thing in mind is not satisfactory; on the other hand to present the text with only the devices of the manuscripts would be inconvenient to modern readers. I have attempted a compromise, at the risk of being held simply to have fallen between stools. Punctuation is modern but very sparing, supplied where I hope it can give useful and confident guidance to the reader, but not where it would impose a choice between readings either (or both) of which may have been intended by the author, and not merely because modern rules would prescribe it. Inverted commas, however, follow modern practice, even though one cannot always be sure what are the limits of a speech.

All substantial points on which Kölbing's edition[1] takes a different view from mine are recorded in the footnotes (with editorial conventions adjusted to those of my text), denoted *K*— it follows that emendations which I admit were made (usually originated) by him unless otherwise stated. Cases of mere misreporting of a clear manuscript reading are not recorded; a list of these will appear in Volume II. Different interpretations of sequences of minims in proper names are ignored altogether. In a few cases of interest the reading printed in Kölbing's text (*K text*) is given as well as that finally adopted in (for **A**) the 'besserungen und nachträge' on pp. xvi–xvii of his edition, and (for **L**) a footnote added to Bülbring's review of it[2] (*K corr.*). Readings offered in the notes to the edition, themselves corrected in further 'nachträge und besserungen' on pp. 502–3, seem also in some cases intended as corrections to the printed texts, not merely suggestions. In these cases, and in a few others of particular interest, they also are recorded here (*K notes*). Variants in Schipper's text[3] of **A** 983–1170, and in Furnivall's[4] of the portions of **P** edited, are recorded on the same basis as for Kölbing's (denoted *Sch* and *F* respectively). Variants from Ellis's extracts[5] (the first printing of any parts of the romance), and from Turnbull's inaccurate edition[6] (the first printing of the whole), are registered in only a few cases of interest (denoted *E* and *T* respectively).

The texts are conservative. In **L** and **P** particularly I have been chary of emendation; in addition to obvious running corrections

[1] E. Kölbing, *Arthour and Merlin nach der Auchinleck-Hs. nebst zwei Beilagen* (Altenglische Bibliothek, iv, Leipzig, 1890).

[2] *Englische Studien*, xvi (1892), 252.

[3] In 11th ed. (rev. J. Schipper, 1915) of J. Zupitza, *Alt- und mittelenglisches Übungsbuch* (Vienna).

[4] In J. W. Hales and F. J. Furnivall, *Bishop Percy's Folio Manuscript*, vol. i (London, 1867).

[5] In G. Ellis, *Specimens of Early English Metrical Romances* (London, 1805).

[6] W. Turnbull, *Arthour and Merlin: a metrical romance. Now first edited from the Auchinleck-Ms.* (Abbotsford Club, Edinburgh, 1838).

I print three plausible improvements in **L** (one adopted from Kölbing's notes), and one in **P**, at points where the texts are plainly in error (L 926, 951, 1775, P 2076), besides one speculative reconstruction of damaged text (L 502), but I have attempted no correction of the more complex confusions at L 1539 or 1796–1800.

OF ARTHOUR AND OF
MERLIN

f. 201rb   Of Arthour and of Merlin

Ihesu Crist Heuen-king
  Al ous graunt gode ending
And seynt Marie þat swete þing
So be at our bigining
And help ous at our nede,   5
And leue ous wele to spede
þat we habbeþ euer to don,
And scheld ous fram our fon.
Childer þat ben to boke ysett
In age hem is miche þe bett   10
For þai mo witen and se
Miche of Godes priuete
Hem to kepe and to ware
Fram sinne and fram warldes care,
And wele ysen ȝif þai willen   15
þat hem no þarf neuer spillen—
Auauntages þai hauen þare
Freynsch and Latin eueraywhare.
Of Freynsch no Latin nil y tel more
Ac on I[n]glisch ichil tel þerfore: 20
Riȝt is þat I[n]glische vnderstond

Title: *in red. Between this and line 1 a miniature, cut out (affects top of 1 but*
enough left to ensure reading)   1 K Iesu (*and passim* Iesu(s))   6 leue:
inserted above line in darker ink

He þat made wiþ his hond
 Wynd and water wode and lond
Ʒeue heom alle good endyng
þat wolon listne þis talkyng,
And y schal telle, ȝow byfore,   5
How Merlyn was geten and bore
And of his wisdoms also
And oþre happes mony mo
Sum whyle byfeol in Engelonde.
Ʒe þat wol þis vndurstonde—   10
In Engelond þer was a kyng
A noble mon in al thyng
In weorre he was war and wyȝht
Kyng Constaunce forsoþe he hyȝt.
A douȝhty mon he was of dede   15
And ryȝt wys he was of rede
Kyng he was of gret honour
And holden prynce and conquerour
For kyng Angys of Denemark
And many a Sarsyn stout and stark   20
Weorred on him wiþowte faile
And he ouercom heom in batayle
And drof heom owt of his lond þat tyde
þat þey neo durste him nouȝt abyde.
þanne hadde þeo kyng sones þreo   25
þeo faireste childre þat myȝht beo,
þeo eldest sone þat schold beo kyng
Was cleped Moyne wiþoute lesyng,

þis oþreo weore of gret renoun
Boþe Vter and Pendragon—   30
þus men heore names alle calliþ
þeo bruyt witnessiþ heom alle.

1–27 *D wanting*   29 *K* oþreŧ

þat was born in Inglond.
Freynsche vse þis gentil man
Ac euerich Inglische Inglische can,
Mani noble ich haue yseiȝe   25
þat no Freynsche couþe seye,
Biginne ichil for her loue
Bi Ihesus leue þat sitt aboue
On Inglische tel mi tale—
God ous sende soule hale.   30

N̲ow ich ȝou telle þis romaunce:
  A king hiȝt while sir Costaunce

f. 201ᵛᵃ   þat regned in Inglond.
Mani ⟨....................⟩
H⟨.......................⟩   35
O⟨........................⟩
H⟨.......................⟩

⟨..........................⟩

⟨..........................⟩

A⟨.......................⟩   40
þ⟨.......................⟩
N⟨.......................⟩
¶H⟨......................⟩
Costaunc⟨e ....⟩
þat oþer broþer name was   45
Sir Aurilis Brosias,
þe þridde broþer of gret renoun
Was cleped Vter Pendra[g]oun.
Ac þe eldest sone Costentine
Was noble clerk and wise afine   50

33–44 *Portion missing (reverse of excised miniature) involves bottom of* -glond
(*enough remains to ensure reading, word(s) may be lost following it but only if with
no ascenders*), *most of 34–43, top of* -staunce (*uncertain,* -stentine *perhaps possible*),
and rest of 44   40 *uncertain, could be* S   48 *MS.* pendradoun

On þat tyme we fynd⟨i⟩þ in boke
A gret seknesse þeo kyng toke
þat out of þis world he most wende,   35
And after his barouns he dude sende
And whan þey weore comen euerilkon
þe kyng seide to heom anon
'Lordynges' he saide 'lasse and more
Out of þis world y schal fare—   40
For Godis loue and par charite
And for þe loue ȝe owen to me
Whan y am ded and lokyn in clay
Helpiþ my childre þat ȝe may
And takiþ Moyne myn eldest sone   45
And makiþ him kyng and ȝeueþ him corowne
Holdiþ him [ȝ]oure lord for euer mo.'
Alle þay graunted hit scholde beo so.
þan hadde þe kyng a styward feir
þat was cleped sir Fortager   50

33 i *possibly erased*   36 dude: *D 11* gan
41-2 *D 16-17*   þarfore y pray ȝow for loue of me
                          þat trewe ȝe be pur charite
47 Holdiþ: *H 44* And hold;   [ȝ]oure: *P 45* for your   50 *P 48* Vortiger
(*and so passim*), *D 29* Fortygere (*and passim* Fortiger(e), Fortyger(e))
50a *D 30-7*   Stronge he was and ful wys
                         But he was also ful of coueytys
                         The kyng he haþ yserued ful longe
                         For he was bothe styf and strong
                         On hym was al his tryst at nede
                         þe kynge hym ȝaf both lond and lede
                         And ofte tymys he gan hym pray
                         To helpen his children wat he may

He loued God and holy chirche
And holy werkes forto wirche
Forþi he bisouȝt his fader dere
þat him graunted his prayer
þat he most monke be   55
At Vinchester in þat gode cite,
And maki Brosias his broþer
Or Pendragoun king and no noþer;
þe king was loþ graunti þertille
Ac noþeles toȝain his owen wille   60
At Winchester he was monke ymade
Wiþouten his fader þe kinges rade.
⸿Sone after as ich finde in boke
A gret sikenes þe king him toke
þat out of þis warld he most wende.   65
After his barouns he gan sende
And when þai were ycomen ichon
þe king seyd to hem anon
'Lordinges' he seyd 'lesse and mare
Out of þis warld y most fare   70
þerfore y pray for loue o me
For Godes loue and for charite
When ich am dede and roten in clay
Helpeþ mi childer þat ȝe may
And takeþ Costaunt mi neldest sone   75
And ȝif him boþe reng and crone
f. 201ᵛᵇ   And holdeþ him for ȝour lord euer mo.'
Al þay graunt it schuld be so.
Þan hadde þis king as ȝe may here
    A steward þat hiȝt Fortiger   80
Strong he was and wiȝt ywis,
Fals and ful of couaitise.
þe king he hadde yserued long
And for he was so wiȝt and strong
In him was al his trust at nede   85
And ȝaue him boþe lond and lede
To help his childer after his day
And oftsiþes he gan him pray

60 _K_ to ȝain   76 reng: e _corrected from_ i; _K_ ring, _reporting_ i _corrected from_
e, _which I think less likely_

His treowthe to þe kyng he ply3t
To helpe his chyldre at his my3t
(Bote sone þat traitour was forswore
He brak his treowþe and was forlore).

So þat þe kyng of þis world went   55
And faire was buryed verrayment
(At Wynchestre wiþoute lesyng
Was mad his burying)
Eorles and barouns sone anon
Tok heom togedre euerychon   60
f. 13^v Wiþoutyn any more dwellyng
Heo maden Moyne lord and kyng,

Bote þe styward sir Fortager
Was ful wroþ as 3e may here
And was þera3eyn wiþ al his my3t   65
Boþe by day3es and by ny3ht
For he þou3t himseolue wiþ treson
Beo lord and kyng wiþ croun.
So sone as Moyne was chose kyng
Into Denemark þe word gon spryng   70
Kyng Aungys hit herde sayn
þerof he was boþe glad and fayn,
Messangeris þat ilke tyde
Wente ouer al his lond wyde
After mony Sarsyn stout and stark   75
Of Saxoyne and of Denemark,
An hundred þousand and 3et moo
On horse and on fote also

53–5 *D* 40–4   For whanne þe kynge hadde his lyfe ylore
                 Sone þat fals traytor was forswore
                 And wiþ falshede brak his trewþe
                 And dude gret falsnesse and wronge and þat was rewþe
                 Out of þis wordle þe kyng is went
56 faire: *D 45* omits   58 Was: *H 53* Ther was, *P 56* There was
60 togedre: *D 49* to consayle   62 lord and kyng: *D 51* here kynge
64 as 3e may here: *D 53* in his manere
65–6 *D 54–6*   And wiþ his my3t was þaragayn
                 Bot for fere he dorst no3t sayn

To go†uerny hem wiþ al his miȝt
His treuþe he dede him forto pliȝt   90
(And when þe king hadde his liif forlore
Sone þat traitour was forswore
And wiþ gret tresoun brak his treuþe
And dede hem wrong and þat was reuþe).
¶Out of þis world þe king went   95
And was ybiried verrament—
At Winchester wiþouten les
þer þat king bigrauen wes.
Erls and barouns euerichon
    Token hem to red anon   100
Wiþouten ani more duelling
And made Costaunce her king
And for þat he was monke þore
King Moyne men cleped him euer more,
Ac þe steward sir Fortiger   105
Was wel wroþ in his maner
And wiþ al his miȝt was þeroȝain
As fer forþ as he durst sayn.

¶King Angys sone herd it telle

He gadred him folk wel felle   110
Of Danmark and of Sessoyne

---

89 *MS., K* goruerny   102 *after* Costaunce, biforþ *struck through, probably*
by the late marginal hand;   her: *inserted above line in darker ink*

Come þydir wiþoute ensoyne
Forto weorre on kyng Moyne,   80
þeo kyng wolde no lengur byde
Bote dyȝt him to schip þat tyde
And brouȝt into Engelond afyn
Mony a douȝty Sarsyne
(Bote Engelond was clepid þan   85
Mukyl Breotayne of vche man).
þanne þe word wyde sprong
How þe Denys kyng wiþ wrong
Gan worche Engelond muche woo;
Kyng Moyne herde þat hit was soo   90
He went him to sir Fortager
And preyȝed him wiþ mouþ and cher
And bysouȝte him wiþ gret vygour
He scholde beo his gouernour
Aȝeyn his fomen forto fyȝt,   95
And he onswerede anon ryȝt
And brayd him seik as traytour strong
And seide, wiþ ryȝt and nouȝt wiþ wrong
Neo wold he neuere come in batayle
For his streynthe bygan to fayle—   100
And al he dude for nyþe and onde
He þouȝte to beo kyng of þis londe.
þeo kyng him wolde no more pray
Bote tok his leue and went away,
Messangeris he sent þat tyde   105
Ouer al his lond on ylk a syde
To eorl baroun and to knyȝt
To helpe him forto fyȝt
And whan þay weore al ycome
And heore armes hadde ynome   110
þey prikyden forþ wiþoute faile
To ȝeue þe Denys kyng batayle.
þer was clowen mony a scheld
And mony a knyȝt feld in þe feld

---

85 þan: *D 76* þo (: þe bruyt seyþ so)   97 him: *over* m *mark like circumflex*
accent, of no apparent significance;   seik: *squeezed in above line in darker ink,* i
of unusually tall form, k *uncertain*; *K* him self [seek], *insertion could be read* self;
D 90 made hym seek, *P 93* fained himselfe sicke

Forto wer oȝaines Moyne,
He filled ful mani dromouns
Of kinges erls and barouns
Vp þai sett sail and mast   115
And into Inglond com an hast
(Ac Inglond was yhoten þo
Michel Breteyne wiþouten no).
þe Bretouns þat beþ Inglisse nov
Herd telle when he com and hou   120

f. 202ra   þat Angys bi water brouȝt;

þe king Fortiger bisouȝt
He schuld afong his pouwer
And be steward as he was er
And help him bi day and niȝt   125
Oȝain his fomen forto fiȝt,
He it forsoke and seyd he nold
Noiþer for siluer no for gold
And feined him þat he no miȝt
At batayle com forto fiȝt—   130

And al he it dede for traisoun
King to be was his achesoun.

¶Angys was riued wiþ mani a man
King Moyne went him oȝan,
þo he come þider wiþouten faile   135
Sone was smiten þe batayle
þer was broken spere and scheld
And mani a kniȝt of hors yfeld

120 and: *inserted above line in darker ink*   129 *K notes* him [seek]

Al þat þey metten at þat stounde   115
Mon and hors þey slowe to grounde,
So Englysch men forsoþ to say
Weore discomfyȝt and fledde away—
To Wynchestre þay fledde þo
Syngand allas and weylawo.   120

Bote þe Denys kyng byfore
Mukil of his folk hadde ylore,
Also swyþe he sent his sonde
Hom aȝeyn to his owne londe
To al þat myȝhte wepne beore   125
Schold come to Englond him to weore.
Of weorre wolde he neuer blynne
Cytees and castels he gan wynne
In Engelond he dude mukil wo
Half a ȝer and sumdel moo.   130

Alle þe barouns of Engelond
Tokyn heom togedre on honde
What heom weore best to done
To avenge heom of heore fone

And whan þay weore come alle y ȝow telle   135
Eorles barouns þat weore feolle
Heo seiden þat Moyne heore kyng
Was nouȝt bote a broþelyng
And seyden 'ȝef Fortager kyng ware
He schulde ous brynge out of care'   140
And seide anon elde and ȝyng
þey wolde Fortager weore kyng.

And whan þay haddyn spoke of þis

138 nouȝt: *P 134 omits*

Ac our men and king Moyne
Were ouercomen wiþouten asoine,   140
To Wincheþster þai flowen þo
Wiþ mani siȝhing and walewo
þat swiche a sleiȝster wiþ hond
Was fallen into Inglond—
þer was mani kniȝt yslawe   145
And mani swain ybrouȝt of dawe.

Angis tok in a þrowe
Mani castels and tounes arowe
And put þerin his men
Forto stonden our oȝen   150
And sent after eld and ȝing
Forto help in his fiȝting.
⁋þo were fel kinges in lond
þat Costaunce wan vnder his hond,
Mani of hem so weren þare   155
Of þat descomfite hadden care
And oft Ihesu Crist hye bisouȝt
He schuld hem help as he hem bouȝt
And hem bring out of her care
After þat þai worþi ware.   160
⁋On a day as y ȝou telle
Our princes speken wordes felle
And seyd þat her king
Nas bot a breþeling,
f. 202rbȝif Fortiger her prince ware   165
'No hadde we nouȝt hadde so miche care,'
þai hadden leuer þan ani þing
þat he were chosen to her king—
In her witt þai vnderstode
þat it were so in his mode   170
Her king to ben himselue.

141 *MS.*, *K* Wincherster

Twolue barons þey sente ywis
To sir Fortager þeo bolde   145
To wite why þat he neo wolde
Aȝeyn heore fomen, forto fonde
To dryue heom out of Engelonde.
And þo þeo barounes alle yfere
Waren come to sir Fortager   150
Wel hendeliche he heom grette
And on þe deys by him sette

And bad heom wiþ wordes ille
To s⟨a⟩yȝe what weore heore wille,
And ⟨þ⟩ey onswerde faire aȝeyn   155
A⟨nd⟩ baden þat he scholde heom seyn
⟨Why⟩ he wolde nouȝt wiþ heom gon
⟨To a⟩venge heom apon heore foon
⟨And s⟩eide 'Syþe Constaunce was ded
⟨We ha⟩n had a sory red   160
⟨We ha⟩n had mony sory happes
⟨And of h⟩ys men wel harde clappes'
⟨And bad⟩ he scholde take on honde
⟨To weorr⟩e heom out of Engelonde.

⟨þan ans⟩werde sir Fortager   165
⟨As a man o⟩f gret power
⟨'I was neu⟩er ȝet ȝoure kyng
⟨Why prey⟩ȝe ȝe me of such helpyng?

f. 2ᵛ   No neuer ȝet herbyfore
To ȝow no was y nouȝt yswore   170
Forto helpe ȝow at ȝoure neode

And þerfore so God me spede

150 sir: r *uncertain*   151 he heom: *P 147* they him, *D 152* þey hym
153 bad: *D 154* askede   154–68 *strip torn off* (*and edge rubbed*), *text reconstruc-*
ted chiefly on basis of P   155 And: n *uncertain*   158 *P 154* fforto avenge,
D 159 Forto awreken, *but not room in L for* Forto   159 s⟩eide: *first* e *uncertain*
159–62 *D 160–4*   We may þei seiden haue no pes
                      For þe kyng of Denmark wiþoutyn les
                      He werreþ vppon vs boþe day and nyȝt
                      þarfore we prayen þe syre help vs to fyȝt
163 *P 157* And bade that, *but not room in L for equivalent*, bad *more likely than*
bade(n) *in the space*   168 prey⟩ȝe: ȝ *uncertain*, *K* pra⟩ye

To him þerfore þai sent tvelue
(Wisest þai chosen of þat lond)
þat schuld wele his hert fond
Why he nold wiþ hem come   175
So he tofore was ywone.
¶þis tvelue to him come
So þe conseil was ynome,
Wiþ grete honour and him gret
And he hem badde bi him site—   180
What he desired forto ben
Bi his answere þai schuld ysen.
He asked hem wat was her wille
And þai him seyd tidinges ille

Angys hem hadde ouercome   185
And michel of her lond binome
And mani barouns and kniȝt yslawe
And her kin brouȝt of dawe,
þerfore þe conseyl of þe lond
Bad he schuld don his hond   190
þis ich wo amende raþe
þat þai no hadde no more scaþe.
Þo bispak him Fortiger
     Gode kniȝt hardi—and pautener
'Y nam noiþer ȝour douke no king   195
Whi aske ȝe me conseiling?
King Costauns y was to swore
Euer y was ȝou þo tofore
And wered ȝou wiþ mi power
Wide and side fer and ner,   200
Wiþ me nis it nouȝt nov so

---

184 þai: *inserted above line in darker ink;*   him: i *corrected from* e *in darker ink*
190 *K* don [to] his hond   194 *K opens speech* 'Gode kniȝt

Wendiþ hom to ȝoure kyng
And preyeþ him in al thyng
þat he ȝow helpe aȝeyn ȝoure foon   175
For of me neo gete ȝe noon.'
þanne onswerde a bold baroun
'Oure kyng nys bote a konioun
For whan he siþ a sweord ydrawe
Anon he wenyþ to beon yslawe   180
He ne doþ vs non oþir good
Bote fleoþ awey as he weore wod.
Hadestow beon among vs alle
þat chaunce neo hadde neuer byfalle
þat we lore þis asauȝt   185
Forsoþe in him was al þeo defauȝt—
þus seyn alle oure peris.'
'Y tro wel' seide sire Fortagers
'Certes hit was gret deol
To make ȝoure kyng of a fool   190
Hadde ȝe mad a mon ȝoure kyng
He hadde ȝow saued in al thyng,
Bote certaynly sikir ȝow beo
Help neo haue ȝe non of me—
Bote [if] ȝoure kyng weore ded aplyȝt   195
I wolde ȝow helpe wiþ al my myȝt.'
þanne saide þeo barouns ilkon
'Woltow þat we oure kyng slone?'
'Nay' he seide 'wiþoutyn stryf—
Whiles ȝowre kyng is olyue   200
Help no gete ȝe non ywis.'
þeo barons toke leue wiþ þis
To Wynchestre þey went alle
þere þeo kyng was in his halle
And als he sat at þe mete   205
þey rowned to him wiþ gret hete

178 *P 172* Our kinge is, *D 183* Syre our kyng ys;   *K* kouioun   185 þis:
D 190 at þat   188 *D 193* quaþ Fortiger   195 if: *so P 187*
206–10 *D 211–15*   þey ronnen on hym wiþ gret hete
                     And or þey spekyn eny wourd
                     Ryȝt as þe kyng sat ate his bord
                     They gurdyn of his hede anon
                     And wenten hem out eeuerychoun.

þerfore to ȝour king ȝe go

Biseche him he ȝou socour

And ȝe wil him þan honour.'
¶þan bispac to him a baroun   205
'Sir our king is bot a conioun
þo he seiȝe swerdes drawe
To fle sone he was wel fawe

f. 202ᵛᵃ   He no can conseil to no gode
He is so adrad he is neiȝe wode.   210
Whiles þou were in our þrome
No were we neuer ouercome,
þat we forlorn at þis asaut
Al we wite it þi defaut—
So siggeþ al our pers.'   215
'Y leue wele' quaþ Fortigers
'Nil ich me noþing auentour
To purchas a fole gret honour—

ȝif Moyne ȝour king ded ware
Ich wald ȝou help out of care.'   220
'Sir' þai seyd to him þo
'Wiltow þat we Moyne slo?'
¶'Nay ac goþ fro me bliue—
While ich wot he is oliue
Conseyl worþ ȝou of me non.'   225
þe barouns þennes gan gon
To take her king þai wenten alle
And founden king Moyne in his halle
þer he sat at his mete
On him þai schoten wiþ gret hete   230

206 *K* couioun

And as he sat at þe bord
Or euer he spak any word

þey rowned alle to him anon
And smyten of his hed wel sone,   210

And whan þe kyng þus was slawe
Eorles barons hyȝhe and lawe
Tokyn heom alle to rede—
A kyng þey mosten haue nede

Al Engelond forto weore   215
Aȝeyns heore foon þat wolde heom dere.
þanne hade þe [kyng] breþere two
Ȝonge childre þay weore boo
þay weore so ȝonge wiþynne elde
þat þey myȝte non armes welde,   220
þat on was Vter, and Pendragon.

þan saide þe barons euerilkon
þat þey neo scholde neuer spede
Bote ȝef a douȝhty mon of dede
W⟨e⟩ore chose to beon empere   225
And sworen þat sir Fortagere
Was a douȝhty mon of dede
Stout and stark apon a stede

f. 3ʳ   A[nd] sweore þer togedre vchon
þat oþir kyng no wold þey non,   230
þo nas þer neyþir knyȝt no sweyn
þat durste speke þeraȝeyn
Bote graunted alle olde and ȝonge
To make Fortager heore kynge.
A mury tyme is in Auerel   235
þat muche schewiþ monnes wil—

217 þe [kyng]: _P 209_ Moyne   223 neo: o _uncertain_   225 empere:
_K_ emp[er]ere, _D 230_ here kynge (: wiþoute lesynge), _P 215_ their kinge in fere
233 ȝonge: _D 238_ ȝynge   234 _D 239_ þat Fortiger schulde be here kynge

And smiten of his heued wiþ a sword
Er þai spoken ani word
And who so struted oȝainward
Anon þai ȝauen hem dintes hard,
Out atte þe dore þai flowen anon   235
And ascaped euerichon.
þerfore was contek and striif
And mani it abouȝt wiþ þe liif
Ac seþþen þe king yslawe was
And opon hem fallen swiche a cas   240

A king þai mosten haue swiþe
Al her sorwe forto liþe
And þat he miȝt hem were þan
Oȝain Angys þat douhti man.

¶And þan Vter Pendragon   245
Armes miȝt bere non
No Aurilis Brosias is broþer
þan þai most chese anoþer,
Whereþurth þai seyd in þat nede
Wele no miȝt þai nouȝt spede   250
Bot ȝiue þai wold Fortiger
Chese to her king þere;

f. 202ᵛᵇ   Nouȝt fele nar þeroȝen
Ac seyden þat it most ben,
What for loue what for ay   255
Non no durst oȝain say
Ac þer þai chosen old and ȝing
Fortiger to ben her king.
M irie time is Auerille
  þan scheweþ michel of our wille   260

249 (*and passim*) *K* þurch

So in þat tyme as ȝe may here
Twolfue barouns come to Fortagere
And seiden þat Engelondes ryȝt
Was lorn þoruȝ heore kyng aplyȝt   240
And he was ded wiþoute lesyng,
And his two breþere weore to ȝyng
To holde þe kyndom in honde,
'þerfore þeo comyn of þis londe

Haþ þe chosen wiþ honour   245
Forto beon heore empour.'

Blyþe and glad was Fortager
Anon was kyng wiþoute dawnger.
At þe feste of his corounement
Two barons þat weore gent   250
þat al þe treson vndurstode
And hadde reuþthe of heore blode
þat þey scholde beo do to ded
þerfore þey tok anoþir red
And tokyn Vter and Pendragon   255
And passed ouer þeo see anon,
Of heore passage wiste no mo
Bote þe hende barons two.
And whan þeo feste was yholde
Fortager þat traitour bolde   ·   260
Let make a compacement

242 two: *D 245 omits*
245–6 *D 248–9*   Habbe loked þrouȝ alle þynge
                            þat þu Fortiger schalt be oure kyng
246 *K* emp[er]our, *P 234* emperour   248 *P 236* And anon   249 *P*
237 starts section here, D 256 And at   252 heore: *P 240* the right
255 *D 262* And token þe childryn as we reed (: gonne hem lede)   261 com-
pacement: *D 272* comoun parlement

In feld and mede floures springeþ
In grene wode foules singeþ
Ʒong man wexeþ iolif
And þan proudeþ man and wiif.
¶þe barouns com to Fortiger 265
And gretten him wiþ glad cher
And seyd þat her solas
þurth wicked men ylorn was
þat was Moyne her king,
And his breþer were to ʒing, 270

'And for we ʒou witeþ wiʒt and trest
(Of al men ʒe mowen best
Vs kepen oʒain our fon
So ʒe han er þis ydon)
We haue ʒou chosen our king 275
And ʒouen ʒou boþe croun and ring—
þe heiʒe siggeþ and þe lowe also
It miʒt no better ben ydo.'
¶'[N]ow gramerci' quaþ Fortiger
And was made king wiþouten daunger, 280
Ac at his corounment
To barouns þer weren gent
þat þis tresoun vnderstode
And sore hem rewe þe kinges blod
þat it schuld be spilt so 285
And tok rede bitvixen hem to
þe to childer ouer þe se bring
And went hem forþ wiþouten lesing,
No man wist of her conseyle
Bot þai alon wiþouten faile. 290
¶þe king held fest noble and gent

And afterward his parlement

279 *MS.* mow   281 *T, K* coronument

Of eorles and of barouns gent
At wych parlement þey hadyn ty3t
Forto a slayn þeo childre ry3t.
ffortager comaunded anon   265
To fechche Vter and Pendragon,
Swyþe anon men heom sou3t
Bote þey neo my3hte fynde heom nou3t,
Whan Fortager þis vndurstod
þanne at furst he wax al wod   270
And þou3te 3ef þey come to lyue
To vyl deþ þey schold him dryue.
Bote noþeles sire Fortager
Dude comaunde fer and ner
T⟨o eorl⟩ baroun and to kny3t   275
⟨To make h⟩eom redy forto fy3t,

⟨Anon þey⟩ dy3hte heom ywis

⟨Wiþ armes⟩ and wiþ hors of prys,

⟨Whan þey⟩ weore al redy dy3t
⟨Forsoþe hit⟩ was a semely sy3t   280
⟨Wiþ helm⟩ on hed and bry3t baner
⟨Alle went⟩e wiþ sir Fortager.
⟨þe kyng o⟩f Denemark wiþ pryde

---

263 þey hadyn ty3t: *D 274* he heet anon (: Pendragon)   *270 D 281* For
angur and wreþe he was ny3 wood   *275–86 strip torn off (and edge rubbed),*
text reconstructed chiefly on basis of P   *275 K* Boþe to baroun *with no report*
of obscurity, but T *clear under ultra-violet; P 261* To duke erle barron and knight,
D 290 To duykes erlys baron and kny3t, *but not room in L for equivalent*
276a *D 292–3*   A3ens þe kynge of Denmark forto fare
                    þat wrou3te in Englond so moche care
277 *P 263* And soone the, *but hardly room in L for equivalent, D 294* Anon þey
278 *D 295–7*   Forto asayle þe Denmarkys
                  Some on palfray and some on stede
                  And many a man on foot 3ede
279 *P 265* And when they, *D 298* And whanne þey, *but hardly room in L
for* And   282 went)e: e *uncertain, P 268* All went forth with, *but hardly
room in L for equivalent, D 301* þat wenten wiþ   283 o)f: f *uncertain*

In wiche parlement he hete

Men schuld him bring þe children skete,
þai were souȝt and founde hem nouȝt   295
þo he held him iuel bicouȝt
f. 203ra þo Fortiger it vnderstode
For wreþe he wex neiȝe wode—
It was no wonder forsoþe to say
For þai dede him after gret tray.   300
¶Fortiger al þis forlete,
Princes doukes also skete
Fre and bond swain and kniȝt
Alle graiþed hem to fiȝt
þat þai miȝten flemen Angys   305
And al her dedlich enemis,
So þai deden wiþouten no
And were al redi forþ to go
Oȝaines her foman Angys
Sum on gode hors of priis   310
Sum on palfray and on stede
And sum on fot ful gode at nede

Wiþ arwe and bowe and alblast
Her fomen forto agast.
¶þai wenten forþ and met Angys   315

⟨Brouȝt his⟩ host by his syde,
⟨Eyþer ost ca⟩n oþir assaylle   285
⟨Ȝe myȝhte þ⟩er seo stark bataile

f. 3ᵛ   Sweordes drawen and arwes schoten
Mony a quarel þoruȝh þeo þrote,

þeo Englysch folk forsoþe to say
Fouȝhten so wel þat ilke day   290

þat kyng Aungys in þat tyde
Was apon þeo worse syde
And fleyȝh awey as he weore wood
Into a castel strong and good
And mukil of his host also   295
Faste awey þay gon to go

And Fortager wiþ his rowte
Bysette þe castel al abowte,
And whan þay hadde longe byleyn

284 host: h *uncertain*, K his⟩ ost, *but what looks like tip of* h-*loop can be seen*
285 n *uncertain*   286 er *uncertain*, K ⟨There might y⟩ou *following* P 272,
but ou *grammatically improbable and doubtfully consistent with the remains*
287 *D 306* yschote
288a *D 308-9*   Schaftes tobroke and helmes bryȝt
                       Islawe þar was many a knyȝt

290a *D 312-13*   þat many a bold Saracyne
                        In þat batayle hadde hys fyne
299 hadde: *first* d *uncertain*

Wiþ mani Sarraȝin of priis,

þer was mani arwe yschote
And mani quarel þurth þe þrote
Schaft tobroken and cleued scheld
Mani a kniȝt feld in þe feld   320
Helme tobroken hauberk torent
Mani noble hors yschent,

Ac our men þer dede ful wel

Wiþ broun swerd of grounden stiel
Mani a riche Sarraȝin   325
þai brouȝten into helle-pin.

¶Angys seiȝe his del þe wors

And gan to fle wel swiþe on hors
To a castel wel strong about
Where was michel of his rout,   330
þo þat he left bihinden him
Hadde chaunce hard and grim
No halp hem noiþer pes no crie
No fiȝting no criing 'Merci!'
Al men maden her acord   335
Wiþ axes speres kniif and sword,
Al þat were bihinde yfounde
Anon þai were leyd to grounde
No miȝt þer askape neuer on
þat he nas to deþ ydon,   340
f. 203ʳᵇ þus our folk hadden þe priis
And went þo to bisege Angys.
þo þai hadde him long bilay

Kyng Aungys sent heom forto seyn 300
ȝef he in pes passe most
He wolde take al his ost
And wende to his owne contray
And neuer after þat day
Wolde he passe þeo see-stronde 305
Neo come to weorre in Engelonde,
And whan þis couenaunt was al don
þat þey neo wolde in Engelond come
Fortager tok his counsail
And let heom passe hol and hayl 310

So þey went to þeo see
And passeden to heore contre.
Fortager þo tok his host
And went þennes wiþ gret bost
And heold feste many day 315
Wiþ mukel solas and wiþ play,
And whan þe feste was yholde
þat twolf barouns þat ich of tolde
þat hadde slawe Moyne þe kyng
Byþouȝten heom of a wondur thyng 320
þat þey wolde wende to Fortager
And aske him mede and heore lower,

And seiden 'Fortager now þow art abowe
þenk what we dude for þy loue
We slowe oure ryȝte kyng of kynde, 325
Now beo sene ȝef þow beo hende
For we brouȝte þe in þy power
ȝeld vs oure mede and oure lower.'
Kyng Fortager onswerde ageyn
Wiþ egre mod and gan to seyn 330

303 *D 328* And wendyn hom to hys contray   309 D *334* dede by con-
sayle   315 *P 299, D 338* many a   316 D *339* Wiþ gret delyȝt and
noblay   318 þat: *P 302, D 341* The   319 D *342* yslawe   322 mede
and: *D 345 omits*   323 Fortager: *D 348* syre kyng   325 ryȝte: *D
350 omits*   326 beo: *D 351* art   328 *D 353* ȝeld vs syre kyng now oure
lowere

Angys sent hem þan to say
3if he in pays wende most   345
He wold taken al his ost
And leden hem to his cuntraye
And neuer eft don hem traye,

Fortiger bi his conseyle
Lete hem wende hole and hayle   350
(Ac ferst þai sworen him an oþ
þai schuld him neuer waite loþ)
þus þai wenten to þe strond
And ferden ouer to her lond.
Fortiger and his ost   355
O3ain com wiþ gret bost
And held fest mani a day
Of gret delite and noble play.
When þis fest was don and held
þe xii traitours þat y of teld   360
þat hadde yslawe Moyne þe king
Biþou3t hem of a selcouþe þing
þai wold go to Fortiger
And asken him her lower
Of þe king þat was yslawe   365
Wiþ tresoun o3ain þe lawe,
And seyden 'King þou art aboue
þenke what we dede for þi loue
We slou3 our lord kende,
Nov be sen 3if þou art hende   370
þurth ous þou art in þi power
3if ous now our lower.'
¶þan bispac him Fortiger
Anon to hem wiþ loureand chere

'By þe lower þat God made
ȝe schal haue as ȝe bade
For ȝe arn traytours stronge
And han slayn ȝoure kyng wiþ wronge
(And ȝef y may so mot y theo   335
ȝe neo schal nouȝt so serue me)
For ȝe han wrouȝt aȝeyn þeo lawe
ȝe schul beon hongyd and todrawe'
He dude take horses sket
And traysed heom to heore feet   340

PERCY FOLIO MS.

f. 75ʳ

And then drew them on a pauement
And sithen hanged them verament.
Then many an erle and barron hynde   325
That were of the barrons kinde
To Vortiger they ran anon   (345)
As his most deadlye fone
Hard on him can they fight
Forto slay him the thought right,   330
Vortiger with might and maine
He with his host went them againe,   (350)
A strong batell there was dight
And many a head the⟨re⟩ of smitt
Soe that Vortiger that day   335
Was glad forto scape away.
Anon the barrons send their sonde   (355)
Wyde ouer all Englande

L 333 traytours: *first t uncertain*   L 334 wronge: e *uncertain (mostly lost on reverse of tear noted at 275–86)*   L 336 *D 361* So schul ȝe neuere me
L 340 *K text* tray†ed, *K notes* t[e]y†ed, *P 322* tyed, *D 365* tyde traye to   L 341–438 *(reconstructed lineation) lost on missing folio*   *P 323 D 366* And leet hem todrawe on þe pauement   *P 324 D 367 after* anhonghe hem
P 325 barron: n *uncertain (mostly lost in hole in paper)*;   hynde: *D 368* hende
P 326 D 369 kende   *P 330 (and passim) K* the[y]   *P 333 F, K* battell, *but what looks like second t probably merely lower loop of* s *in* host *above*;   *D 376* And many a man deyde þar aplyȝt   *P 334 letter(s) lost in hole in paper, only just room for* re, *F, K* ther   *P 335 D 378* þat same day   *P 336 D 379* Vnnethe alyue skapede away   *P 338* Englande: e *placed abnormally low and obscured in fold, Percy's note on MS.* Englonde, *F, K* England

'Bi þe lower þat God made
3e schul haue þat 3e bade

So ich euer mot ythe
So no schul 3e nou3t serue me
For 3e han 3our lord yslawe
3e schul ben honged and todrawe'   380
He dede feche hors wel sket
And teyed hem to her fet

And dede hem drawe on þe pauement
And hong hem after verrament.
Mani kni3t and baroun hende   385
Sei3en þis of her kende
Opon þe king þai ourn anon
As his dedliche fon
Ac bitven hem stode his men
Stedfastliche o3aines hem,   390
þer was mani heued of hitt
þer was mani þrote ykitt
Mani hert forles his blod
And mani þe bal vp in þe hod,
Vnneþe þat ich day   395
þe king ascaped oway.
¶þe barouns went þat ich ni3t

To all their ffreinds sibb and couthe
East west north and southe   340
And told them that sooth tyde
How Vortiger with great despighte   (360)
With great treason and with wrong
Their kinred had drawen and honge.
Wrath then was many a man   345
And al together swarren then
That they wold not assunder breake   (365)
Till they were on him wreake,
Euerye man on other besought
A great host on him they brought   350

And foughten with sir Vortiger
9 monthes of this yeere   (370)
That many a lady fayre and free
Lost her lord and her meanye.
Then the warr endured long   355
And the barrons waxed strong
That Vortiger had not power   (375)
Against them longer to endure,

Messengers anon hee tooke
And made them sworne vpon a booke   360
That they shold his arrand gone
And letters he tooke to them anon   (380)
And sent them ouer the seas iwis
To Denmarke vnto kinge Anguis
And that hee shold come att neede   365
With all the power that he might lead
Against his foemen forto fight   (385)

339 ffreinds: *so F, K* freinds   341 *D 384* hem alle also tyde   348 *D 389*
þarfore on hym we wol ben awreke (: he wold vs eke)
350a *D 392-3*   Many an erl and many a knyȝt
                        þat egre weren of mood and strong on fyȝt
352 *D 395* Many mounthys
358a *D 402-3*   For þe barons folk gan wexen ay
                        And þe kynges weren distroyd eche day
361 *K notes* [in] his   364 (*and passim*) *F, K* king (*MS.* k:)

Toward her frendes ful riȝt

And her gref anon hem teld
Hou Fortiger her king aqueld   400
þurth tresoun þat [he] hadde yspeken,

Of him þai wald ben awreken,
Ich his frendes so bisouȝt
þat opon Fortiger þai brouȝt
Mani erl baroun and kniȝt   405
Hardy and kene forto fiȝt,
þai fouȝten wiþ Fortiger
Mani moneþ and mani a ȝere
Wherþurth mani a leuedi fre
Her lord les and fair meyne.   410

¶Fortiger nam gode coure
þat he no miȝt oȝain hem doure
For þai wexen mo and mo
And his men lassed alway þo,

Letters he made to Angys þe welp   415

And bad he schuld cum him to help

Oȝaines his men þat wald him sle

That wold depriue him of his right;

Then was kinge Anguis blythe
And messengers hee sent swithe   370
To duke erle barron and knight
And to all that weapon beare might,   (390)
Then to shipp they went blithe

f. 75ᵛ   And ouer the sea can they driue,
And when they came to Vortiger   375
He welcomed them with merry cheere

And seazed there into his hand   (395)
Halfe the realme of England
That he had or haue might
Forto helpe him in his right.   380

When this couenant was made fast
All they dighten them in hast   (400)
Into battelle forto wend
With the barrons that were hende
Besids Salsbury a lyte   385
There the battell can the smite.

(405)

Many a bold champion

369 *D 416* And þarof þe kyng of Denmark was blythe   373 Then . . .
went *faded by paste used in modern remounting and now uncertain, reading from
F, K;   after the line catchword And—*   376 *D 427* And he hem welcomede
376a *D 428-9*   Of here comnaunt he was byknawe
                     And he made kyng Amygis hys felawe
377 hand: *after* d *downward flourish (not abnormally large), F, K* hands
380 *D 433* Wiþ þat he hulpe hym to fyȝt   382 dighten: *D 435* raydyn
386a *D 440* And þar was sone layd adown   387 *D 441* fayr gamfanoun
387a *D 442-3*   Schaftes tobroke and schyldys torent
                     A[nd] manye a spere þoruȝ sydes went

And he schuld haue half his fe;
Angys þerof was bliþe
His message he dede swiþe   420
Mani þousand he tok wiþ him
þat were boþe stout and grim

And comen ouer to Fortiger,

And he hem welcomed wiþ glad chere
Of his couenaunt he was biknawe   425
And made Angys half-felawe

þat he hadde or haue miȝt
Wiþ þat he schuld him help in fiȝt,
f. 203ᵛᵇ   Oȝaines his men and help him were
þat were abouten, him to dere.   430
þis couenaunt was made stedfast
And hem grayþed sone on hast
To batayle forto wende,
For þe barouns were hende
Bi Salesbiri biside a lite   435
Al redi bataile to smite
And abiden her fomen
þat þider comen hem oȝen.
þer was sone leyd adoun
Mani wel briȝt gonfaynoun   440
þe schaftes tobroken and cloþ torent
And mani a gret lording yschent
Mani kniȝt oþer slouȝ
Mani hors her guttes drouȝ—
Ich ȝou sigge riȝt treuþe   445
Non of oþer hadde reuþe.
Swerdes on helmes gan driue
Mani schaft þer gan riue
Mani hauberk was torent
And mani þurth þe bodi schent   450

418 his: i *freshened up (or perhaps corrected from partial* e), *and* s *inserted above
line, all in darker ink*

C 7738   D

And many a 1000 in that stonde
Were slaine and brought to ground,

Many a ladye and damsell   390
Can weepe that day with teares fell.   (410)
Then had Vortiger 10
Against one of the barrons men,

Discomffitted they were that day
With great sorrow the fled away   395

And Vortiger that wold not spare   (415)
But hunted them as hound doth hare,
Them that he did ouertake
Noe other peace did he make
But did them all todraw and hange,   400
But sithen all that was wrong   (420)
Many a barron hynde and free
Fled out of his owne countrye
And dwelled out many a yeere
For loue of sir Vortiger,   405
Then Vortiger ceazed into his hand   (425)
The lands and rents of all the barrons
And both wiffe chyld and swaine
He droue out of the laund certaine.

389a D 446-8   þar men myȝt see anon
                   Many a dowȝty man aslon
                   And þe hefd from þe body lay (: þat day)
392 D 450 euer more ten
393a D 452-3   Wharfore þe barons ne myȝt
                   Holden no lengore aȝens hem fyȝt
400 D 460 But leet hem todrawe and anhonghe   406 hand: as 377, F, K
hands   407 D 470 Londes rentes wode and feld (: chyld)
409 F, K lannd
409a D 472-3   þat by consayle of kyng Amygis
                   He ȝaf hit to Saracyns of gret prys

þer was slawe and brouȝt to grounde
Mani man in litel stounde
A boþe half lay mani on
þe heued fro þe nek-bon
Wombe and side þurthout dast   455
Wiþ launce quarel and alblast
þat mani leuedi and damisele
Biwepe it seþþen wit teres fele,
Ac Fortiger hade euer four
Oȝain on forsoþe of our   460
Forwhi þe barouns no miȝt
Wiþstond in þat fiȝt

Ac gun fle wel fast þenne
Sum ouer se to her kenne
Sum for gret ayȝe and dout   465
To oþer kinges flowen about
Also we finden in þe bok
Al þat Fortiger atok

He let todrawe and anhong
Were it wiþ riȝt oþer wiþ wrong   470

þe oþer he devoided alle
Of lond and tour castel and halle

And bi conseyl of Angys
ȝaue it to Sarraȝins of pris—
þer was loue of hert cler   475
Bitven Angys and Fortiger.

Kinge Anguis had verament   410
A daughter that was faire and gente   (430)
That was heathen Sarazen
And Vortiger for loue fine
Vndertooke her for his wiffe—
And liued in cursing all his liffe   415
For he did make the Christen men   (435)
To marry the heathen women

Soe that nighe all England
Was fallen into the Devills hand.

LINCOLN'S INN

f. 14ʳ   þus þey lyuede mony a ȝer,
So on a day sire Fortager   440
Byþouȝhte him of þeo childre þo two
þat owt of londe weore flemed þo
And also he byþouȝte him þan
Of mony anoþir douȝhty man
þat he hadde flemed out of þeo l⟨ond⟩,   445
And in his heorte gan vndurstond
þat hit was a sory hap
And douted him of afterclap.

P 411 gente: *final e of unusual form,   could be taken as (abnormal) flourish on* t,
F, K gent   P 412 D 476 And ȝhe was an hethen womman
P 417a D 482-3   And so here blood was medlyd yfere
                         Of Crist no more kepte þey here

P 419a *D includes*   For Merlyn seide in his book
                         þat many a þousand other took (*488-9*)

                         And helden no betere Cristes lawes
                         þan houndes doþ wiþ here felawes (*492-3*)
L 441 þo two: þo *smudged, stroke of* t *extends across* w, *cancellation of one or other
word possibly intended,* K two   L 445-57 *strip torn off (and edge rubbed)*
L 445 flemed: d *uncertain*;   l⟨ond⟩: l *uncertain*   L 448 afterclap: cla *uncertain*

Angys hadde verrament
A douhter boþe fair and gent
(Ac sche was heþen Sarraȝin)
And Fortiger for loue fin   480
Hir tok to fere and to wiue—
And was curssed in al his liue

For he lete Cristen wedde haþen

And meynt our blod as flesche and maþen.
Mani þousand was swiche in weddeloc   485
As we finde writen in bok
þer was wel neiȝe al þis lond
To þe Deuel gon an hond,

Festes he made gret and fele
And hadden al warldes wele   490
And held no better lawe
þan þe hounde wiþ his felawe.
þis last wel fel ȝere;
On a day sat Fortiger
And biþouȝt him of þe children to   495
þat ouer see weren ygo

And of mani noble he nam ȝeme

þat he hadde yboden flem,

Of afterclap he hadde care
þat he schuld forfare.   500

He þouȝte yf þey euere comen aȝen
                                       þat al Englonde wold be ful fayn
                                       Hym to schynde and to slon
                                       He þouȝt hyt schulde anoþer gon

Anon he sente messangeris
Ouer al his lond for carpente⟨rs⟩ 450
And for gode masons also
þeo beste þat weoren in londe ⟨þo⟩,
Mony þousand þer cam anon
þat wel couþe worche lym an⟨d ston⟩

And whan þey weore comen a⟨lle⟩ 455
þe kyng anon to heom gon cal⟨le⟩

And seide 'Lordynges y am byþo⟨uʒt⟩
A castel y wol haue ywrouʒt
Of strong tymber lym and ston
þat such anoþir beo nowher non, 460
For my men þat arn olyue
þat y can out of londe dryue
ʒef y euere haue nede
My lif þeryn y may lede,

þat castel ʒe schal make mury 465

Vpon þe pleyn of Salesbury,

Goþ and doþ als y ow bad
þat hit beo trusty and wel ymad
And ʒe schule haue to ʒoure huyre
Also mukil as ʒe wol desyre. 470
þeo werkmen wente forþ þo
Fyftene þousand and wel mo
Heowen tymber coruen ston

449 messangeris: *final* s *uncertain*   450 carpente⟨rs⟩: *second* e *uncertain*
454 worche: e *uncertain*;   an⟨d: n *uncertain*   457 byþo⟨uʒt⟩: o *uncertain*;
P 438 I haue thought;   *D 520-2*   And seyde lordynges hende and fre
                              Herkneþ alle now to me
                              In myn herte yche haue a þouʒt
461-2 *P omits*   463 *D 528* þat yf nede euer come to me (: saf yche may
be)   466 Salesbury: u *uncertain*   472 *D 537* Fyf þousand

¶He hete chese carpenters
Oueral in his powers
And masouns þat þai no lete
To him þai schuld comen sket,
His hest was sone ydon   505
þousandes þer were anon
Wiþ her tole swiþe prest
Forto do þe kinges hest,
þe king hem gan fair to calle
And þus he seyd to hem alle: 510
'Listneþ now heiȝe and lawe
    And vnderstond to mi sawe
In mi witt ich haue yþouȝt
Ichil a castel han ywrouȝt
Of wode and lime morter and ston   515
þat swiche be in þis world non

f. 204ʳᵇ   þat ȝif me comeþ ani nede
Ich may me þere were and hede
Fro min fon þat aires hem claim,
At Salesbiri opon þe plain   520
þat ȝe schul yfond
To maken wiþ ȝour hond
Loke þat trewe and ston be riche
þe tour largge and depe þe diche,
Mi deuise ich haue ysade   525
Now heiȝeþ ȝou þat it war made
And ȝe schullen haue hire
Al þat ȝe wil desire.
¶þis werkemen þider went þo
(þre þousand þer were and mo)   530
Hewen schides and coruen ston

---

523 trewe: we *in heavily rubbed patch, erasure perhaps intended,* K tre *reporting erasure*

And leiden a fondement anon,
Somme leyde and somme bere   475

Somme þat werk gonne arere

þat seolue day wiþowte doute
Breost-hyȝh hit was abowte.
Hit was come to þe nyȝt
To heore bed heo wente aryȝt   480
And come aȝeyn apon þe morwe
And fonde þyng of mukil sorwe
Al heore fondement heo founde
Lyggand abrod apon þeo grounde
And al totorn lym and ston,   485
Gret wondur þey hadden vchon
Beter red neo couþe þey non
Bote to bygynne aneowe anon
And speddyn also wel forsoþe to say
Als þey dude þeo furste day   490
Fro morwe til hit was nyȝt
And also swyþe as þey myȝt,
And whan þe euenyng was come
To reste wente alle and somme,
On morwe þey cam aȝeyn anon   495

f. 14ᵛ   ⟨Hit was doun⟩ cast boþe lym and ston
          ⟨And was spr⟩ad boþe here and þer—
          ⟨And þus þey⟩ ferdyn half a ȝer.

476 D 541–3   þey weren ful slyȝ þat þere were
                  So þat werk was reryd an hyȝ
                  Of þo men þat were so slye
477 wiþowte: iþ *uncertain*;   P 456 That ilke day round about (: without
doubt)   479 K [When] hit, P 458 When itt, D 546 And whanne hit
483 D 550 And al here werk þar þey founde   491–2 P, D *omit*
496–531 *strip, as noted above 445–57, torn off (and edge rubbed in places), text
chiefly reconstructed on basis of P*   496 P 473 And found it cast downe, *but
not room in L for* And found hit doun   498 D 563 so hit ferde
498a D 564–5   Al þat euere þey wrouȝtyn aday
                  Amorowe tosprad hit lay

And laiden foundement anon
Sum rammed and doluen snel
And gun þat castel fair and wel.
þat folk was boþe swift and sleiȝe 535
þat werk was arered brest-heiȝe
þat ich day alle aboute
So it is writen in þe brout,
And wenten hom þo it was niȝt
So it is werkmennes riȝt 540
And comen al oȝain amorwe
And seiȝen þing of gret sorwe
¶Foundeme†nt and werk þai founde
Ligge vp so † doun op þe grounde
Sprad it was al abrod, 545
For wonder þai were neiȝe wode
Ac her werk þai bigonne
So long so þai seiȝen þe sonne
And als wele spedden par ma fay
So þai deden þat oþer day, 550

Ac þo þai come þider eft
Her werk was al vp aleft
And yschatred here and þere—
þus it ferd wele half a ȝer
Al þat euer þai wrouȝt o day 555
Amorwe it ouerþrowe lay.

543 *MS.* foundemement   544 *MS., K* so and (so *inserted above line*)

⟨Fortager herde⟩ of þis
⟨Gret wondur⟩ he hadde ywis   500
⟨And askede boþe⟩ ӡonge and olde
⟨þoruӡ what þyng⟩ hit myӡte beo holde
⟨And why þe werk n⟩eo myӡhte noӡht stonde,
⟨þer was non in a⟩l þat londe
⟨Hyӡhe no lawe le⟩wed no clerk   505
⟨þat couþe telle h⟩im of þat werk.
⟨Kyng Fortager sat⟩ in his halle
⟨Among his barouns and⟩ knyӡhtes alle
⟨And swar he wolde⟩ neuer spare
⟨Vntil he wiste why⟩ hit ware   510
⟨And anon he sent⟩e sonde
⟨Ouer al Engelond⟩e
⟨After clerkes old⟩ and ӡyng
⟨þat couþe telle h⟩im of wondur thyng.
⟨þe messengers a⟩non forþ went   515
⟨And dude þe k⟩ynges comaundement
⟨Mani a wise cler⟩k þey sowӡt
⟨Byfore þe ky⟩ng alle weore brouӡt,
⟨Kyng Fortager⟩ aposed heom alle
⟨Why his werk⟩ was so doun falle   520
⟨Bote þer was⟩ non þat couþe him telle,
⟨þen he sw⟩ar he wolde h[eo]m quelle
⟨Ӡef þey no⟩lde seyӡe in hast
⟨Why þis we⟩rk was so doun cast.
⟨Ten maist⟩res he lette take anon   525
⟨þe wisest⟩ of heom euerychon

---

499 *P 476* When the kinge heard, *D 566* And whanne þe kyng hurde, *but not room in L for equivalent*   500 he: h *uncertain*   501 *P 478* And oft asked both, *but not room in L for* oft, *D 568* And askede bothe of   502 *speculative reconstruction,* P, D *diverge*;   hit: h *uncertain*   503 *K* work)e miӡte *following* P 480, *but* eo *clear*   504 a)l: l *uncertain, but cannot be* n (*P 481* none within the land)   508 *P 485* amongst, *D 573* amongys, *but space in L suggests rather* among *than* amonges   511 *K* sent his)e *following P 488* sent his, *but barely room for this and* hise *an unusual form*   515 a)non: *first* n *uncertain, K* messengers) forþ *following P 492, but* on *clear*   516 k)ynges: y *uncertain*   518 ky)ng: n *uncertain*   521 non: *K* no) mon, *but MS. reasonably certain and P 498* none   522 sw)ar: a *uncertain but* r *not of form which normally follows* o;   *D 591* þe kyng swor hys oþ;   h[eo]m: *MS.* him, *K* h[e]m   523 *P 500* But if they wold, *D 592* But yf þey wolden, *but hardly room in L for* Bote;   *D 592* tellen   526 *D 595* The best clerkys of hem echon

þe king herd telle þis
And gret wonder hadde ywis
He dede aspie bi day and niȝt

What þing hem lett miȝt   560

Ac wite no miȝt lewed no clerk
What þing felled her werk.
⁋Fortiger sat in his halle
Among his kniȝtes and barouns alle
He bat his fest and his elbowe   565
And seyd to hem wiþ michel howe—
Wretþefulliche þere he hete
Clerkes biforn him bring skete
þe best þat were in þis lond.

Sone was don þe kinges sond   570
Mani clerk was ful wide ysouȝt
And biforn him sone ybrouȝt,
Hem he aposed on and alle
Whi his werk was so yfalle
Her non no couþe him telle,   575
þe king swore he wold hem quelle
Bot ȝif þai wold him telle an hond
Whi þat his werk miȝt nouȝt stond.
⁋Ten þer were of hem ynome
Wisest clerkes of þe þrome   580

⟨In a ch⟩au[m]bre þey weore do
⟨þat no⟩ mon myȝhte come heom to
⟨þey⟩ neo hadde socour of no thyng
⟨Bot⟩e vnneþes mete and dryng.   530

⟨S⟩o on a day verrament
þey lokid into þeo firmament
And vndur þeo weolkyn þey sawe a sky
þat schewed heom witerly
þat fyue wynter þerbyfore   535
A knaue-child þer was ybore
By⟨ȝ⟩eten wiþowtyn ony monnes mon
And ȝef þey hadde þat child anon
And slowe him hastely þan
Er he speke to any man   540
And smeored þeo werk wiþ his blod
þenne schulde hit worthe stark and god,
þus þeo sky schewed heom þere
And passed awey wiþowte more.
þan weore þeo clerkes glad and blyþe   545
And come to Fortager al swyþe
And tolde him wiþowte les
A knawe-child bore þer was
⟨All⟩e wiþowten monnes streone,
⟨A⟩nd þey seiden al bydene   550
⟨þ⟩ey seyd '⟨Do⟩ sek⟨e⟩ þat child
Where he beo in towne or feld

---

527 *P 504* Into a, *but hardly room in L for* Into, *D 596* And in his preson;
ch⟩au[m]bre: *MS. between* a *and* b *four minims, K* ch⟩aunbre   529–30 *P*
omits   529 neo: n *uncertain, K* þat⟩ heo *following D 606* þat no socour þey
hadde, *but* heo *would be an abnormal form in L and the remains are hardly con-*
sistent with h   531 verrament: rr *uncertain*   532 þey: þ *uncertain, K*
þay *but* e *reasonably certain under ultra-violet*   545 þan: þ *uncertain*
547 *D 628* þey seiden 'Syre . . .   549 ⟨All⟩e: e *uncertain, K* ⟨All⟩, *but faint*
remains suggest e, *four letters would fit space better than three, and* al *or* alle *are*
the MS. forms elsewhere   550 A⟩nd: d *uncertain*   551 ⟨þ⟩ey: *K* And,
but ampersand (he prints &) *would be unique in L and there is clearly space for*
more, ey *probable under ultra-violet*   552 Where: *K* Wheþer (*reporting* heþe
almost illegible), *but reading certain under ultra-violet*

And in o chaumber ydo
þat no man most hem com to
For þe hest of þe king
Bot vnneþe her mete bring
Astromiens þese weren   585
Wiser neuer non neren.
þai were ix days bischet
Ac ȝete þai couþe litel þe bet
Bot ich ȝou sigge verrament

þai seyȝen in þe firmament   590

A child in erþe biȝeten wes
Wiþouten ani mannes flesche†,

¶And þo þai com þe king bifore

þai seyd a child on erþe was bore

Wiþouten mannes biȝeteing   595
þat wist wel neiȝe al þing

And doþ him sle hastely
And tak þeo blod of his body
And smeore þy werk abowte þerwiþ   555
And hit schal stonde euer in gryþ.'
Bliþe and glad was Fortagers
He lette clepe twolf messangeres
And lette departen heom so mote y theo
þat non neo scholde wiþ oþir beo,   560

He sente heom forþ vpon his sonde
On foure half of Engelonde
And comaunded þat þey neo stynt nou3t
Til [he] weore tofore him brou3t.
Anon þeo messangeres forþ went   565
And duden þeo kynges comaundement,
And sir Fortager þeo bolde
Comaunded þeo clerkes to beo holde
Til þeo messangeres comen a3eyn

To wite what þey wolde seyn   570

And swar by Ihesu Heouene-kyng
3ef þey lowen any lesyng
No raunson scholde for heom gon
þat þey neo scholde dy3e euerychon.
Now lete we þis maistres beon   575
And of þis clerkes al bydene
And telle of þis messangeres
þat wenton fro sire Fortageres
Forto seke þeo child so 3yng

559 heom so mote y theo *in darker ink on erasure*;   D 640 in þre and þre
564 MS. þey, P 539 he   570 D 651 To weten yf hit were soþ þat þey
han seyde (: a3en as tyde)   575–6 D 656 Now lete we be þuse clerkys
stylle (: massageres so snelle)   577a D 658 Lestneþ lordyngis wiþ goud
entent (: massageres buþ went)   578 K wenten

'Do him sle wel sodanliche
þe blod to þe is tresore riche
Were ȝour werk ysmerd þerwiþ
Euer it wold stond in griþ.'   600
þe king was of þis tale bliþe
And dede priueliche xii swiþe
(þat were departed þre and þre)
To wende about þat childe to sle

f. 204vb ȝiue þai him our finde miȝt   605
þai no schuld lete for wrong no riȝt
þat þai schuld sodeinliche
Smite of his heued hastiliche
And no word no speke him to—
þus bad him þis clerkes do   610
For þai wende it were to her lere
ȝif þat child ȝeue answere.
þis men on þe kinges sond
Went a four half Inglond

þre and þre bi four way   615
þat child to finde y ȝou say;
þis clerkes of whom ich teld
Wiþ þe king weren atheld

Forto wite ȝif it soþe were
þat þai hadde him seyd þere—   620

ȝif he founde wiþ hem lesing

Her liif were at þe ending.

Lete we þis clerk bihinde,

þis xii went þe child to finde,

___

599 *between* werk *and* ysmerd, *which are written fairly closely together, an oblique
stroke, possibly by the late marginal hand*   605 *K* ou[whe]r   623 *K*
clerk[es]

And ȝe schal here a wondur thyng   580
Ȝef ȝe wolon a stounde dwelle
Of þat child y wol ȝow telle
On what manere þe messangeres
Brouȝte him to sire Fortageres
And what he hyȝhte wiþowte les   585
And of what kynde þat he was,
þat ȝe schule vndurstonde and wite
þoruȝ what skile he was byȝete.

Dauid þeo profete and Moyses
Witnesse and seiþ how hit wes   590
þo God hadde mad þoruȝ his myȝt
Heouene ful of aungelis bryȝt
þeo fairhed þat þey hadde þan
Nis no tonge þat telle kan
Til Lucifer hit forgult wiþ pryde.   595
Alle þat heold wiþ him þat tyde
Such veniaunce God on heom gon take
þat þey arn now feondes blake
And as y fynde in holy wryt
þey felle fro heouene to helle-put   600
Sixe daiȝes and seoue nyȝt
As þikke as hayl in þondur lyȝt
And when þey weore out of heouene
Oure Lord seide wiþ mylde steuene
And heouene lowked aȝeyn ful stille   605
Als hit was his owne wille.

588 *D 669–73*   For what cause and how he was byghete
                 And also what þat child heet
                 I schal ȝow telle also skeet
                 Alle þat holdeþ now stille hure steuene
                 Cryst graunte hem þe blisse of heuene
590 *after* witnesse, þ *deleted, or perhaps merely smudged,* K witnesseþ   593 K
fairhod   603 when: *inserted above line,* K *reports as in later hand, now too
faint to judge*
606a *D includes*   And of þe fendes in þat tyde
                     þat fillen fro heuene for here pryde
                     As þe book doþ vs telle
                     Many þar fillen adoun to helle
                     And some þare leften ellyswhare
                     Man to brynghe in moche care

And are ich telle more ȝou   625
Of þis romaunce, y wil now
þat ȝe vnderstond and wite
Hou þis child was biȝete
On swiche maner and what he hete,
Now y pray ȝou listen skete.   630
He þat was and is and ay schal ben
    Chese him here a swete quen
In whom he nam flesche and bl[o]d
Wiþ wiche he bouȝt ous on þe rode
Whareþurth we ben to heuen ycorn   635
And þe Deuel his miȝt forlorn,
Blisced be he in euerich song
And Mari of whom he sprong.
⁋Listneþ wele to mi steuen—
þe deuels þat fel out of heuen   640
Wiþ her pride Lucifer
Sum fel to helle-fer,
Sum in water sum in lond
Sum in þe aire gan wiþstond
Al fort our Driȝt seyd 'Ho!'—   645
So þai bileued euer mo,
And forsoþe þai han power
Man to dere þere and here.

And some in þe eorthe haue here wonying
And some in þe eyr wiþoute lesyng
And some in water and some in londe
And some amonges vs gonne wiþstonde
Crist seyde to hem þo
þat so þey schulle byleuyn hedyrto (*692–703*)

Feole of þe feondes þat y tolde er
Felleon out of heouene wiþ Lucifer,
þo þat wonen in þe eyr an hyȝh
Felle þey beon stronge and slyȝh   610

f. 15ᵛ

And of þeo eyr takeþ heore lyȝt
And han heore streynthe and heore myȝt
After mon to make h[eo]m body
Fair of colour and rody,

Dessenden doun among monkynne   615
To tyse men to dedly synne.

Alle þey wiste wel byfore

þat Ihesus was of Marie bore,

þerto þeo feondes hadden onde
And seide þat þey wolde fonde   620
To neyȝhe in eorþe a maide mylde
And byȝete on hire a childe
Such a child þey seide þo
þat schal worþe þeo world ful wo
And acombre also feole   625
Als Ihesus had brouȝt into weole;
þus þey wende þeo world afyled
Bote atte laste þey weore bygyled,

---

613 *MS.* him   614 *D 723* Fayr and gentel and also rody   615 *D*
724 And to lyȝten adoun
618a *D 728-9*   And sethen deide vppon þe rood
                              And vs bouȝt wiþ his blood
621 *D 732* To lyggen by   624 *K notes* wor[k]e

Y nil ȝou telle her priuete
Bot þat longeþ now to me: 650
þe deuelen þat houen abouen ous
Euer be luxsorius

And oþerwhile makeþ hem body
Of þe aire wel gent and rody
And hauen miȝt and power   655
Doun to liȝt and derien her
Al þo þat nillen wirche
Godes comandment in chirche,
Ac whilom more þan now
For þurth þe miȝt of swete Ihesu   660
Mani of hem yfelled is—
Al hou y no may nouȝt tellen ywis
Mi matery wer to long
And þe tale to ȝou wel strong.
Ac þe deuelen of whom y said   665
Seiȝe hou Ihesu of a maide
þurth his milce was ybore
And bouȝt al þat was forlore,
þerto þai hadden gret ond
And sayd þat þai wolden fond   670
To ligge bi a maidenkin
And biȝeten a child her in

Swiche schuld acomber also fele
So þat oþer had brouȝt to wele.

665 Ac: *K* A[s]   671 *K* maide†kin

Y schal telle ʒow how hit was
Now may ʒe here a wondur cas.   630
In þat tyme y vndurstonde
A riche man was in Engelonde
And hadde a good womman to wyue
And lyued togedre in clene lyue
A sone þey hadde and douʒhtre þreo   635
þeo fairest childre þat myʒhte beo;
Anon þeo feond þat y of tolde
þat wonede in þe eyr so bolde
And tempted so þat gode womman,
Into þeo eorþe he lyʒhte þan   640

þat in hire body he hadde gret myʒt
And brouʒhte hire in chest and fyʒt
And made hire ofte wiþ egre mood
Corse hire children as heo weore wod
So apon a day, an euen late,   645
þoruʒ þeo feond wiþ gret hate
Wiþ hire sone heo gan to grame
Corsed him harde by his name
And to þeo Deouel heo him bytauʒht
Wiþ al þeo power þat heo auʒht.   650
þanne was þeo feond glad and bliþe
And þouʒte to do heom schame swyþe
And þo hit was come to þeo nyʒt
Into hire hous he com ful ryʒt
And strangled heore sone þere he lay;   655
þeo wif ros vp when hit was day
And fond hire sone ded at morwe
And went and hong hireseolf for sorwe,
And whan hire lord herde þis

---

634 *D 757* The fayryst þat men wyst alyue   639–40 *K interchanges,*
following D 762–3   657 *D 780* amorwe   658 *D 781*
And ʒhe anheng

Bi þat day was a riche man   675
   þat hadde to wiue a fair wiman

Bi whom he hadde a sone fre
And wel fair douhtren þre;

A forseyd deuel liȝt adoun

And of þat wiif made a conioun   680

To don alle his volunte
Wharþurth in hem he had entre
And brouȝt hem in chideing and fiȝt

And made hem oft wroþ ypliȝt

So þat on an euen late   685

þe Deuel sche tauȝt hir biȝate;

þat ich niȝt þe deuel com
And strangled hir owhen grom,

þe wiif hir sone seiȝe ded amorwe
Anon sche heng hirself for sorwe,   690
þo þat þe bounde yseiȝe þis

680 K couioun   682, 3, 4 hem: K he[r]

Anon swiþe for sorwe ywis   660
Sodeynly he deȝed þo
Wiþouten schryft and hosol also.

þeo folk of þat contre þat tyde
þat wonede þer nyȝh bysyde
Come þidre heom to seo   665
And hadden reuthe and gret pyte,
þat mony a mon þat day
Weop and seide weylaway
For þat gode mon and his wif
þat hadden lyued so good lif.   670
An heremyte wonede þerbysyde
And com forto seo þat tyde,
Blasy forsoþe his name was,
And ofte he seide allas allas
þat hit was byfalle soo,   675
In his heorte him was ful woo
And seide hit was verrament
þoruȝ þeo Feondes comburment.
þeo douȝhtres he fond þer on lyue
þat god man þo can heom schryue   680
Al þat þey couþe þenke or mene
And seothen asoyled heom ful clene
And whan þey hadden doon and seid
Fair penaunce on heom he leyd,
And whan he tauȝt heom soo   685
Hom aȝeyn he wente þoo,
And þanne þeo maydenes al yfere
Seruedyn God wiþ bliþe chere.

In al Engelond þo was vsage
Ȝef any womman dude outrage   690

f. 16ʳ

---

666 *D 787* And hadden þerof gret pytee   673 *D 792* ywys   674 *P*
641 And oft for them he sayd alas, *D 793* Ofte for hem he seide allas
679 *D 798* þre douȝtren he fond alyue   681 *K* [Of] al *following D 800*
683–4 *D 802–5*   And penaunce on hem layede
         And seide to hem my leue mayde
         Lokeþ euere wiþ al ȝoure myȝt in dede
         þat ȝe seruen wel God almyȝty and hym drede
685 *K* [had] tauȝt *following D 806, P 650* had done soe

Anon he starf for diol ywis—

Lo what wo and diol and dere
Dede wretþe and foule answere!
Al þe men ich ȝou say   695
þat woned in þat cuntray
Hereof hadden gret pite
Boþe vplond and in cite

For þat man and eke his wiif
Were yholden of gode liif.   700
Biside þer woned an ermite
þat þider com þis to visite,
Blasy ywis his name was,
þo he seiȝe þis he seyd 'Allas!'

And seyd it was verrament   705
þe Deuels foule encumbrement.
❡þre douhtern he fonde oliue
And he hem dede ȝern schriue
Of alle þat he couþe enserche
þurth þe lore of holy chirche   710
And penaunce on hem layd
For þat þai hadde God ytrayd
And tauȝt hem to serue God almiȝt,
And þo he went hom ful riȝt;
þis fair maidens þre   715
Serued God wiþ hert fre
In grete drede and loue.
þe deuel þat com fro aboue
(He þat was fram heuen yfalle

718–26 *equivalent in L is* 697–706

Bote ȝef hit weore in spousyng
Or any mon old or ȝyng
Myȝhte hit wite of þat contre
Al quuyk heo scholden doluen beo,
Bote heo weore lyȝt womman told   695
To alle þat to hire aske wold.
So þeo feond þat hadde myȝt
þat wonede in þe eyr lyȝt
Into þeo eorþe he lyȝte doun þan
And wente him til an old womman   700
And hyȝhte hire boþe gold and fee
To wende to þeo sustreon þreo
þeo eldest maiden to enchaunte
Som ȝong monnes body forto haunte,
And ȝef heo myȝhte brynge hit þerto   705
He hette hire gold for euere mo.

þat olde quene was ful glad
And dude als þeo deouel hire bad
And wente hire to þeo sustreon þreo
So sone as heo myȝhte heom seo   710

To þeo eldeste suster heo seide
'Allas my swete dure maide
þow hast faire feet and honde
Gentil body forto fonde
Whyt swyre and long arm,   715
Ywis hit is muche harm
þat þy body neo myȝte asay
Wiþ som ȝong mon forto play
þat þe myȝte fynde in euery cas
Gamen and murthe and gret solas.'   720

691 *D 814* in clene wedlak
692–3 *D 815–16*   Anon ryȝtis me wolden hure tak
              And þoruȝ þe dom men schulden hit se
694 *K* scholdet;   beo: *K* bee *but o fairly certain*   696 *K* þat † hire
699 *D 828* þanne wente þe feend in liknesse of man   700 *P 665* And
went vnto   701 *D 830* And byhyȝt hure gold and fee   703 *D 832* And
þe eldest to bytraye (: hure haue maye)   709 *MS.* weste, *struck through and
wente inserted above line all in darker ink*;   hire: *P 674 omits*   711–987 *D
wanting*

of whom y spac tofor ȝou alle)   720
Þo he nam lickenisse of man
      And com him to an old wiman
And bihete hir ȝiftes and grete fe
To wende to þis sostren þre
And þe heldest to bichaunte   725
Ȝong mannes loue forto haunte.
In þis lond was þo vsage
Whoso dede wiþ man vtrage
Bot it were in wedloc
In þilke time men hem tok   730
Wiþ iuggement wiþouten les
And also quic doluen hes,
Bot sche hir knewe for liȝt woman
And comoun h⟨or⟩e to alle men—
þan was it riȝt and lawe   735
þat sche no schuld ben yslawe.

f. 205ᵛᵃ   ⟨Þis eld wiif—þat iuel sche þe!—

Com to þis sostren þre
And made wailing and michel fare
For þis þre maidens care,   740
To þe eldest soster sche seyd
'Wolewo mi swete maide
þou hast fair fot and hond
And gentil viis bi Godes sond
White hond and long arm,   745
Certes it were michel harm
Bot þi bodi most asay
Wiþ som gentil ȝong man to play
þat þe miȝt in þis cas
Finde þe ioie and solas.'   750

727–36 *equivalent in L is 689–96*   734 h⟨or⟩e: *partly erased, or perhaps*
merely rubbed   750 K Finde † ioie

'Certes' seide þe maide þan
'ȝef þat y tok now any man
Bote ȝef hit weore in spousyng
And any mon old or ȝyng
Myȝhte hit wite of þis contre   725
Al qwyk y scholde dolue beo.'
'Nay certes' seide þat olde quene
'þow may hit do wiþowte dene
ȝer and oþir in boure in bedde
þeo whiles no mon þar þe wedde   730
And þerfore neo dred þe nouȝt
Ne þar hit neuere forþer brouȝt
And ȝef þow wolt do by my red
þow neo dudest neuer better dede.'
So þoruȝ þeo qwenes enchauntement   735
And þeo feondes comburment
þeo eldest suster soþ to say
Lette a ȝong mon wiþ hire play,
And whan hire liked best þe game
Hit turnde hire to muche schame   740
For heo was taken and forþ ydrawe
And of hire game heo was knowe
And for þat werk doluen heo was.
Mony mon seide for hire 'Allas!'

þeo feond ȝet anoþir while   745
þat oþir suster he con bygyle
And made hire loue a fair ȝong man
And was his lemman after þan
Al hire wille to him heo let,
Hit was parceyued ful sket   750
Heo was taken forþ ywis
And brouȝt byfore þeo iustis
Hire iuggement to vndurfonge
As hit was lawe of londe.
þeo iustice hire aposede þo   755
Wherfore heo hadde do so,

732 *K* [be] forþer, *P 697* For it needs neuer be forth brought   743 for
inserted above line in darker ink

þe maiden seyd 'Ʒiue so dede ic

Y schuld be doluen also quic.'
¶'Nay certes' quaþ þat eld quen
'þou miȝt it do wiþouten den
Ʒer and oþer in þi bedde   755
And þan þe wil þat ȝong man wedde.'

þurth þis quen verrament
And þe fendes enticement
þe eldest soster y ȝou say
A ȝong man lete wiþ hir play,   760
Ac þo hir liked alder best
Hir gamen com al to chest
For sche was nome and forþ ydrawe
And of hir dede sche was biknowe,
þurth iuggement doluen sche was.   765
Mani man seyd 'Allas allas!'
For her and for her elderlinges
Men made gret diol and wepeinges.
¶Ʒete wald þe deuel ful of ond
þe midel soster agile fond   770
And brouȝt hir vp a ȝong man
Wiche þat wowen hir bigan
Al his wille don him sche lete,
And it was aperceiued skete
Sche was brouȝt bifor iustise   775
Deþ to þoly in al wise—

770 *K* a gile

Heo onswerede as hire was tauȝt
And seide heo neo forsok hit nouȝt
Heo swor heo was a lyȝt womman
To alle þat wolde hire body han   760
And þer skapeode heo away,

So þat hire folewed al þat day
Of harlotes a gret haras
To fyle hire body for þat cas.
Ȝet þeo feond in þat while   765
þe þridde suster he can bygyle
þenne was þe ȝonge suster so wo
þat nyȝh hire heorte barst in two,
For hire modur hong hireseolue
And hire ⟨su⟩stur men qwyk dolue   770
And for hire fadir dyȝed amys
And hire broþ⟨i⟩r strangled ywis
Hire oþir ⟨su⟩stur an hore strong
þat wiþ harlotes made hire mong—
Almost for sorwe and þouȝt   775
Yn wanhope heo was nyȝh brouȝt.

To þeo hermyte heo wente þan
þat hyȝhte Blasy þat gode man
f. 17ʳ   And tolde him al þeo soþe byfore
How al hire kynrade was forlore;   780
þeo hermyte hadde wondur gret,
On G[o]des halue he hire het
'Y bydde þe haue God in mynde
Ant let beo þeo lore of þe Feonde'
He bad hire forsake in alle wise   785
Pruyde hate and couetyse

759 *P 722* And said shee was   760 *P 723* wold come to her common
767 *K* ȝonge[st], *following P 730*   770 *P 733* quicke was delfe
772 broþ⟨i⟩r: *first* r *uncertain*;   *K* [was] strangled, *following P 735*
773 ⟨su⟩stur: stu *uncertain*   774 harlotes: tes *uncertain*;   *P 737* That
harlotts was euer among   777 heo: eo *uncertain*   778 Blasy: s *uncertain*;
þat: at *uncertain*   780 *P 743* were   782 *MS. apparently* gedes, *though
K reads* o

Sche seyd sche was a liȝt woman
And comoun hore to alle man.
Of þat chaunce mani nam kepe
And wiþ eiȝen sore wepe   780

f. 205ᵛᵇ   For ribaudye gret haras
Tofolwe[d] hir bodi—allas

þat þe Fende haþ swiche pouwer
To deri þat God bouȝt so dere!
þe þridde soster was so wo   785
Hir þouȝt hir hert brast atvo—
Hir moder was ded acurssedliche
And hir fader starf reuliche
And hir broþer yslawe also
And hir soster quic doluen þo   790
Hir oþer soster hore strong
þat al harlotes ȝede among.

¶In wanhope sche fel neiȝe
Ac þurth Godes help an heiȝe
Sche hir biþouȝt of þermite   795
þat hem com to visite
To him sche went þo bliue
And hir schrof of hir liue
And alle þe chaunces teld also
þat hir kin were comen to;   800
¶þis hermite hadde wonder gret
And hir tauȝt boþe and hete
Haue euer Crist in mende
And lete þe lores of þe Fende
Pride wratþe and glotonie   805
Niþe sleuþe and lecherie

---

782 *K* To[k] folwe   789 broþer *inserted above line in darker ink*

Nyþe and onde and envye
And monnes flechs in lecherye
Alle such werkes he bad hire fleo
And Godes seruaunt forto beo,   790

Bad hire heo schulde nyme kepe
Þat heo neo leyde hire nouȝt to slepe
And nameliche nouȝt on nyȝt
Bote heo hadde candel-lyȝt
And wyndowes and dores in þat stounde   795
Waren sperd by rof and grounde
'And make þeraȝeyn wiþ good voys
þeo signe of þe holy croys
Bid him þat he warant beo
Aȝeyn þeo feond and his pouste'—   800
And whan he hadde tauȝt hire so
Hom aȝeyn heo can go
And seruede God wiþ heorte glad,
Heo dude as þe hermyte hire bad.
And ȝet þeo feond wiþ enuye   805
Bygyled hire wiþ tricherye
And brouȝte hire in wel dreory chere—
Y schal ȝow telle in what manere.
Apon a day verrament
Wiþ neyȝhebours to þe ale heo went   810
Longe heo sat and dude mys
þat heo was dronkyn ywis;
Hire oþir sustur þat y of tolde
þat was an hore stowt and bolde
Com hire þider þat ilke day   815
Wiþ mony an harlot and made deray
And mysseide hire as heo weore wod
And calde hire oþir þan good,
And heo was dronkyn soþ to seyn
And mysseide hire aȝeyn   820
So longe heo chidde wiþoute les
þeo hore start vp in a res

787 *P 750* Alsoe sloth and enuye   792 *P 755* layd her not downe
799–800 *P omits*   817 *P 778* missaide her sister   819–20 *P omits*

Couaitise and trecherie
Bacbiteing and envie
Swiche þinges he bad hir flen
And gode and bonair forto ben,   810
Alle þe werkes þat gode ware
To don he hir tauȝt þare
And þat sche nere so michel ape
þat sche hir laid doun to slape

Ar hir dore and hir fenester   815

Hadde yblisced and ich ester—

þus he tauȝt hir to done
And þo sche went hir hom sone.

þe deuel hereof hadde ond
þat † hir to gile wold he fond   820

þurth hi[r] soster ich ȝou telle
þat was his in flesche and felle.
þis hore com opon a day
To hir soster par ma fay
f. 206ra   And to hir soster sche gan sigge   825
þat sche it schuld dere abigge

---

815 *K notes* Ar [sche]   820 *MS.* þat he hir to gile, to *inserted above line in darker ink*, þat he *struck through, probably by the late marginal hand*, *K* Hir to gile   821 *MS.* his

And wiþ hire fust in outrage
Smot hire in þe visage
Drouȝh hire her and rente hire cloþ   825
And beot hire boþe eouele and wroþ;
Hom to hire chaumbre heo fledde þo
And stak þeo dore bytweone heom þo
And cryȝed out and neyȝhebours come
And þe hore anon þey nome   830
And dryuen hire away anon
And þeo harlotes euerychon.
Whan þay weore dryuen alle away
þeo mayden in þe chaumbur lay

f. 17ᵛ   Al mad and couþe no good   835
Wepte al day as heo weore wood
And whan hit was come to þe nyȝt
Apon hire bed heo feol doun ryȝt
Al yschod and yclad
Heo fel on slepe and was al mad   840
And forȝat hire hows vnblessed
As þe hermyte hire hadde wissed.

þanne was þeo feond glad and bliþe
And þouȝte to don hire schame swyþe
Ouer al wel in he myȝt   845
For þer was mad no crois þat nyȝt
And to þe maiden anon he went
And þouȝte al Cristendam to haue schent,
A streone of a child he putte in hire þo
And passed awey þer he com fro.   850
And whan þat womman was awaked
Heo fond hire body ly al naked
And heo gropede wiþ hire honde
And in a stude þer heo fonde
Wherby heo wende witerly   855
þat som mon hadde leyȝen hire by,
þanne heo ros vp in hast
And fond hire dore sperred fast

823 *P 782* And went to her sister in a rage

þat sche hadde hir hiritage,
And ran to hir in gret rage
Wiþ herlotes þat wiþ hir ware
And sore bete þat wenche þare;　　　　830
Into a chaumber sche ran hir þo
And fast schett þe dore hir to,
Out sche gradde and neiȝebours come

And driuen oway þis wreches sone.

❡þis sely þing was al day wroþ　　　　835
Hir owen liif was hir loþ

On hir bed þo it was niȝt
Al ycloþed sche fel doun riȝt

And sche forȝat hir vnblisced
So þe hermite hir hadde ywissed,　　　　840
For wretþe sche þouȝt of blisseing non
And fel on slepe sone anon.
❡þe fende herof was ful bliþe
To hir he com þan swiþe
Ouer alle hir chaumber in he miȝt　　　　845
For þer nas no merk of our Driȝt,

To þis maiden sikerliche
He com þo and lay flescheliche.

þis maiden sone þat hye awaked
Feld hir legges al naked　　　　850

And feled also bi her þi
þat sche was yleyen bi,

Sche ros and fond hir dore loke

And whan heo fond þat hit was so
In hire heorte heo was ful wo   860
And þouȝte hit was sum wikkyd þyng
þat wolde hire to schame brynge.

Al þat nyȝt heo made gret sorwe
And to þe hermyte heo wente on morwe
And tolde him al þat cas,   865
þeo hermyte seide alas alas
þat heo hadde brokyn hire penaunce
And seide hit was þe feondes combraunce,
'A gode fadir' heo seide þo
'What ȝef hit byfalle so   870
þat a child beo on me geten?
And any mon hit may witen
þenne schal y beo doluen anon
Al qwyk boþe body and bon.'
'Certes' seide þe gode man   875
'My leoue douȝter, after þan
And y may þe soþe yseo
þat a child is geten on þe
Y schal hit helpe wiþ al my myȝt,
Til y þerof may haue a syȝt   880
Go now hom douȝter myn
And haue Cristes blessyng and myn

For he may ȝef his wille beo
Out of þy sorwe brynge þe.'
Hom heo wente wiþ dreory mod   885
And serued God wiþ herte good—
And euery day after þan
Hire wombe w[e]l gret bycam
So heo neo myȝhte hit nouȝt hyde.
Hit was parceyued in þat tyde   890
Heo was taken forþ ywis

---

879 P 834 you helpe   888 MS. wil, i not wholly clear, K wel, which is
a barely possible reading;   P 843 will greater began

And noþing no was tobroke,

Sche þouȝt it was þe Foule Wiȝt þo   855
Sche was aferd, sche nist wat to do,
Hirselue sche bete and gan to tere
Wiþ boþe honden hir ȝalu here
And wepe al niȝt wiþ gret sorwe.
To þermite sche went amorwe   860
And told him al þe cas,
He was sori and seyd, allas
For sche no held nouȝt hir penance
Sche was fallen in encombraunce,
'Allas sir' sche seyd þo   865
'Certes sir men wil me slo
Sone so þai it may wite
þat on me is a child biȝete.'

f. 206rb   'Ich leue wele' quaþ he 'saun faile
Ich haue of þi tale gret meruaile,   870
Siker, douhter, and y finde and se
þat þou so wiþ child be
I schal þe help wiþ al mi miȝt
Til ich haue þerof a siȝt
Go now hom douhter min   875
And haue Crist in hert þin
Do penaunce day and niȝt
Serue Ihesu wiþ al þi miȝt
He may ȝif his wille be
Out of anoye bring þe.'   880
Hom sche went wiþ dreri mod
And serued God wiþ hert gode—
And euerich day þat biȝete
In hir wombe bigan to grete.
Hir no gett it nouȝt to hide   885
For hir wombe wex vnride,
þer sone after sche was ynome
And yladde to hir dome,
Sore miȝt hir agrise

And brouȝt byfore þe iustice.

f. 18ʳ   þeo iustise hire apposede þo

Why heo hadde ydo so

And for heo wrouȝte aȝeyn þe lawe   895
He iugged hire to beon yslawe,
And heo onswerde and seide 'Nay
Y ne wrouȝte neuer aȝeyn þe lay'
And swor by him þat dyȝed on treo
'Nas neuer mon þat neyȝhed me   900
Wiþ flesch-lust neo lecherye
Neo kuste my mou[þ] wiþ vilenye.'
þe iustice onswerde anon
'Dame þou lyest by seynt Ion
þy wordes buþ false and wilde   905
When men may seo þou art wiþ childe.
In þis world nas neuer child born
Bote monnes flesch weore byforn
Saue Ihesu Crist þoruȝ his myȝt
Was born of a maide bryȝt,   910
How myȝhtow hit forsake þan
þat þow neo haddest part of man
Whan myseolf þeo soþe may seo
þat a child is geten on þe?'
'Certes sire' heo saide þan   915
'Y go wiþ childe wiþowte man
By him' heo seide 'þat made þis day
Neuere mon by me lay
Bote as y slepte on a nyȝt

902 my *inserted above line in darker ink*;   *K* my [b]o[dy], *following P 857*

þo sche stode bifor þe iustise.   890
¶þermite herd tellen þis
And þider he com anon ywis.
þe iustise him gan biþenche
And þus aposed þat wenche
'O maiden bi mi treuþe   895
Of þe ich haue gret reuþe,
Whi noldestow vnderstonde
Hou þi kin is brouȝt to schond
And ben out of þis world ywent?
And now þou hast þiseluen yschent   900
þat hast mannes flesche yknawe
And vnderfong oȝaines þe lawe,
þis ich day þou schalt be slawe
For þat wil now þe lawe.'
¶'Certes sir' sche seyd 'nay   905
No dede ich neuer oȝain þe lay
Bi him þat þoled ded on tre
Man no lay neuer bi me
No bi his moder seynt Marie
Mannes mouþe kist in vilanie.'   910
¶'Ey' quaþ þe iustise 'swiche meruaile!
þou lext damisel saun faile
þi tale soþe no miȝt be
Seþþen wiþ child y þe se.'

f. 206va

'Certes' sche sayd 'wiþ child icham   915
Wiþouten companie of man,

So y slepe þis ender niȝt

By me lay a selcouþ wyȝt   920
Bote y ne wist what hit was,
þerfore y do me in þy grace.'

þeo iustice seide wiþoute faile
He ne herde neuer of such merueille

'Today neo schal þeo wommon beo dolue   925
Til † haue [y]iugged wyues twolue
ȝef any child may beo mad
Wiþowte getyng of monhed
And ȝef þey say hit may beo so
Al qwyt and freo þan schaltow go   930
And ȝef þey say þat hit neo may
Al qwyk men deluen þe today.'
On twolf wyues heo dude hire anon
And þey onswerede euerychon
þat neuer child was born of mayde   935
Bote Ihesu Crist alle þey saiden.

Blasy þe hermyte vp sterte þan
And þe iustice onswere bygan
'Sire iustice' he seide þo
'Here me of a word or two,   940
þat þis wommon haþ told vche del
Certes al y leue hit wel
And ȝe ne leuen hire ryȝt noȝt
By God þat al þis world haþ wrouȝt
Y haue hire schryuen and tawȝt þeo lawe   945

Bi me lay a selcouþe wiȝt
Y nist neuer wat it was
(Ac now ich hold to Godes gras)   920
Ac wele ich wot bi þis day
þat no man neuer bi me lay.'
¶þe iustise swore bi seynt Albon
Swiche meruail herd he neuer non
'þine tale ich no leue   925
For seþþen þat Adam was and Eue
Child biȝeten wiþouten man
Herd y neuer bot of an
þat was Ihesu our Driȝt
þurth God þe Fadres miȝt—   930
And for þou seyst wiþ child þou art
And haddest neuer of man part
Ar ani man þe quic delue
Telle schul wiues tvelue
Ȝif ani child may be made   935
Wiþouten knoweing of mannes sade.'

Opon tvelue wiues it was ydo
And þai com and seyden þo
þat neuer child biȝeten was
Bot Ihesu þurth Godes gras   940
Wiþouten mannes flesche forsoþ
And þerto þai sworen her oþ.

þo spac Blasy þermite

'Iustise listen me a lite

Hir tale no may sche avowe   945
Vnder ous alle se we mowe,

Ich haue hir schriuen and tauȝt þe lawe

To me was heo hit neuer of knowe
þat any mon wiþ word or dede
Nyȝhed hire body wiþ fleschly dede
þerfore hit is aȝeyn þeo lawe
þat heo scholde beo dolue þis dawe.   950

[ȝ]i[f] heo had serued to beo spilt
þeo child in hire wombe haþ no gilt
þerfore sire do by my red,
þow neo schalt nouȝt do hire to ded
Bote do hire in warde byfore   955
Til þe child beo ybore
And þanne' he seide 'God hit wot
Two ȝer kepe hit heo mot
And let hire kepe hire child hireseolue,
By þan myȝhtow here telle   960
And par auenture' he seide þan
'þeo child may beo a wel god man.'
þan onswerde þe iustice
'Hermyte þy wordes arn wel wise
þerfore by þe don y wil   965
Today neo schal hire no man spille.'
þe iustice comaunded anon
To lede hire to a tour of ston
þat no wyȝt schulde wiþ hire go
Bote a medwif and no mo,   970

þe tour was strong and swiþe hyȝh
No mon myȝte come hire nyȝh
A wyndow þer was mad þo
And a corde tyȝed þerto
To drawe þerwiþ al thyng   975
Fuyr and water mete and dryng.
And whan þe time of hire was come
Heo hadde born a selcouþ sone,
Ryȝt fair forme hit hadde þan
Al þe schap þat feol to man—   980

946 *K* neuer [a]knowe, *P 901* wold shee neuer aknow   951 *MS.*, *K* Siþen,
P 906 Giff shee haue   959–60 *P* omits   960 telle: *K notes suggest* [d]el[u]e
979–80 *P 932–3* shape . . . forme

To me no was sche neuer biknawe
þat ani man to hir cam
þat euer knewe hir licham. 950

þei sche haue serued to be spilt
þe child þerof haþ no gilt
It were gret vnriȝt to to slon
And reuþe, for þe gilt of on,
Ac lete hir in ward don 955
Sche schal herafter child son
Tvo ȝer and an half þan sche mot
þe child loke God it wot,
When þe child can go and speke
þan ȝe may ben of hir awreke.' 960

'A min Dieu' seyd þe iustise
'þine tales ben gode and wise
þerafter now wirche ichille
Today no schal hir no man spille.'

In a tour þai han hir do 965
þat no man miȝt hir com to
Bot an eld midwiif
þat schuld ȝemen hir liif
þerin sche was don on hast
And þerin bischet ful fast, 970
þilke tour was swiþe heiȝe
No man miȝt comen hem neiȝe
A windowe was þerin
And a cabel made bi gin
Forto drawen vp al þing 975
þat nede was to her libbeing.
Sone so hir time come
Sche childed a selcouþe grome
So ich bi bok telle can
It hadde fourm after a man 980

f. 206vb

Blak he was wiþowte les
And rouȝh as a swyn he wes.
þeo medwif anon ryȝt
Heo was agrisen of þat syȝt
And for he was rowȝh of hyde 985
Also swiþe heo pouȝte þat tyde
þat he nas neuer geten of man
And ful fayn heo wolde þan
In helle he hadde beon hire fro
þat neuer mon hadde seyȝe him mo. 990
þe hermyte þat hyȝht Blasy
Wiste ful wel sikerly
þat tyme þeo child schold beo bore
And to þe tour he com amorwe
And cleped vpward to heom þare 995
Asked heom how þey hadde fare,
þe medwif seide wiþowte les
A knawe-child bore þer wes,
'Tak him me' he seide þan
'And y schal make him Cristen man, 1000
Wheþir he dyȝe or lif abyde
þeo fairer grace him may bytide.'
Ful glad was þo þe medwif
And tok þeo child also blyue
And by a corde heo let him doun 1005
And Blasy ȝaf him his benesoun

f. 19ʳ   And bar him hom wiþ drery mod
And baptiȝed him in þe holy flod
And cleped him to his cristendam
Merlyn in Godes name, 1010
þat þoruȝ þe name y ȝow telle
Alle þeo feo[n]des þat weoren in helle
Weore agramed þerof ful sore—
þerþoruȝ was heore pouste lore.

And whan he hadde cristened him so 1015
Hom aȝeyn he bar him þo

994 *D 851* com þarfore   1008 *D 867* cristenede hit in   1013–40 *D*
wanting

Bot it † was blacker
þan anoþer and wel rower.

Þo þat child was ybore
Blasi stode þe hole bifore

Bi þe rope þai it adoun let   985

And he it cristned also sket

He clept it Merlin a Godes name—

þe fende þerof hadde grame

For þai lese þer þe miȝt
þat þai wende to haue bi riȝt.   990
þo þat child ycristned was
Blasi turned oȝain his pas

981 MS. it it, second it struck through, probably by the late marginal hand
985 Sch †doun

And in þe corde he can him leyn
þe medwif drouȝ him vp aȝeyn
And he bad hire wiþowte blame
Clepe him Merlyn by his name.   1020
þe medwif anon ryȝt
Bar him to a fuyr bryȝt
And as heo warmed him by þe fuyr
Heo byhuld his lodly chere
'Alas' heo seide 'artow Merlyn?   1025
Wheþen art þow and of what kyn?
Who was þy fadir by nyȝt or day
þat no mon wite neo may?
Hit is gret reuþe þou foule thyng
þat for þy loue by Heouene-kyng   1030
þy modur schal beo slayn wiþ wo
Allas þat stounde schal falle so,
Y wolde þow ware feor in þe see
Wiþ þat þy modur myȝht scape freo.'
Whan he herde hire speke so   1035
He brayd vp his eyȝne two
And lodly on hire gon loke
And his hed on hire he schok
And gan to crye wiþ loud deone
'þou lyȝest' he seide 'olde quene!   1040
My modur schal no mon qwelle
For no þyng þat men may telle
Whyl þat y may speke or gon
Mawgre heom euerychon
Y schal saue hire lif for þis   1045
þat þow schalt seo and here ywis.'
And whan þeo medwif herde þat
Almost heo fel doun þer heo sat
Heo gan to quake as heo ware wod
And hadde leouere þan any good   1050
þat heo hadde beon feor away,
So hadde his modur þer heo lay
So sore þey weore of him agast
þey blessedyn heom in hast

1040 *P 993* thou foule queane

And in þe rope anon it knitt,
þe howe wiif anon it fett

And ȝede and held it bi þe fer   995

Biheld his face and eke his cher

'Away þou foule þing
þat þi moder swiche ending
For þi sake haue schal
For þou art loþlich oueral.'   1000

þat child spac wiþ gret den
'þou lext' he seyd 'þou eld quen!
Mi moder quelle no may no man

While þat ich oliues am.'

þe wif agros of þis answere   1005

997 *Sch* 'Away' [sche seyd]   1000 *below the column catchword* þat child
spac   1001 *Sch* gret[e]   1002 *Sch* eld[e]

And coniured him in Godes name   1055
He ne scholde do heom no worldes schame
And faste on him þey gan to crye
In Godes nome and seynte Marie
He scholde heom telle what he weore
And what mesanter brou3te him þere;   1060
He gan him ley3e and halde him stille
And let heom cry3e al heore wille
And þou3h þey hadden slayn him þo
A word neo wolde he speke mo,
And þus þey þreo lyuede þare   1065
Wiþ muche sorwe and wiþ care.

f. 19ᵛ

And þerafter half a 3er
As heo heold him by þe fuyr
Reouþfully heo gan to grete
And seide to him 'My sone swete   1070
For þy loue wiþoute wene
Al qwyk schal y dolue beon.'
He onswerde and seide 'Nay
Dame þow gabbest by þis day
þer nys no mon no iustice   1075
þat schal þe deme in none wyse
þeo whiles y may go or speke
Yn eorþe þy body forto wreke.'
þanne was his modur bliþe womman
And euery day after þan   1080
He gladed hire wiþ his tale
And tolde hire merueyles feole.
And whan he couþe speke and gon
þe iustice was redy anon
And eode him forþ anon þan,   1085
He let brynge tofore him þat wommon

1060 *K* þore   1070 *D 909* seyd allas my sone   1073 *D 912* The
chyld answerd
1077–8 *D 916–17*   No man schal þy body quyk by reke
                     Whyles þat y may go or ellys speke
1083 *D 922* þe tyme was þat he cowde gon
1085–6 *P 1038–9*   And bade bring forth anon then
                     Befor him that ilke woman

And seyd 'Haue þou no power me to dere
Ich þe hals a Godes name!'
On þat maner seyd his dame
And halsed him also þare
He schuld telle wat he ware   1010

Ac þei þai it hadde al yswore
þai no miȝt do him speke no more
And y ȝou telle anon saun fayl
þai hadden þerof gret meruail,
And alle men þat herden it   1015
Wonder hadde in her wit.
¶þerafterward ȝete half a ȝer
His moder held him bi þe fer
And swiþe bitter ters lete
And seyd 'Allas mi sone swete   1020
For þe misbiȝeten stren
Quic y schal now doluen ben.'
þe child seyd 'Dame nay
Ich þe swere par ma fay
No schal þer neuer no iustise   1025
þe bidelue o non wise
No in erþe þi bodi reke
þerwhiles y may gon and speke.'
¶His moder wex a bliþe wiman—
Fram þat ich day after þan   1030
He teld hir vnder sonne
Al þat sche wald conne.
Þo þat child couþe go
þe iustise com þider þo
And dede feche þat wiman   1035
Bifor þe pople riȝt onan

Forto resceyue hire iuggement
And whan heo cam in present
þeo iustice forȝat hit nouȝt
And egrely he saide his þouȝt   1090
And swor anon by Heouene-quene
Al qwyk heo schuld[e] doluen beone.
Heo neo onswerde good no harm
Bote heold þe child stille in hire arm;
þeo child onswerde wiþ wordes bolde   1095
(He ne was bote two ȝer olde)
He seide to þe iustice wiþ egre mod
'Sire iustice þou konst litel god
To do my modur to þeo ded
And neo wost by hire no qued   1100
Saue a chaunce þat hire byfeol
And þerfore þou dost nouȝt wel
For euery man may wite by þan
þat aȝeyn chaunce may beo no mon,
þoruȝ chaunce and þoruȝ grace   1105
Into þis world brouȝt y was
And whan y was þoruȝ chaunce byȝete
Euery man may wel wite
þat my modur oweþ nouȝt
For my loue to deþe beo brouȝt.'   1110
Gret wondur þo hadden boþe olde and ȝynge
Of þe childes onswerynge
And þe iustice was ful wroþ
And al alowd he swor his oþ
Al qwyk heo scholde dolue beo.   1115
'Nay' seide Merlyn 'so mote y theon
þow schalt hit neuer brynge þerto
For al þat euer þow canst do
Hit schal nouȝt gon as þow wolt
For heo neo hadde þerto gult   1120
And þat y schal preoue þoruȝ skyl
Mawgrey heom þat wolen hire spyl.
My fadir þat byȝat me
Ys a feond of gret poustee

f. 20ʳ

1089–90 D omits   1092 MS. schuldyn   1093–4 P omits   1103 P
1054 will wott well then

And swore ded sche schuld ben
Riȝt anon bi Heuen-quen.

¶Þo bispac Merlin childe

To þe iustise wordes milde   1040

'Man wele wot þat ani gode kan
Oȝain chaunce no may no man,
þurth chaunce and eke þurth gras
In hir forsoþe pelt y was.'

þe iustise biheld þat childe,   1045
For Merlin he was neiȝe wilde
And seyd ydoluen most sche ben,
þo quaþ Merlin 'So mot y þen
For al þat euer kanestow do
Schaltow it neuer bring þerto   1050
þat þou mi moder delue mow—

Bi resoun ichil wele avowe:

¶A fende it was þat me biȝat

1037 *Sch* schuld[e]   1043 (*and passim*) *Sch* þurch

And wonyþ in þe eyr aboue þe lyȝt   1125
And tempteþ men boþe day and nyȝt
And þerfore to my modur he wende
And wende al Cristendam to haue schende,
He gat me on hire wiþowte lesyng
þat heo neo wiste þerof nothyng   1130
And for heo no wiste whenne hit was
Y preoue þat heo is gultles,
For alle þe feondes wende wiþ me
To haue schent al Cristiaunte
And hadde of me a wicked fode   1135
Bote God haþ me now turned to gode
And now y am a Godes sonde
Forto helpe al Engelonde,
And þoruȝ my fadir' he seide þan
'Alle thyng y ȝow telle kan   1140
þat euere was and now ys,
Y kan ȝow telle wel ywis—

And þow neo wost iustice þan
Who was þeo fadir þat þe wan
And þerfore y preoue modur þyn   1145
Raþer to beo doluen þen myn.'
Herkeneþ now al þe stryue
How Merlyn saued his modur lyf.

þo was þe iustice in heorte wo
And to Merlyn he saide þo   1150
'þow lyȝest þow blake conioun!
My fadir was a good baroun
And my modur a leuedy freo

1137–8 *equivalent in A is 1119–20*
1142a *D 980–1*   And ful wel y wot ywys
     Ho þat myn owne fader is
1148a *D 988–9*   Gret wonder hadde many a man
     How þys chyld to answery bygan
1151 *K* couioun

And pelt me in an holy fat

He wende haue hadde an iuel fode   1055
Ac al icham turned to gode,

Ac þurth kende of hem y can bo
Telle of þing þat is ago
And al þing þat is now
Whi it is and what and how,   1060
Of oþer þing þat is to come
Telle y can nouȝt al ac some—
Ich wot wele who mi fader is

Ac þou no knowest nouȝt þine ywis

Wharþurth y tel moder þine   1065
Digner to be ded þan moder mine.'

¶Hou noblelich þat child answerd
Wonder hadde þat it herd
þat so couþe speke and go
And was bot of ȝeres tvo.   1070
þe iustise seyd 'þou gabbest conioun!
Mi fader was an heiȝe baroun
Mi moder is a leuedi fre

1057 Ac: *Sch omits*   1065 *Sch* tel[le]   1066 *Sch* þan † mine
1071 *K* couioun

Ʒet olyue þow may hire seo.'

'Sire' he seide 'hold þy mowþ   1155
Or y schal make hit wide couþ;
Do a mon after hire to gon
And also swiþe myseolf alon
Y schal hire don anon beo knowe
Elles anhong me and todrawe.'   1160

þe iustice after his modur sent

And whan heo was comen in present
þeo iustice byfore heom alle
To Merlyn þo gan he calle
He seide to him 'Belamy   1165
Beo now so bold and hardy
To preoue þy tale Ʒef þou can
þat þow seydest of þis womman.'
Merlyn onswerde to þe iustice
'Sire þy dedes buþ nouȝt wyse,   1170
Ʒef y telle þis folk byfore
How þat þow ware gete and bore
þanne schal hit sprynge wide and brode
þen hastow lore þy manhod
f. 20ᵛ   þanne schal þy modur dolue beo   1175
And þat weore for þe loue of þe.'
þeo iustice þan vndurstod
þat Merlyn kouþe muche good
Into a chaumbre he ladde him þo
He and Merlyn wiþowte mo,   1180

'Merlyn' he seide 'now preiȝe y þe

What was þe man þat byȝat me?'
'Sire' he seide 'by seynt Symoun
Hit was þe person of þis toun

1154a D 996-7   And as y trowe by oure Lady
                     Ʒhe dude neuere no lechery
1169-70 D 1010-11   Merlyn seyde þan syre iustyȝe
                     þyne wourdes beþ nouȝt wyse
1172 þat: P 1119, D 1013 omit   1175-1201 D wanting

Oliue ȝete þou miȝt hir se
Ich wene bi þe quen Marie   1075
Men dede neuer bi hir folie.'
℞þe child seyd 'Iustise held þi mouþe
Oþer y schal make it wide couþe
Of hir folis mani on;
Do hir after som man gon,   1080
Bot ȝif y do hir it ben aknawe
Wiþ wild hors do me todrawe.'
þe iustise anon raþe and skete
His moder þider feche he hete
Bifor him sche com wel sone   1085
þe iustise seyd midydone
'Say Merlin þat þou seydest arst
Bifor mi moder ȝif þou darst.'

f. 207va   'Now ich ise sir iustise
þine ordinaunce no be nouȝt wise,   1090
Ȝif ich telt þis men bifore
Hou þou were biȝeten and bore

þi moder most ydoluen be
And þat were alle þurth þe.'
þo þe iustise þis vnderstode   1095
He þouȝt þat child couþe gode
Into a chaumber sone anon
Al þre þai gun to gon
And þe iustise seyd þo
'Child Merlin forþ þou go   1100
Telle now bitven ous þre
What man it was þat biȝat me.'
þe child swore bi seyn Symoun
'It was þe persone of her toun

1082 Sch wild[e]   1085 Sch Bifor[en]   1094 Sch alle [idon] þurch
1096 Sch þouȝt[e]   1098 Sch Al[le], gun[ne]   1099 Sch seyd[e]

He byȝat þe by seynt Iame   1185
Apon þis wommon þat is þy dame.'
þe leuedy seide 'þow foule thyng
þow hast lowen a stark lesyng
His fadir was a noble baroun
And holden a mon of gret renoun,   1190

And þow art a mysbyȝete wreche

Y pray to God þeo Deol þe feche
Yn wilde fuyr þow schuldust beo brent
For wiþ wronge þow hast me schent.'

'Dame' seide Merlyn 'hold þe stille   1195
For hit weore boþe ryȝt and skille

For y wot wiþowte wene
þow owes qwyk to dolue beone
For siþen þou weore to þis world brouȝt
Al þe werk þat þou hast wrouȝt   1200
Y con þe telle ilke a word
Better þan þow by oure Lord,
How þy sone was byȝeten
Dame ȝef þow hast forgeten
Y can telle þe al þe cas   1205
How and where and whenne hit was
þat þou schalt beo aschamed sore—
þe weore betre speke na more!'
þe leuedy was sore amayed
And Merlyn forþ his tale said   1210
'Dame' he saide 'verrament
þat tyme þy lord to Cardoyl went

Hit was by nyȝt and nouȝt by day
þe person in þy bed lay
At þy chaumbre-dore þy lord gon knocke   1215

Haþ ypleyd wiþ þi dame 1105
And biȝat þe al a-game.'
þat leuedy seyd 'þou misbiȝeten ping
þou hast ylowe a gret lesing
His fader was a fair baroun,
Y telle þat man a conioun 1110
þat to þe ȝiueþ ani listening
For þou art a cursed þing
Misbiȝeten oȝaines þe lawe

þou schust wiþ riȝt ben yslawe
þat þou no leiȝe no lesinges mo 1115
Men forto wirchen wo.'
þe child seyd 'Dame be stille!
Wiþ riȝt may me no man spille
For icham a ferly sond
Born to gode to al þis lond 1120
Ac þou art digne doluen to ben—
þi sone schal þe soþe ysen.

℘þo þi lord com fro Cardoil
In hert þou haddest gret diol,
Bi niȝt it was ar þe day 1125
þe persone in þine armes lay
On þi dore þi lord gan knoke

1107 *Sch intended to print* [Sche] seyd   1110 *K* couioun   1114 *Sch*
schu[lde]st, riȝt[e]   1116 *Sch* [Wim]men   1117 *Sch* [now] be
1119-20 *equivalent in L is 1137-8*   1124 *Sch* gret[e]   1125 *Sch* niȝt[e]

And þou dudust on þy smok
And weore sore aferd þat tyde
And vndudest a wyndow wyde
And þer þe person þoᵻw out lette
And he ran awey ful sket,   1220
Dame' he seide 'þat ilke nyȝt
Was byȝete þy sone þe knyȝt—
Dame' he seide 'lyȝe ich ouȝt?'
And heo stod stille and seide nouȝt.
þanne was þe iustice wroþ and wo   1225
And to his modur he seide þo
'Dame' he seide 'how goþ þis?'
'Sone' heo seide 'al soþ ywis
þauȝ þow me honge by a corde
He neo lyȝeþ of me no maner worde.'   1230

f. 21ʳ   þeo iustice for schame wax al red

              And on his modur schok his hed

              And bad in haste wende hom
              In muche mawgre as heo com,
              'Blyue' seid Merlyn 'send after a spye   1235
              For to þe person heo wol hire hyȝe
              And al þe soþe heo wol him seyn
              How y haue heom bywryȝen
              And whan þeo person haþ herd þis

              Anon for schame and sorwe ywis   1240

              To a brugge he wol fleo
              þat neuer mon after schal him seo,
              Into þe water starte he wol
              His lif and sowle forto spyl—
              And bot hit beo soþ þat y say   1245
              Baldely do me honge today.'

1216 D 1032 stertust vp in   1219 MS. þorw, r squeezed in in darker ink
1224 D 1040 spak ryȝt nauȝt   1230 P 1177 Hee belyeth me neuer a word,
D 1046 Merlyn lyeþ neuere a worde   1233 K bad [hur], P 1180 bade
her, D catchword below 1048 bad hure   1233–1521 D wanting

And þou stirtest vp in þi smoke
Wel neiȝe wode for dred and howe
Vp þou schotest a windowe   1130
And þe persone þou out lete
And afterward þou schet it sket,

f. 207ᵛᵇ   And forsoþe þat ich niȝt
He biȝat þis ich kniȝt—
Hou seistow dame seystow auȝt?'   1135
And sche no spac oȝain riȝt nauȝt
Ac so gretliche sche awondred was
þat hir chaunged blod and fas.
þe iustise seyd 'Dame what seystow?'
'Sir he seyt soþe bi Crist Ihesu   1140
þei ȝe me hong bi a cord
He no leiȝeþ neuer a word.'
þe iustise þo hadde no game
Ac neiȝe wode he was for schame,
Merlin him cleped to an herne   1145
And to him told tales derne
'Sir' he seyd 'listen to me
For soþe ichil now tellen þe
Lete þi moder wende hom
And sende þou after a litel grom   1150
þat hir cun wele aspie
For homward sche wil an heiȝe
And to þe persone sone say
Hou ichaue hem boþe biwray,
When þe persone haþ herd þis   1155
Sore he worþ adrad ywis
Of schameful deþ to haue of þe
To a brigge he wil fle

Into þe water scippe he wille
And so he schal himseluen spille—   1160
Bot it be soþ þat y þe telle
Wiþ þine honden þou me aquelle.'

1133 *Sch* ich[e]   1140 *K* 'Sir', he seyt, 'soþe   1141 *Sch* hong[e]
1146 *Sch* told[e]   1151 *Sch* cun[ne]   1152 *Sch* homward [gon] sche,
h†iȝe

þeo iustice wiþowte faile
Dude after Merlyns counsaile
He sent after a spye bold
He fond ry3t as Merlyn told,   1250
þanne þe iustice sat and lou3h
Him þou3t þat Merlyn was wys ynou3h
And þerfore for Merlyns sake
Him and his modur he lette take
And let heom boþe go qwyt and freo   1255
Byfore þeo folk of þat contre.

And whan Merlyn was seoue 3er old
He was of dede swiþe bold,
His modur he dude a nonne make
A blak abyte he dude hire take   1260
And fro þat tyme verrament
Heo serued God wiþ good entent.
Now lete we at his modur beon
And to owre tale we turne a3eyn
And speke we of þo messangeres   1265
þat wenten fro sire Fortageres

1251–2 *P omits*

¶Þe iustise dede saun fail
Al bi þat childes conseyl
He it aspide bi on hewe   1165
þe childes tale he fond al trewe,

And seþþen he legged hir fore
þe childes moder nas nouȝt forlore
And al quite he lete hir go
Wiþouten pain wiþouten wo.   1170
¶Seþþen Blasy þermite
Merlin com to visite
And halsed him a Godes name
þat wiþouten harm and schame
He schuld him telle al þe cas   1175
Hou he euer biȝeten was,
f. 208ra   Merlin him teld ende and ord
Of his biȝeteing euery word,
And seþþen seyd to Blasy after
'To kinges foure y worþ maister   1180
Hem y mot ȝete alle rade
And þou schalt write her dade
þou schalt write þat y say
Mani man forto averray'—
þere he teld of mani a þing   1185
þat Blasi made of writeing
Bi was bok we vnderstond
Al þat Merlin wrouȝt in lond.
¶Þo Merlin was fif winter eld
He was michel broun and beld   1190
So we in boke finde conne
His moder he dede make a nonne
þat Ihesu Crist wiþ hert gent
Serued ay wiþ gode entent.

On a day as ich ȝou telle   1195
  þo ich þre sechers snelle
þat were ysent fram þe king

Forto seche Merlyn þe bolde
To haue his blod as y ow tolde.
So þreo of heom com by cas
In a place þer Merlyn was   1270
On play3yng as he can gon
Wiþ oþre childre mony mo,
And als þey pley3ed in þat st[e]de
On of his felawes him mysa[i]de
And gon cry3e on Merlyn þo   1275
'þow blake schrewe þow go ows fro!
þow art a foul þyng geten amys
No mon wot who þy fadir is
Bote sum deouel þe by3at y wene
To don ows boþe trey3e and teone.'   1280

þeo messangers come faste by
And herdyn wel þe childre cry
Sone anon þey weore byþou3t
þat was þeo child þat þey sou3t
And vchon owt his sweord drou3h,   1285
And Merlyn schok his hed and lou3h

f. 21ᵛ   'Now eouel thryft haue þow conioun
þat þow spak so hy3h þy rown!
Here comen þe kynges messangeres
þat han me sou3t fer and neor   1290
Forto haue myn heorte-blod,
Ry3t now þey þenkyn in heore mod
Forto sle me þis day
Bote by my trowthe 3ef þat y may
Or þey departe awey fro me   1295
Wel gode freondes schal we beo.'

Merlyn anon to heom ran
He grette heom faire as he wel kan

1273 MS. apparently stode, though K reads stede   1274 MS. between a
and d two minims, K text mys[se]de, K corr. appears to suggest mys[d]ude
1287 K couioun

To hauen of þis child findeing

Comen al þre bi cas
Into þe toun þer Merlin was,   1200

Merlin in þe strete þo pleyd
And on of his felawes hi⟨m⟩ trayd
þat him seyd loude to
'Foule schrewe fram ous go!
þou art al biȝeten amis   1205
þou nost who þi fader is
Ac some deuel as ich wene
þe biȝat ous euer to tene.'
¶Merlin seiȝe þis and vnderstode
þo þre it were þat souȝt his blod   1210
þat þo riden þerforbi
þat of þis child herden cri,

He seiȝe þat ich his hors wiþdrouȝ
Merlin schoke his heued and louȝ
He was of fiue winter eld   1215
And he spac wordes swiþe beld
'Yuel þe bifalle þou conioun!
þou hast yseyd to loude þi roun
Her comeþ þe kinges messanger
þat haþ me souȝt al þis ȝer   1220
Forto han min hert-blod,
And it no may don hem no gode;
Hast þai haue me to slen
Ac bi þat þai me wiþ eiȝen sen
þerto worþ hem no talent   1225
And ȝif þai deden þai weren schent.'
Messangers to him gan terne
And he oȝaines hem fast gan erne
And on hem Merlin louȝ forsoþe

f. 208rb

1202 hi⟨m⟩: K reports MS. possibly hit   1217 K couioun   1221–2 cf.
also L 1303–4   1227 K notes [þe] mess.

And seide 'Welcom beo ȝe messangeres!
Ȝe comen fro sir Fortageres,   1300
Me to sle is al ȝoure þouȝt—
þerof schule ȝe spede nouȝt

Forto beore ȝoure kyng my blod
þat neuer schal do him good
For þey þat tolde him þat tydyng   1305
þey lowen on me a strong lesyng
þat seide my blod wiþowte wrong
Schuld make his castel styf and strong,
þauȝh al þe werk þeron was set
Neo schulde hit stande neuer þe bet.'   1310

þeo messangeres haddyn wondur ilkon
And seiden to Merlyn þanne anon

'Hou konstow telle such priuete?
Tel vs þe soþe we praieþ þe

And seyd to hem 'Wel comeþ boþe!   1230
Now ȝe haue yfounden me
þat ȝou was hoten forto sle
Ar ȝe wiþ me spak auȝt
(þus ȝo was bihoten and tauȝt)
Mi blod to haue to þat werk   1235
þat schuld be so strong [and] sterk—

For mi blod no worþ it þe bet
Neuer more þe bet yset,
Ichil proue leiȝers þai beþ
þat so bispoken mi deþ   1240
Ac certes ȝiue ich were ded
þe king no worþ þerof no red.'
¶ 'Seynt Marie!' quaþ her on
'Swiche wonder haue we herd of non
Hou wostow þat we it ben   1245
þat þe seche forto slen,
And þe kinges priuete?
(So ȝong þou art!) Telle it me.'
Merlin seyd 'Wele y wot
þe kinges conseyl eueri grot   1250
And al þat on erþe worþ ydo
And al þat schal be don þerto.'
þis men hadde wonder gret—
Him to sle it were vnnet.
þe child seyd 'Nouȝt me no sleþ   1255
For y schal scheld ȝou fram þe deþ
Bifor þe king ich ȝou pliȝt
And telle and schewe þe soþe riȝt
Why his werk maþi nouȝt stond
And of þe clerkes þat ben in bond   1260
Hou þai han ylowen on me
þe king þat soþe schal yse
Ȝif it ȝour willes is
Wiþ ȝou ichil wende ywis.'
Al þre þai spoken þo   1265

f. 208ᵛᵃ

1259 *MS.* mani

þat we may haue verray tokenyng   1315
To avowe owr tale byfore þe kyng.'

Merlyn ladde heom a good pas
Til he cam þer his modur was,
Heo tolde heom al þe soþe byfore
How Merlyn was geten and bore   1320
And of his wisdam and of his red
How he saued hire fro ded.

þeo messangeres as y ȝow telle
Al þat nyȝt þey conne þer dwelle,
Amorwe sone as hit was day   1325
þey token leue to wende away
And also Merlyn þat tide
Rod on a palfray heom bysyde
And wentyn forþ al yfere
Toward þe kyng sir Fortagere.   1330
As þey þoruȝ þe contre nam
In a chepyng-toun þey cam

So þat Merlyn as y þe telle
Com þer schon ware to selle;
A gret lawynȝg vp he nam,   1335
þeo messangeres þo to him cam
Sone askeden him þo

'Certes child we wil it be so.
Telle ous now what is þi name
Oþer what wiman was þi dame
þat we se sum witnesseing
Of þi dede—þou art so ȝing!'   1270
Merlin anon he hem sede
'Comeþ þider þer ich ȝou lede
Mi moder ȝe schullen se
And wiþ þe soþe finde me.'
þer he ledde hem bi heiȝe sonne   1275
To his moder þer sche was nonne
þat al þat soþe was biknawe
And euerich word hem teld arawe
Hou þat child fram þe iustise,
Fram deþ, hir saued wiþ wordes wise,   1280
Of þis sche told hem þus saun fayl
þe kniȝtes hadden gret meruail;
And seþþen in gret quiet and pays
He ledde hem to his maister Blays
þat hem told and wittnes bar   1285
Of al þing þat he seyd þar,
Merlin to Bla⟨si⟩ þer meche seyd
þat Blasi al in writt leyd.
þat niȝt al þe messangers
þai bileften to þe sopers,   1290
Amorwe so we seþ in boke
Al fiue þer her leue toke
At þe nonne and at Blays

And went hem forþ wele at aise
Toward þe king þer he lay   1295
So þat þai comen on a day
þurth a toun, was chepeing
And to selle mani a þing.

þer Merlin houed and louȝ stille
And seiȝe hou men loued schon to selle,   1300

þe messanger made anon asking

1279 fram: K [before]   1287 Bla⟨si⟩: ultra-violet suggests MS. originally
Blays, ys erased   1292 Fiue: K notes f[o]u[r]e
C 7738   H

Wherfore þat he low3 so,
þan seide Merlyn 'Seo 3e nou3t
þat 3ong mon þat haþ schon bou3t   1340
And strong leþer to do heom clowte

And gres to smeore heom al abowte?
He wenyþ to lyue heom to weore
Bote by my sowle y dar wel sweore
His wreched lif he schal forlete   1345
Er he come to his owne gate.'
þeo messangeres at þat tide
After þat [mon] gon þey ryde
And fond him ded as any ston
Er he hadde a forlong gon.   1350
In þat town þey dwelled al ny3t,
On morwe whan hit was dayly3t
þey dy3t heore hors and made heom 3are
In heore weye forto fare
And as þey wente in heore iornay   1355
þoru3 a town of þat contray
He com by a chirche3ard,
He mette a cors þyderward
Wiþ preostes, clerkes syngynge byfore,
þeo cors was on a bere bore   1360
Mony mon þerwiþ can gon.
Merlyn byheold heom euerilkon
A gret lau3hyng vp he nam,
þeo messangeres to him cam
þeo messangeres to him rod   1365
Askeden him wiþ heorte good
Why he lou3h so schrylle,
Merlyn seide by Godes wille
3ef heo wiste why hit weore
Heo wolde þerfore lauh3 wel more.   1370
'Among þis folk' he seide þan
'Y seo an old sely man
þat doþ sore weope
Him war betre skippe and lepe,

1348 P 1285 that man   1365, 1368–70 P omits   1374 P 1307 He
ought better to

Whi he made swiche leiȝeing,
Merlin seyd 'No se ȝe nouȝt
Newe schon þat man haþ bouȝt
And strong clout-leþer hem to clout   1305
And smere to smere hem al about?
He wenes to liue and hem tere
Ac bi mi soule y ȝou swere

f. 208vb His wreche liif he schal forlate
Her he com to his owhen gate.'   1310
þe messangers herden þis
And wonder hadde þerof ywis
For sone þerafterward þai founde
þat man ded opon a stounde.
Rest þai token þat ich niȝt   1315
Amorwe her way þai went forþ riȝt

And comen bi a chircheȝerd
And metten a bere to chirche-werd;

His bridel þer Merlin wiþdrouȝ
And swiþe schille and loude he louȝ,   1320

þe messangers bad him þo telle

Whi it was he louȝ so snelle,

He seyd he seiȝe wepe þat schuld sing

Anoþir y seo her go and synge   1375
He auȝhte betre his hondes wrynge—
Y schal telle ȝow for why
þat ȝe schal haue god rybawdy.
þat cors þat ded [is] and cold
Hit was a child of ten ȝer old,   1380
þat ilke preost' he seide þo
'þat goþ byfore and syngeþ so
He was þe fadir þeo child byȝat
And ȝef he weore byþouȝt of þat
He scholde his hondes wrynge sore   1385
And for þat synne sorewe more,
And now he syngeþ [wiþ] ioye and blis
As hit neuer hadde beon his;
And ȝe seon þe sely housbonde
For sorwe and care wrynge his hondes,   1390
He no auhȝt heom nouȝt to wrynge
For ioye he auȝht skyppe and synge,
þerfore he is a muche fool
þat for his foman makiþ deol
For he is ded þe prestes fode   1395
þat neuer no scholde do him gode.'
þeo messangeres euerilkon
f. 22ᵛ   To þe childes modur heo ȝeoden anon
And Merlyn in a litel þrowe
Made hire al to beon yknowe   1400
Wherfore heo neo couþe nouȝt say nay
Bote euer heo preyȝed him nouȝt to say.
þenne weore þe messangeres bliþe
And in heore weyȝe ryde swiþe
And as heo ryden in heore way   1405
Hit feol apon þe þridde day
Whan hit was abowte hyȝh pryme
þan lowȝ Merlyn þe þridde tyme,
þan axed þey alle yfere
Why he made þo lauȝhwynge chere,   1410
Merlyn seide þo ywis
'þauhȝ y lawȝe no wondur is
For siþþe þe time þat ȝe ware bore

1379 *P 1312* dead is   1387 *P 1320* with ioy   1391-2 *P* omits

And sing þat schuld make wepeing

'For þe prest þat singeþ þare   1325
Biȝat þat child þat liþ on bare

He ouȝt for his sinne sori ben,

And þe bond þat ȝe ȝond sen
þat so loude and sore ginneþ wepe

For blis he ouȝt to sing and lepe   1330

For þe prestes sone is ded
þat euer schuld haue don him qued.'

To þe moder þai gun gon

And þat soþe atoken anon

Alle þe soþe sche gan hem say   1335
And bad hem nouȝt hir biwray
For sche were þan schent ay,
'Verrament' þai seyd 'nay.'
Forþ þai went in her way
þiderward þe king him lay   1340
So ich ȝou segge in mi rime
þo louȝ Merlin þe þridde time,
Eft him asked al his fere
Whi he maked swiche chere,

1329-30 *cf. also L 1373-4*

Such wondur herde ʒe neuer ore—
Y schal ʒow telle wiþowte oþ   1415
þat ʒe schule fynde treowe and soþ
Herkneþ alle wiþowte wouʒh
Y schal ʒow telle why y louʒh.
þis ilke day by my treowþe
In þe kynges court is mukil reouþe   1420
Of þe kynges chaumburleyn
For þe quene soþ to sayn
He haþ lowen on hire a lesyng strong
Men wolen do hire to deþ wiþ wrong.
His chaumburleyn is a womman   1425
And goþ in cloþyng as a man
And for heo is fair and bryʒt of heowe
þeo false quene þat is vntreowe
Bysouʒte hire to beon hire lemman derne

And heo onswerde and can hire werne   1430
Nede heo moste þat game forsake
For heo no hadde takil forþ to take
Forto make hire no counfort
For hire takil was to schort,
þerfore þe quene was a fool   1435
For hadde heo wist of hire tol
And how schort hit was wrouʒt
Heo neo hadde of hire loue souʒt;
þe quene forsoþe was amayed
þouʒte wel heo scholde beo wryed   1440
And wende wel to haue beo schent
Anon byfore þe kyng heo went
And seide þat hire chaumburleyn
Wiþ streynþe hire wolde haue forleyn.
þe kyng forsoþe is wondur wroþ   1445
And anon he swor his oþ
þat heo scholde beo drawe and honge
Bote certes hit is al wiþ wronge,
þerfore on of ʒow wend hom blywe
Also swiþe as ʒe may dryue   1450

1423 *K* † Haþ, *following P 1350*   1443 *K* hi[s], *following P 1368*

'3is' he sayd 'listen now   1345
þe soþe ichil tel 3ou:

þe quen mi lordes wiif at hom
Haþ puruayd a wrongful dom;

Hir chaumberlain is a wiman
þat goþ in gise of a man,   1350
For he is louely and of fair hewe
Our quen þat is vntrewe
f. 209ʳᵃ   † Bad hir be hir leman
For sche wend sche were a man,
þis chaumberlain seyd þat he nold   1355
Tresoun do for no gold

Wharþurth þe quen pleint made
To mi lord þe king and sade
þat þurth fors hir chaumberlain
Wald haue hir forlain.   1360
℟þe king for þis was swiþe wroþ
And wraþfulliche swore his oþ
'3if y may atake þis wrong
He worþ todrawe and tohong!'
Now wendeþ toforn on of 3ou   1365

1353 *MS.* and bad   1359 fors: s *corrected from* þ; *so K text, and almost*
certain under ultra-violet, though T forth, *K corr.* for[s] *reporting MS.* forþ

And sey to Fortager þe kyng
"þe quene haþ lowen a strong lesyng
Apon hire chaumbur[l]eyn for hate
þerfore bid weϮ þat heo beo take
And serche al abowte hire þan   1455
And ȝe schal fynde hire a womman"
And sey y sent him so bode—
He schal hit fynde soþ for Gode.'
A knyȝt þer was stowt and fer
Gan to prike on his destrer   1460
þat he no made no targyng
Til he cam byfore þe kyng,
Whan he com into þe halle
Doun on kneos he gon to falle
And seide as y fynde in boke   1465
'My lord þe kyng God þe loke!
Mony a contre we han went
On þy message þer þou ows sent
To seke a child of selcouþ mounde
And such on we han yfounde   1470
þat nis bote fyf wynter old
þow no herdest neuer of non so bold
He is cleped child Merlyng,
He kan telle al maner thyng,
Of al þat was and now is   1475
He kan ȝow telle wel ywis

And he kan telle ȝou ful wel
What destourbeþ ȝoure castel
Why hit may not stonde on pleyn,
And also of þy chaumburleyn   1480
þat þow hast mynt todrawe and honge
He seiþ forsoþe hit is wiþ wronge
Forto sle a womman
þat goþ in cloþyng as a man
þerfore do as we þe sayn   1485

1453 *MS.* chaumbureyn, *with* l *written over* y   1454 *MS.* wē;   P *1379* bydd
that   1457-8 P *omits*   1477 And: P *1398 omits*   1479 pleyn: n *un-
certain*   1480 þy: P *1401* your   1481 P *1402* yee haue;   K to drawe

And tel anon þe king hou
Y haue ȝou teld of þe fals loue,

Bid him þat he þe soþe proue.'

Forþ him went a messanger
Swiftlich on a gode destrer   1370
Til þan he com to þe king
Made he nowhar no targeing,
þe king he fond in his halle
On þis maner he gan him calle
¶ 'Hail þou be king Fortiger   1375
And God þe loke in þi power
Saue and kepe þi miȝti hond!
Whe han went into al þis lond
To seche a child bi hest þine
Wiche men clepeþ Merlin,   1380
Y wot he is now fiue ȝer eld
Wise of speche of dede beld
He can telle al þing
On erþe vnder Heuen-king
þat is go and now is   1385
And michel þat to comen is.
þe ten clerkes on him lowe
Aforn ȝou he wil avowe,
He wil ȝou teche swiþe wel
What destourbes ȝour castel   1390
þat it may stond on þe pleyn,
And also of ȝour chaumberlain
þat ȝe no schul sle no hong
For it were al wiþ wrong
To sle a woman for a man   1395
þat mannes cloþes haþ opan—

1381 fiue: *K* fine (*presumably misprint*)

Let do take þy chaumburleyn
And of hire bondes hire vnbynde
A wommon fair þow schalt hire fynde,
And bote hit beo so, wiþ ryȝt lawe
Do me honge and siþþe todrawe.'   1490
Fortager awondred was
And alle þat herden of þat cas,
He comaunded hise men alle
His chaumburleyn to brynge in halle
Anon hire serchede in þat stounde   1495
And a womman heo was founde,
Wroþ was þanne Fortager

And asked of þat messanger

Who him tolde heo was womman.
'For Gode sire' he seide þan   1500
'Merlyn was þat þis gan say
Ryȝt as we came by þe way
For he kan telle and gabbe nouȝt
Al þe þyng þat euer was wrouȝt,
Al þat euer þow konst him frayne   1505
He wol telle þe soþ certayne.

f. 23ᵛ   Fortager was glad and bliþe
            And seide to þe messanger swiþe
            'Y schal þe ȝeue lond and plowȝ
            And make þe riche man ynowȝh,   1510
            þerfore y comaunde now ryȝt
            Duyk baroun eorl and knyȝt
            Dyȝhte heore hors and make heom ȝare'
            Forþ wiþ Fortager to [f]a[r]e.
            He no wolde no lenger byde   1515
            Bote leop to hors and gan to ryde
            To speke wiþ Merlyn þe ȝonge
            So glad he was of his comyng
            þat whan hit was come to þe nyȝt
            Wiþ Merlyn he mette ryȝt,   1520

1502 Ryȝt: *P 1423 omits*   1513 *P 1434* To dight   1514 *MS.* haue,
P 1435 fare

f. 209rb

Bot ȝe him wiman finde
Ȝe schuld him hong bi þe winde.'
Fortiger awondred was
And al þo þat herd þis cas,   1400
þe chaumberleyn he ofsent anon
þat in strong prisoun was ydon
He was despuled fram heued to grounde
Marked woman and maiden founde,
þe king was wondred out of witt   1405
And toke þe messanger bi þe slit
And seyd 'Telle me ȝif þou can
Who þe teld sche was wiman.'

'Child Merlin it gan ous say
As we went hiderward in our way   1410
For he can telle and gabbe nouȝt
Of al þing þat haþ ben wrouȝt'—
And al he teld þer þe king
Of his biȝete, of his bereing
And whiche þinges he gan say   1415
As he com bi þe way.
þan seyd Fortiger þe bold
'And it be soþe þat þou me told
Ichil þe ȝiue lond and plouȝ
And make þi felawes riche ynouȝ.'   1420
He dede comand anon riȝt
Douke erl baroun and kniȝt
To diȝt her hors and make hem ȝare
Wiþ him oȝain Merlin to fare

And when it was wele wiþin niȝt   1425
Wiþ Merlin he mett apliȝt

So sone as he him can mete
Wiþ faire wordes he can him grete,

Of mony thynges heo spaken þan
Sum þerof telle y can.

Wiþ muche ioye verrament   1525
To þe kynges court þey went
Warn mad wel at ese þat ny3t,
On morwe whan hit was dayly3t
To þat steode þey went bydene
Þer þey scholde þeo castel seone   1530
'Sone' he seide to Merlyn þan
'Tel me child 3ef þow can
Why my castel in þis stounde
Ys euery ny3t falle to grounde
And why hit may stande nou3t   1535
Of so strong thyng as hit is wrou3t.'
Þanne seide Merlyn to þe kyng
'Sire þow schalt here a wondur thyng,
Here in þis ground, arered is deop,
A water þer is strong and steop   1540
Vndur þe water arn stones two
Muchele and brode and longe also
Byneoþe þeo stones vndur þe molde
Two dragons lyggen yfolde
Þat on is whyt so mylkes rem   1545
Þat oþir is red so fuyres glem
Wel grisly þey arn of sy3t boþe
And fareþ togedre as þey weore wroþe,
And euery day when hit is ny3t
Þey bygynnen a stark fy3t   1550
Þat þoru3 þeo streynthe of heore blast
Þy werk con þey doun cast,

1527 *P 1448* And were att ease   1530 *P 1451* Where the castle shold
haue beene   1539 *P 1460 omits* arered is, *D 1066* a 3erdes dep
1543 *D 1070* And vnder þe stones   1546 *D 1073* as feyrys leme
1548 *D 1075* And þey togederes buþ swythe wrothe   1552 *D 1079* Al þy
werk ys ouer cast

And when þe king wiþ Merlin mett
Wel hendelich he him gret
And þe king welcomed þat child
Wiþ fair wordes and wiþ mild, 1430
Mani worde þai spoken sone
þat y no haue nouȝt of to done
No al siggen y no may
þei y sete al þis day
Bot þat longeþ to þis nede 1435
Wel schortliche ich wil me spede.
þai were at ese þat ich niȝt,
Amorwe þai went forþ ful riȝt
And to þe stede gun ten
þer þe castel schuld ben, 1440

f. 209va

Fortiger spac to Merlin
'Tel me now sone mine
Whi no man no may her founde
Castel here opon þis grounde
And whi it is ybrouȝt to nouȝt 1445
þat is here o day ywrouȝt.'
Merlin seyd 'Certes sir king
þerof nis no selcouþe þing,
Hervnder is, a ȝerde depe,
A water boþe swift and stepe 1450
Vnder þat water ligge stones to
Brod and long þai ben bo
Vnder þo stones beþ depe in mold
To dragouns fast yfold
þat on is white so milkes rem 1455
þat oþer is red so feris lem
Wiþin þai brinneþ boþe
And beþ togider swiþe wroþe,
When þe sonne is doun euery niȝt
Togider þai fond forto fiȝt 1460
And þurth þe strengþe of her blast
Al þi werk is doun ycast—

1443 *K* may † founde   1456 *K* fer is

And ȝef þat dragons weore away
þan myȝhte þy werkmen vche day
Make þy werk ryȝt at þy wille   1555
To stonde boþe strong and stille—
Do now loke and þow schalt seo
þat hit beo soþ y telle þe.'
Fortager comaunded anon
To his werkmen euerychon   1560
Fiftene þousand and ȝet mo
He bad heom alle loke ȝef hit ware so,

f. 24ʳ   Anon þey doluen in þe grounde
And a water þer þey fonde,
Among heom alle soþ to telle   1565
þey maden two deope welles
Al þe water þey brouȝt out þo,
And whan þey hadden so ydo
Byneoþen at þeo watres grounde
Two grete stones þey founde,   1570

Mony men redy þer weoren
þeo two stones vp to reren.
And whan þat þey weoren vp yrent
Two dragons þer weoren ybent
Wiþ longe tailes feolefold   1575
And fond ryȝt as Merlyn told,
þat on dragon was red so fuyr
Wiþ bryȝes of eyȝne as basyn cler

His tayl was gret and noþyng smal

His body was vnruyde wiþal   1580
His schaft may no mon telle

1572 *D 1099* forto arere   1573 yrent: *K notes* y[h]ent, *following P 1494*
hent;   *D 1100* And whanne þe stones weren vp went   1577 dragon: *D*
1104 omits   1578 *D 1105* Wiþ eyȝen brod as a basyn cleer
1578a *D 1106–7*   Þowes he hadde gret and longhe
                         And feyr out of his mouþ spronghe

þat iche þe say now it serche
And þan mow þi werkmen werche
Castel and tour after þi wille   1465
þai mow stond long stille.'
þe king was wondred of þis cas
And al þat euer mid him was,
Werkmen he dede anon
þider feche mani on   1470

þat þer doluen in þe grounde
And sone þerafter a water founde
In whiche sone vnder hem alle
þai maden to þicke walles
þe water vp loden þo   1475
Alway bi to and to.
þo þai comen to þe grounde
To stones þicke þai founde
þat wa[re] boþe long and brode,
Hem bitven a gret schode   1480
Of grauel and erþe also
þat hem hadde schifted ato,
Mani on forsoþe þer were
þo to stonnes forto arere.

f. 209vb   þo þe stones weren ywent   1485
To dragouns þer layen ybent
þe tail vnder hem felfeld
A[l]so Merlin hadde yteld
þat on was rede so þe fer
þe eiȝen so a bacine cler   1490
Euerich powe a span long
þe fer out of his moþe sprong
His tail was boþe long and gret
A gastlich best he was to mete
He hadde a bodi as a whal;   1495

1479 *MS.* water, *K* [Vnder] þat water   1488 *MS.*, *K* **As so**
1492 *K* mo[u]þe

He loked as a feond of helle;
þe whyte dragoun lay him by
Steorne of lok and grysly
His mouþ and þrote ȝonede wide   1585
þeo fuyr barst owt on ilk a side
His tayl was ragged as a feond
And apon his tayles ende
þer was schaped a grysly hed
To fyȝte wiþ þe dragoun red,   1590
For Merlyn seide forsoþe aplyȝt
So grysly weore þey boþe of syȝt,
Whan þey scholde vp aryse
Mony a mon þer schal agryse.
Anon þey rysen of heore den   1595
þer weore ferd mony men

Al þat folk þer was þat tide

þer dorste non lenger abide

Somme fellen for ferd in slowȝ,
And Merlyn clapte his hond and lowȝ.   1600
þe rede dragoun and þeo white

Harde togedre gon þay smyte

Wiþ mouth powe and wiþ tayl
Bytweone heom was ful hard batayl
þat þeo eorþe donede þo   1605
And lodly weder wax þer þo
So strong fuyr þey casten anon
þat þe pleynes þerof schon
And sparklede abowte bryȝt

1598 *K* lengor
1598a *D 1132–3*   An hondred flowen at on hep
                        So þat eche vp othere bygonne to lep
1599 *K* s[w]owȝ   1599–1600 *P omits*   1604 *P 1523* a hard
1605 *P 1524* quaked thoe   1609–10 *P omits*

þat oþer dragoun was al
Nouȝt so michel so þe rede—
And clowes he hadde qued
Hoked tail and mouþe wide
Tong so a brenand glede   1500
A rugged taile so a fende

And an heued at þe ne[n]de.

Boþe þai gun arise
Al þat hem seiȝe gun agrise

þer nas noiþer king no erl   1505
Baroun kniȝt fre no cherl
þat þer durst abide leng
Alle þai flowen on o reng,
No man nome ȝeme who þer was he
Ac ich tofore oþer gan fle.   1510

þe dragouns arisen of her den
And no folwed neuer on þe men
Ac togider smiten anon
Swiche batayl nas neuer non
þai kest fer on swiche maner   1515
As al þe cuntre were afer,
Wiþ mouþe wiþ clowes and wiþ tayl
þer þai maden a gret batail
þe erþe quaked vnder hem þo
þe weder chaunged abouen also   1520
þai biten and smiten and fer cast
þai fellen and risen and fouȝten fast.

As doþ þe fuyr from þondur-ly3t.
So þey fou3hte forsoþe to say
Al þe longe somores day
þey no stynten neuere of fy3htyng
Til þe euesong con rynge,
So in þat tyme a[s] y 3ow telle   1615
þe rede dragoun þat was so felle
Drof þeo white feor adoun

f. 24ᵛ Into þe pleynes a gret vyroun
Til þey come to a valeye
þere þey rested heom boþe tweye   1620
Wel þe montaunce of a whyle
þat a mon my3te gon a myle;
And þer þe whyte couered his fly3t
And wax egre forto fy3t
And egrely wiþowte fayle   1625
þeo rede dragoun he gon assaille
And drof þeo rede ry3t a3eyn
Til he cam into þe pleyn
And þer þeo whyte anon ry3t
Hente þe rede wiþ al his my3t   1630
And to þeo grounde he him cast
And wiþ þe fuyr of his blast
Altogedre brente þe rede
þat neuere of him was founden schrede
Bote dost vpon þe ground lay,   1635

þat neuer siþen after þan
Neo herde mon wher he bycam.

þenne seide Merlyn þe 3ynge
Among heom alle byfore þe kynge
And seide to him wiþ wordes bolde   1640
'Now is hit soþ þat y 3ow tolde

1615 *MS.* al, *P 1532, D 1150* as   1619 *P 1536* into   1623 *D 1158*
kudde his my3t   1627 ry3t: *D 1162 omits*   1635a *P 1549* And the
white went away, *D 1171* And þanne þe white fley away
1636–7 *D 1172–3*   þat neuere 3it wyst man
                        Whare þe white bycom after þan

Almest a day þis fiȝting
Last wiþouten ani resting

And þo þis more rede dragoun   1525
Drof þis white fer adoun

Til þai com into o valaye
And þer þai gun to rest baye
f. 210ra Ich vnderstond so long a while
While men miȝt gon a mile;   1530
þe white þere arered miȝt
And gan eft wiþ þe rede fiȝt

And þe rede he drof oȝain
Til þai com to þe playn,
þe white dragoun wiþ gret main   1535
þe rede drof, þat men it sayn,
And þe rede adoun cast
þat wiþ strengþe of his blast
þe white brent þan rede
þat of him nas founden a schrede   1540
Bot dust forsoþe ich saye,
And þe white fleiȝe oway—
Nist neuer seþþen man
Whiderwardes he bicam.
Alle þat euer seiȝe þis   1545
Wonder hadde gret ywis
Of þe dragouns þat fouȝten þo
And of child Merlin also
þat he couþe so priue þing
Soþe schewen to þe king.   1550
Þo spac Merlin to Fortiger
   'Sir þou sest þis þing is cler

Hit is soþ þow may hit seo
þerfore for loue y prayȝe þe
Do now þe clerkes byfore me brynge

þat lowen on me þat lesynge   1645
And y schal aske heom byforn
Why þey wolde my blod war lorn.'

þey onswerde wiþ wordes mylde
Dredfully to þat childe
And seiden þey sawe witerly   1650
Byneoþen þeo weolkene þey sawe a sky
þat schewed heom al his byȝate
How he was in eorþe ylaten
And þoruȝ his blod þe kynges castel
Scholde stonde strong and wel   1655
'So wende we verrament—
Do now wiþ ows ȝoure talent.'
þanne onswerde Merlyn þo
'He was a schrewe þat schewed so,
þat sky' he seide 'þat schewed ȝow þat   1660
He was þeo fader þat me byȝat
And for y serue him nouȝt at wille
He wolde do my blod to spille,
And for he haþ so bygyled ȝow
Sire Fortager now preyȝ y ȝow   1665
þat ȝe graunten heom to lyue

1646–65 D wanting

þat ich haue yschewed þe;

þe clerkes do bring bifor me
þat to þe mi lord þe king   1555
On me lowe swiche lesing
And y schal asken hem wharefore
Mi blod þai wold haue forlore.'
'Certes' quaþ king Fortiger
'It schal be don wiþouten danger   1560
Y schal þe don after mi miȝt
Al þi wille and þat is riȝt.'
þe king anon wiþ his men
Sent after þis clerkes ten,
þo þai com bifor Merlin   1565
He asked hem al on Latyn
þurth wiche þing þai vnderstode
þat þurth þe vertu of his blode
þe kinges castel schuld on hast
Haue ben gode and stedefast,   1570
þe clerkes spoken to þe child
Dradefullich wiþ wordes milde
'We seiȝen' he seyd 'heraboue
Ouer ous a sky houe
þat ous schewed þe biȝate   1575
Of swi[che] a þing on erþe late
þurth was blod þe castel
Schuld stond fair and wel
þis we wenden verrament—
Do wiþ ous al þi talent.'   1580
'Ow' quaþ Merlin sikerlike
'Now ȝe sen ȝe ben biswike
þe sky þat ȝou schewed þat
It was þe fader þat me biȝat,
For he me hadde nouȝt to his wille   1585
þurth ȝou he wald do me spille,
Ac for he haþ biswike ȝou
Y pray mi lord þe king nov
þat he graunt ȝou to liue

f. 210rb

1576 *MS.* swi *followed by three letters, probably* þer, *erased*

And al my wraþþe y heom forgyue.'
þe kyng heom grauntted also blyue
þo weore þe clerkes glad and blyþe
Forþ heo wenten to heore yn   1670
And wiþ heom wente child Merlyn;

f. 25ʳ   Merlyn was wiþ Fortager
To his counsail al þat ʒer,
þoruʒ his wisdam and his counsail

þeo castel was strong wiþowte fayle.   1675

And whan þe castel was al wrouʒt
Eorles and barouns þe kyng bysouʒt
þat heo scholde wite at Merlyn þo
Why þat þeo dragouns fouʒten so,
Hit was sum tokenyng þey seiden alle   1680
Of sum auenture þat scholde byfalle;
Merlyn was brouʒt byfore þe kyng
He him asked wiþowte lesyng
What þat tokenyng myʒte beone
þeo fyʒtyng of þeo dragouns kene,   1685
Merlyn stod and made daunger
þenne byspak him Fortager
And seide 'Merlyn bote þow me telle
Anon y schal þe qwelle.'
þanne onswerde Merlyn aplyʒt   1690
Wiþ gret wrathþe anon ryʒt
And seide 'Sire wiþowte wene
þat day schaltow neuer seone,
þauʒh þow take þy sweord in honde
Me to sle or brynge in bonde   1695
ʒet may þow faile of al þy fare
As doþ þe grehound of þe hare,
Y warne þe wel sire Fortager
Y no ʒeue nothyng of þy daunger
Bote ʒef þow wolt me fynde borwe   1700

1668 *D 1182* hit grauntede   1670 *D 1184* þe kyng wente þan to his yn
1671 child: d *uncertain*   1674 *D 1188* and his rad (: was ymad)
1678 *P 1590* he   1679 þat: *P 1591 omits*   1683 *D 1197* of þat þyng
1689 *P 1601* cause thee to be quell, *D 1203* don þe quelle   1696–
1783 *D wanting*   1700 *P 1612* find me

For al þis gilt y ȝou forȝiue'—   1590
þe king it al hem graunted raþe
And hye him al 'Merci!' quaþe.
❡Þo þe king and child Merlin
And euerich went vnto his in,
Merlin bileft wiþ Fortiger   1595
Ich vnderstond al þat ȝere
Bi whos conseyl and rede and witt
þe castel was maked in a fit
Heiȝe and strong of trewe and ston
Swiche nas in þis lond non.   1600
Þo þe castel was ymade
Men ȝeue þe king sone rade
þat he schuld at Merlin wite
Whi þe dragouns batail smite,
'It bitokneþ' þai seyden alle   1605
Sum tokening þerafter schuld falle;
Merlin com tofor þe king
And al þai asked him of þat þing
Whi þe dragouns togider fouȝt
It bitokned sumwhat hem þouȝt,   1610
Merlin made sumdel danger
And þo bispac him Fortiger
'Merlin bot þou it me telle
Ichil þe do anon quelle.'
Quaþ Merlin 'Y sigge apliȝt   1615
Ȝif þou me slouȝ it were vnriȝt

f. 210ᵛᵃ   Ac þei þou haddest nome an hond
Me to sle or don in bond
þou miȝtest fayle verrament
So doþ mani of his talent   1620
For certes sir Fortiger
Y no ȝiue nouȝt of þi power,
Ac ȝif þou wilt finde me borwes

1617 þei: i *obscured by crease,* T ther, K þer

þat þow schalt do me no sorwe
þan wol y telle þe al bydene
þe fyȝhtyng of þeo dragouns kene
And bote þow so wolt by oure Lord
Y no wol þe telle neuer a word'—   1705
Alle þe barouns and þe kyng
Hadden wondur of his onsweryng.
Two barouns þe kyng him fond
þeo beste þat weoren in þe lond
And þerto sworen on a bok   1710
þat men schulde him non harm loke,
þan he tolde al bydene
þe fyȝhtyng of þeo dragouns kene
þanne seide Merlyn to þe kyng
'Sire vndurstond my sayȝyng,   1715
þe red dragoun so foul of syȝt
Bytokenyþ þyseolue and þy myȝt,
And þoruȝ þy false procuryng
Moyne was slayn þe ȝonge kyng;

f. 25�v   þow sawe þe rede þe whyte drof   1720
Feor doun into þe groff
þat bytokenyþ þeo ayres þow dudest fleme
Wiþ wronge owt of heore ryȝt rewme
And al þe folk þat wiþ heom heold
Boþe in towne and in feld.   1725
þeo whyte dragoun signefyȝeþ
þe ryȝhte heires han gret envye
þat þow holdust al heore lond
Wiþ wronge in þyn owne hond;
And also þe whyte þow say   1730
Kouorede his fly[ȝt] in þe valay
And drof þe rede dragoun agayn
Til he com into þe playn
And to grounde he him kast
And wiþ þe fuyr of his blast   1735
Al to powder brente þe rede
þat neuere of him was founde schrede

1723 P 1625 the realme   1726 K [doþ] signefyȝeþ, following P 1628
1728 P 1630 thou holdeth   1731 MS. flym, P 1633 flyght
1735–7 cf. 1632–4, A 1538–40

þat þou no schalt me waite sorwes
Y wil þe telle and noþing lyȝe   1625
What þe dragouns signifie'—

þat gentil folk and eke þe king
Awondred of his answering.
❡þe king swore opon a boke
þat he nold him neuer harm loke   1630
And seþþen he fond him sikerliche
To borwe tvo doukes riche,

þo him spac an heye Merlin
'Now herken king to tale min,
þe red dragoun so strong in fiȝt   1635
Bitokneþ þe and al þi miȝt,
Whiche þou hast procourd fro fer
þe ded of Moyne þe riȝt air;
þat þe rede þe white drof
To a valay biside a grof   1640
Token þou hast made flem
þe riȝt aires out of þe rem
In cite toun and in feld
And al þe men þat wiþ hem held.
❡þe white dragoun signifie[þ]   1645
þe riȝt air þat haþ envie
To þe þat heldeþ al his lond
Wiþ gret wrong vnder þine hond;
þat he fleiȝe into þe valaye
And recouerd miȝt, y say,   1650
Bitokneþ þe air þe se biȝounde
þat haþ gret socour yfounde
And is hiderward wiþ mani kniȝt
Diȝt oȝaines þe to fiȝt;
þat þe white drof oȝain   1655
þe [rede] riȝt to þe plain

1637 K [Bi] whiche   1645 K [doþ] signifie   1650 so K notes, K
text recouerd, miȝt y say   1651–4 equivalent in L is 1738–41
1655–8 equivalent in L is 1732–7   1656 MS. white

þat bytokenyþ þeo heires byȝonden
þat arn waxen and socour founden
And arn redy wiþ mony a knyȝt   1740
Aȝeyns þe to holde fyȝt,
Into þis castel þey schule þe dryue
Wiþ þy childre and wiþ þy wyue
And alle þat buþ wiþ þe þenne
Into þe ground men schal ȝow brenne,   1745

And þe kyng sire Aungys
Schal beo slayn and holde no pris,
His kynrade and þyn also
Schal don Engelond mukil wo;
þe hed apon þe whytes tayl   1750
þat bytokenyþ wiþowte fayle
þe heires þat buþ treowe and gode
Schal distryen al þy blode—
Sire Fortager þis is þe tokenyng
Of þe dragouns fyȝhtyng,   1755
As y þe seyȝe wiþowten oþ
þow schalt hit fynde siker and soþ.'
Stille him stod sire Fortager
And bot his lippe wiþ dreory cher
And seide to Merlyn wiþowte faile   1760
'þow most me telle sum counsaile
Wiþowte chest wiþowte stryf
How y may best saue my lif.'
þan Merlyn gan stande stille
And onswerede him wiþ wordes grylle   1765
And seide 'Sire wiþowte wene
þus hit moste nedes beone
And þerfore so God ȝeue me rest
Y no can no red bote do þy best.'
f. 26ʳ   Fortager seide 'Bote þow me telle   1770
Anon y schal do þe quelle,'

1769 *below the column catchword* ffortager seide bote

f. 210vb

And him þere adoun cast
And al tofrust him wiþ his blast
Bitokneþ þe air of þis lond
þat schal þe keuer into his hond   1660
And into þi castel driue
Wiþ þine children and þi wiue
And mani noble of þine mene
He schal wiþ þe þerin brenne.
þe tayle of þe dragoun rede   1665
þat is so long and so vnrede
Signifieþ þe wicke stren
þat schal com out of þi kin
And of þi wiues fader Angys
þat schal be ded and lesen his pris,   1670
His kin and eke þin
Schal don wo to Bretouns kin;
þe heued of þe white tayle
Signifieþ gret conseyle
þat schul held wiþ þe kinges blod   1675
Of þe gentil men and gode—
Sir forsoþe þis is þe tokening
Of þe dragouns fiȝting,
Puruay þe now ich þe rede
þer is comen gret ferrede.'   1680
þo agros sir Fortiger
Bot his lippe and hong his cher
And to Merlin seyd anon
'þou most ous teche hou to don
Oȝaines our fomen forto ware   1685
Oþer of þi liif þou art al bare,

1667: *after* Signifieþ, e *erased*, T Signifieth, K Signifieþe   1673 K *text*
white [dragouns] tayle, *following* P 1652, *emendation withdrawn in* K *notes*
1675 K held [be]

He start vp and wolde haue him rawȝt
Bote where he was he no wiste nouȝt,
So sone he was aweyȝe þan
þat in þe halle w[a]s† no man   1775
Hyȝh no lowȝh sweyn n[o] grom
þat wiste wher Merlyn bycom.
þo wente Merlyn hastely
To þe hermyte þat hyȝhte Blasy
And tolde him wiþowte lesyng   1780
How he hadde serued þe kyng
And tolde him wiþowte wrong
þe fyȝhtyng of þe dragouns strong
Of þe rede and of þe whyte
He dude a gret bok sone wryte   1785
And tolde þat þeo rede dragoun
Bytokenyþ gret destruccioun
þoruȝ Fortageres kynde ywis
And þe heþene kyng Aungys

In Engelond schulde beo afterward   1790
Strong bataile and happes hard.

Al þat Merlyn tolde and seide
In scripture hit was leyde
Of alle þe auentures y vndurstonde
þat euer schal beo in Engelonde,   1795
Bote for hit is so derk þyng
þat Merlyn made in his seyȝyng
þat fewe men wiþowte w[e]ne

1774 K awayȝe, *but reading reasonably certain*   1775 w[a]s†: *so K notes,*
MS., K *text* wiste, P *1675* wist   1776 n[o]: *MS.,* K ny   1786 D
1212 Merlyn tolde þat   1787 P *1687* much;   destruccioun: *MS.*
could equally be read destructioun
1790–91 D *1216–21*   þorwȝ here kende wiþouten wene
                              Englond schal be brouȝt in moche tene
                              Strong batayle and happes hard
                              þat schul comen herafterward
                              Some schul fallen ryȝt sone and han byfallen also
                              And ȝut ys not Merlyns prophecie al ydo
1798 K † Fewe, P *1698* That few, D *1228* Wel fewe;   w[e]ne: *MS.* wone

Anon þai wold him han ynome
Ac þai nist where he was bicome.
þe king and his folk also
þerfore made michel wo   1690
þai him souȝt and nouȝt him founde—

He was oway in a stounde
Vnto his maister Blasy

And þer he told him sikerly
Of þe dragouns rede and white   1695

And Blasy dede it al in write.
He told him of þe rede dragoun
Swiþe michel confvsyoun

Of him and of his fals stren
In Inglond þat schuld ben   1700
Mani sori chaunce and hard
þat sone þ[er] fel þerafterward;
Sum fel now late also
And sum beþ nouȝt ȝete ago,

f. 211ʳᵃ   For it is alle þester þing   1705
Nil ich make þerof no telling

1698 confvsyoun: v *uncertain, both obscured and of unusual form, could be read*
u, *K* confusyoun   1702 *MS.* þer, er *subpuncted and superscript* t *in-*
serted = þat, *K* sone † fel   1705-6 *cf. also D 1230-1, footnote on p. 126*

Konne vndurstonde what hit may mene—
Bote ȝef ȝe wolen a stounde dwelle   1800
Of oþir thyng y wol ȝow telle
Of þe hende childre two
Vter and Pendragon also
Y tolde ȝow y vndurstonde
How þey weore flemed owt of londe,   1805
Now wol y telle ȝow for certayn
In what maner þey com agayn
Wiþ gret streynthe and power
And how þey drof sire Fortager
Forþ into his castel strong   1810
For his vnryȝt and his wrong
And how þey brente him flesch and bon
And how þey can kyng Aungys slon
Y wol ȝow telle in what manere—
Listenyþ now and ȝe may here!   1815
A mury tyme hit is in May
Whan spryngyþ þe somores day

And damyseles caroles lediþ
On grene wode fowles grediþ;
So in þat tyme as ȝe may here   1820
Two barouns com to Fortagere
And seiden 'My lord þe kyng
We haue ȝow brouȝt an hard tydyng

Of Pendragon þat is þy fo
And of Vter his broþir also   1825
þey arn come into þis lond
Wiþ mony a knyȝt douȝhty of hond
þey no wolen stynte nouȝt
Til þat þow beo to grounde brouȝt,
þey arn at Wynchestre almost   1830
þerfore send abowte in hast

1799a D 1230–31   And for hit is so derk ywrouȝt
                       Of þat book ne telle ich ryȝt nouȝt

1827a D includes   So moche folk comeþ soþ to say
                       þat no man hem nombre may (1266–7)

Ac forþ ichil wiþ mi tale—

Listneþ now gret and smale!
Miri time it is in May
   þan wexeþ along þe day   1710
Floures schewen her borioun
Miri it is in feld and toun
Foules miri in wode gredeþ
Damisels carols ledeþ.
A baroun com to Fortiger   1715
þer he sat at his diner
And seyd 'Allas mi lord þe king
Y sigge þe an hard tiding,
Orpedlich þou þe bistere
And þi lond þou fond to were   1720
Vter Pendragoun and mani anoþer
And Aurilis Brosias his broþer
(Pople boþe gret and smale
Wiþ hem is comen wiþouten tale)

At Winchester þai ben almast—   1725
Sir þine help now on hast!

To alle þy freondes y þe rede
For þow no haddest neuer er nede.'

Vp him starte Fortageres
And clepede to him messangeres   1835

To Wynchestre he heom sent
And bad heom þoruȝ his comaundement
Aȝeyn Vter and Pendragoun
þey schulde schutte þe ȝates anon
As þey wolde his loue wynne   1840
þey schold nouȝt lete heom come þerynne
And he wolde come wiþowte ȝelp
Wiþ mony a mon heom to helpe,
Oþir messangeres he sent ywis
To þe heþene kyng Aungys   1845
And bad him come to helpe at nede
Wiþ al þe folk he myȝhte owt lede
Forto fyȝhte aȝeyn his fon
þat weore come him to slon.
Whan þe kyng Aungys was come   1850
And heore armes haddyn ynome

þey prykedyn faste anon
Toward Wynchester euerychon;
Her þey haluendel com þare

1833 K neuer [so much] nede, *following P 1731*   1834 ff. *D wanting*
1850 kyng *inserted above line in darker ink*

Socour about now after sende
(þai ben here neiȝe at þine hende)
þat þou miȝtest oȝain hem fiȝt
And hem to sle anon doun riȝt.'   1730
⸿Vp him stirt sir Fortiger
And ofcleped his chaunceler
þat letters fele him made ywis
Vnto his eldfader sir Angys,
To erls doukes and to kniȝtes   1735
þat were of swiþe gret miȝtes;
þe buriays of Winchester he gret
And bad þai schuld þe gates schet
And helden wele her leute
And to him loke þat cite   1740
Ȝif þai wold his loue winne
þat his fon no com þerinne,
And seyd he wald hem com to
As swiþe as he miȝt it do.

⸿To Fortiger þai comen anon   1745
Erls barouns euerichon,
Angys his eldfader cam
And wiþ him wel mani a man
þat in batayle were sleiȝe,   1750
Mani þousand þer were bi tale
Boþe of gret and of smale;
þo þai togider weren ycome
Her conseyl was sone ynome
Wiþouten let forþ to wende   1755
Her fomen forto schende
þat þai no entred in þe lond
Harm to don oþer schond.
⸿Vp þai lift gomfaynoun
And went to Winchester toun;   1760

f. 211ʳᵇ (left margin, at line 1749)

1733–4 *equivalent in L is 1844–5*

Vter and Pendragon ware þare   1855
þey ware come Wynchestre so ny3h

And heore baner heo reryd an hy3h
Armes heo schewed ryche ykore
þat hadde beon heore fadres byfore.

þeo burgeys þat þe baner kneow   1860

þanne at furst gon heom rewe
þe deþ of Constaunce þe kyng
And þat Moyne was slawe so 3yng

And seide Fortager was traytour in lym and lyth
And al þat euer heold him wiþ   1865

And seiden þey wolde lete into þe toun
Boþe Vter and Pendragon
And sese þer into heore honde
For þey weore heyres of þat londe;
þey setten open þe 3ates wyde   1870
And letten Pendragon yn ryde
And Vter his broþir also
And alle þat come wiþ heom þo,
þey 3oldyn heom boþe toun and tour
And duden heom ful gret honour   1875
þat euermore Wynchestre after þan
Gret þank and freodam of heom wan.
And whan Fortager þat felle
þe soþe tidyng herde telle
þat Vter and Pendragon   1880
Ware leten into Wynchestre toun
For wrathþe he was ny3h owt of wit

1860 *K* burgoys

Vter Pendragoun and his ferrede
To Winchester þai gun spede
Wiþ so michel pople of men
þat þai wreȝen doun and den
þat come boþe bi water and lond   1765
Forto winnen Inglond,
þai vndede her gomfaynoun
Wiþ a briȝt gliderand lyoun
þat her faders hadde yben.
þe buriays it gun ysen   1770
þe gomfaynoun sone þai knewe
Costaunce ded þo gun hem rewe
þat hadde her noble lord yben
And Moynes ded þat was his stren
And wist wele þat king wiþ wrong   1775
Sir Fortiger hadde ben long
þat cursed was in liif and dede,
And al þat held his f[e]rrede
þer þai spoken hem bitvene
For liif for dede no for tene   1780
And þei þai alle hong schold
Wiþ Fortiger be þai nold
And turned hem al bi on acord
To Vter Pendragoun her lord;

þe gates al þai deden vp wide   1785
And lete al þe folk in ride,
Hem and al her ferrade
þai welcomed wiþ chere glade
And hem del[i]uerd þe toun als snel
And hemselue and þe castel—   1790
What þurth þanke and frende gret
þai wonnen þer þat hem was net.
Fortiger þat comend was
Sone was told him þat cas

He was neiȝe wode out of wit   1795

1778 K [to] his   1791 What: K Wha[r]

And se⟨i⟩de hit scholde heom sowre sitte,

He comaunded his men fast
To pryke to Wynchestre in hast,   1885
And whan Pendragon had vndurnomen
þat Fortager was þider ycomen
He comaunded anon þan
To horse and armes ilke a man,
þey casten open þe ȝates wide   1890
And alle þey gonne owt ryde
And dyȝhten heom wiþowte faile
To ȝeue sir Fortager bataile;
Bote þe Englysche barouns al yfere
þat war come wiþ Fortagere   1895
Whan þay conne þat folk seon
þat somwhyle hadde heore kynne beon
Wiþ Fortager was mony a knyȝt
þat kneow þe baner anon ryȝt
Wel a þowsand and mo þer weore   1900
þat hadde serued heore fadir byfore
Seiden Fortager was fals in felde
And al þat euer wiþ him heold,
To Fortager þey ran anon
And woldyn haue slayn him anon   1905
þey haddyn mynt a slayn him þere
Bote al to litel was heore powere
For aȝeyn on of heom
Fortager hadde twenty men
þat weore comen al togedre,   1910
Wiþ kyng Aungys come þider.
Kyng Fortager and kyng Aungys
For wrathþe weore neor wode ywis,
He comaunded al his rowte
To bysette heom al abowte   1915
And swar þer schulde askape non
þat þey no scholde beo slayn vchon,
Schaftes þey brak and launces drowen
Monye of þe barouns þey slowen
Bote þey weore so stronge and wyȝt   1920

1897 kynne *inserted above line in darker ink*   1903 wiþ *inserted above line
in darker ink*   1911 K Aungys † þider, *following P 1803*

And seyd it schuld hem iuel atsit,

Swiþe he heiȝed wiþ al his men,

And Vter Pendragoun hem oȝen
And desplayd his gomfaynoun
A litel wiþouten Winchester toun 1800
þat ich oþer folk yseyȝe
þai were neiȝed so neiȝte;

Of þis lond baroun and kniȝt
Of þe lyoun hadden a siȝt
King Costaunce þat hadde yben 1805
And Vter Pendragoun was his stren,
Anon turned her mode
To Vter Pendragounes riȝt blod.
❡þer was þousandes mani on

Opon Fortiger þai turned anon 1810
And seyd to him 'Wicke traytour
þou schald abigge þine errour!'

Fortiger his swerd out drouȝ
And mani of hem þer he slouȝ
(Wiþ gret ire þai run him on) 1815

1802 *MS.* neiȝtȝe

And fouȝten aȝeyn wiþ al heore myȝt
For noþyng wolde þey ȝelde heom þan
Bote slowen mony an heþen man,
Faste on heom þey gon to hewe
Bote allas þey weore to fewe   1925
For þoruȝ þat contek and þat stryf
Half an hundred laften heore lif.

Bote o baroun was so strong
þat askaped owt of þat þrong
He priked his stede wiþ gret raundoun   1930
Til he com to Pendragon,
He seide 'þow art kynde eyr of londe
To my tale þow vndurstonde
For þe loue of þy broþir and þe
Hider y come to helpe þe,   1935
þerfore arn we now yschent
For we wiþ wille to þe went
Kyng Fortager and kyng Aungys

f. 27ᵛ

Wiþ mony a Sarsyn of gret pris
Schal ows hewe doun to grounde   1940
Bote ȝe helpe ows in þis stounde
And for þat we arn schent for þe
Go help ows now par charite!'

Hit was no ned to bydde heom ryde
þeo folk sprad owt on vche a side   1945

And whan þey weore togedre met
þer weore strokes wel byset

1932 *P 1822* art heyre of this land   1942–3 *P omits*

For he hem wende al his men
Ac oȝain him þai were al went
Whereþurth he was al yschent,
Fortiger was noble kniȝt
He fauȝt and slouȝ adoun riȝt   1820
To his help þer com Angys
Wiþ mani Sarraȝin of priis
þat wise wordes couþe speke
Stedes prike and launces breke
þe barouns þai bisett anon   1825
Forto sle hem euerichon.
þer was a baroun a noble man
þat brac hem al fram
He dede his stede swiþe gon
Til he com to Vter Pendragon   1830
And seyd 'Welcome air of þis lond!
No duelle her nouȝt for Cristes hond,
For loue of þi fader fre
And for drede eke of þe
þe barouns ben to þe went   1835
And for þi loue almest yschent

f. 211ᵛᵇ

For Fortiger and eke Angys
Hem han al biloken ywis
And þenke hem sle to grounde
Ȝif þou duellest ani stounde.'   1840
'Owe' quaþ Vter Pendragoun 'bi God aboue
Now y schal se who me wil loue
No schal ich neuer worþ bliþe
Bot ȝiue ȝe al heiȝen swiþe!'
Princes doukes erl and kniȝt   1845
Priked her stedes ariȝt
It was no nede hem to hast
Ac so quarel of alblast
þai flowen þider riȝt anon
Wiþ her lord Vter Pendragon.   1850
þer was sone verrament
Ȝouen mani noble dent
Schaft tobroken and swerd ydrawe
Mani noble kniȝt yslawe

þer fauȝt Vter and Pendragouns
As þey weore wode lyouns
And Vter þo nouȝt forȝat   1950
þat he no ȝaf Sarsynes mony a flat

Mony Sarsynes hed anon
He strok of by þe nekke-bon,
Gret folk on boþe syde
þer was slawe at þat tide,   1955
Kyng Fortager wiþowte faile
Was ouercome in þat bataile
And mawgre him and alle his
þat weoren wiþ kyng Aungys
þey weore dryuen so nyȝh   1960
Into a castel þat þey fleyh
þat was boþe god and mury
Apon þe pleyn of Salesbury.

Pendragon and his broþir Vter
Prikeden after sir Fortager   1965
And whan þey to þat castel come
Wilde fuyr anon þey nome
And casten hit ouer þe wal wiþ gynne,
And also swiþe hit was wiþynne
Hit gan to brenne owt of wit   1970
þat no man myȝhte staunchen hit

1954 P 1840 Many folke

And þer fauȝt sir Vter Pendragon,   1855
Fauȝt þer as a wode lyoun,
And his broþer nouȝt forȝat
He leyd on mani a sori flat
Sum he cleue, to þe bacin,
Til þat he com to þe chin,   1860
He hadde of some sone [þe h]eued
Fram þe nek-bon yreued,
þer was slayn mani men
Sum on hille and sum in den,
Ac þei Fortiger were gode kniȝt   1865
And wele him couþe helpen in fiȝt
þurth þe barouns of þe lond
And oþer men miȝti of hond
He was þere ydriuen so neiȝe
Wiþ his men oway he fleiȝe   1870
Vnto his newe castel ymade
Of whom ich toforn sade,
Aurilis Brosias þer anon
And his broþer Vter Pendragon
þere hem wroken swiþe wel   1875
Wiþ her brondes of ful gode stiel
Mani hundred of Sarraȝin
þai sent þer to helle-pine.
þo Angys al þis sleiȝster seiȝe
Wiþ al his miȝt anon he fleiȝe   1880
f. 212ra   Into a castel of lime and ston
þat man no miȝt him dery non,
þat bihinde was yfounde
Anon was ybrouȝt to grounde.
þan Vter Pendragoun þere   1885
Folwed after Fortiger,
þo þai to þe castel-ȝates come
Wilde fer anon þai nome
Opon þe gates þai kesten it

And hem brend in litel fit,   1890

1856 *K* text † As [he were], *K notes* † As [it were]   1861 *MS.* y weued
1862 *K text* y[w]eued, *K notes withdraw the emendation*   1865 Fortiger:
after forti *a letter (possibly more) erased and* ger *inserted in a different hand,
possibly the late marginal hand*

And Fortager wiþ child and wyf
And al þat was þerynne on lyue
Best and mon wiþ lym and lyth
Hit brente doun wiþowte gryth;　　　1975

Fortager regnede here
Al fully seouen ȝere.
Now preyȝe we Ihesu Heouene-kyng
And his modur þat swete þyng
He blesse ows alle wiþ his hond　　　1980
And sende ows pes in Engelond.

Explicit Merlyn

PERCY

f. 85ᵛ　**8ᵈ parte**　Now when Vortiger was brent

Vther and Pendragon went

Forto beseege kinge Anguis　　　1870
In his castle soe strong of price
Wither he was fled for dread and doubt
And Pendragon with all his rout
Besett him soe on euery side
That noe man might scape that tyde,　　　1875
But kinge Anguis within that castle
Was bestowed soe wonderous well
And soe stronglye itt was wrought
That noe man might deere itt ⟨n⟩ought.
And when they had beseeged him longe　　　1880
About theꝉ castle that was soe stronge
And when noe man might him deere
5 barrons comen there

L 1978 K Iesu　　　L 1981a *with this explicit, in a slightly ornamented frame, L
concludes. P has no explicit, and continues*　P 1876 K cast[el]　P 1879
letter lost in hole in paper　P 1881 MS., F they

Fortiger and wiif and child
Brent þer in þat fer wild
And al þat þer was yfounde
Was ybrent into þe grounde.
Men seyt ȝere and oþer to   1895
Wrong wil an hond go
And euer at þe nende
Wrong wil wende;
þus ended sir Fortiger
þat misbileued a fewe ȝer—   1900
þei he wer strong of miȝt
To nouȝt him brouȝt his vnriȝt.

Sir Vter Pendragoun
Wiþ his folk went anon
Forto bisege þe king Angis   1905
Ac in a castel he lay of priis

þat wiþ no gin y ȝou pliȝt
No man þerin com miȝt.
Also þai in þe sege lay

Fiue barouns com on a day   1910

1904 *after* folk, folk *struck through in darker ink*

That had beene with Vortiger
And told Pendragon and Vther   1885
How Merlyne was begotten and borne

And how he came the kinge beforne
And what words he him tolde
Of the dragons vnder the mould

And how the kinge wold haue him slaine   1890
And noe man wott where he become,
And said 'Sir verament
And Merline were here present
Throughe his councell you shall anon
Kinge Anguis ouercome.'   1895
Pendragon was wo†nd[r]ed thoe
And soe was his brother Vther alsoe
And sent anon the knights 5
Forto seeke Merlyn beliue
And bade them if they found the child   1900
To pray him with words milde
To come and speake with Pendragon
And Vther in his pauillyon
Him to wishe and them to reade,
And if hee might helpe them att neede   1905
Forto winne that stronghold—
And he shold haue what he wold;
The messengers forth went
To seeke Merlyn with good entent
And fare and wyde they him sought   1910
But of him they heard right nought.
Soe on a day the messengers
As they were sett att their dinners
In a taverne in the west countrye
With meate and drinke great plentye   1915
An old churle hee came in
With a white beard vpon his chine
And a staffe in his hand he had
And shoone on feete full well made,

1896 *MS.* wounded, *F, K* wound[r]ed   1904 *K* [The]m   1919 *after the*
line catchword And–

þat hadde ben wiþ Fortiger
And seyd to Vter Pendragoun þer
Al hou Merli[n] was ybore
And hou messangers him ȝede fore
Hou he was brouȝt bifor þe king   1915
And hou he couþe tellen al þing,
Hou þe dragouns vnder mold
Ben þe kinges deþ it schold
And hou Fortiger him wold haue nome
Ac he nist where he was bicome,   1920
And seyd 'Sir verrament
Ȝif he were here in present
Bi his conseyl ȝe schuld anon
Angys ouercomen and slon.'

f. 212rb

Herof awondred Vter Pendragon   1925

And sent messangers anon
Forto finde Merlin swiþe,

þai wenten forþ wiþ chere bliþe.

On a day þis messanger
  Sett hem alle to þe diner,   1930

A begger þer com in
Wiþ a long berd on his chin
A staf in his hond he hadde
And schon on his fet badde.

1913 *MS.* merl *followed by four minims*

And begunn to craue more   1920
And said he was anhungred sore
And praid them on the bench aboue
To giue him something for Gods loue,
And the then sayd without leasinge
That he shold haue of them nothinge   1925
And sayd if that the churle be old
He is a stronge man and a bolde
And might goe worke for his meate
If he itt wold with truth gett,
And called to him euerecheone   1930
And bade him trusse and away gone
And sware by the ruth that God them gaue
He shold drinke with his owne staffe.
Then Merlyn answered yorne
'Fellow' hee sayd 'I am noe churle   1935
I am an old man of this worlde
And many wonders seene and hearde,
And yee be wretches and younge of blood
And forsooth can litle good,
And if yee knew as yee nay can   1940
Yee shold scorne noe old man
Yee shold be in the kinges neede
For old men can thee wishe and reede
Where yee shold find Merlyn the chylde;
Therfore the kinge was full wilde   1945
To send madmen out off rage
Forto goe on such a message,
For Merlyn is of such manner
If he stood before you here
And spake to you right att this dore   1950
You shold know him neuer the more
For 3ˢᵉ this day you haue him mett
And yett yee know him neuer the bett,
And therfore wend home by my reed
For him to find you shall not speed   1955
And bydd that prince take barrons 5
And bydde come and speake to Merlyn belyue
And say that he shall them abyde

1943 thee: *K* [y]ee

Wiþ his scholder he gan roue   1935
And bad gode for Godes loue,

þai seyd he schuld nouȝt haue

Bot strokes and bismare,
þe eld man seyd anon

'Ȝe be nice euerichon   1940

þat sitten here and scorn me
In þe kinges nedes þat schuld be

Forto finde Merlin child,
þe barouns ben witles and wilde
þat senten men him seche   1945
þat nouȝt no couþe knoweleche,

Today he haþ ȝou oft mett
No knewe ȝe him neuer þe bet,
Wendeþ hom bi mi rede
For him to finde no schul ȝe spede   1950
Biddeþ him and þe barouns fiue
þai comen and speke wiþ him bliue
And siggeþ Merlin wil hem abide

Right here by this forrests side'—
And when he had said to them this   1960
Anon he was away iwisse
And there wist none of them
Where this old man was become.
The messengers wondred all
Where the churle was befall   1965
And all about they him sought
But of him they heard nought
For in story it is told
The churle that was soe stout and bold
That spake soe to the messengers   1970
As the sate att their dinners
Forsooth itt was Merline the younge
That made to them this scorninge;

The messenger wend soone anon
And told Vther and Pendragon,   1975
And how the churle to them had tolde
And sware to them with words bold
And told them how Merlyne the chylde
Was byding in the fforrest wylde
And bade them take barrons 5   1980
To come and speake with him belyue
And sayd Merlyn wold them abyde
Att such a place by the forrest-syde;
Pendragon had wonder thoe
And Vther his brother alsoe,   1985

Pendragon bade his brother gente
To the seege to take good tent
That kinge Anguis scaped not away
Neither by night nor yett by day
Till they were of him wreake   1990
For he wold goe with Merlyn speake.
Then Pendragon with barrons 5
Went forth alsoe belyue,

In þe forest herebiside'—
þo he hadde seyd hem þis   1955
þai nist where he bicom ywis

þus telleþ þe letters blak

It was Merlin wiþ hem spak.
þe messangers were abobbed þo
þai nisten what þai miȝten do   1960
Hom þai went anon riȝt
And to þe prince þai teld þer siȝt,

Vter Pendragoun had meruaile
And al þat herden it saun faile
þai hadden wille and talent fin   1965
To sen and speke wiþ Merlin,
He bad Aurilis Brosias gent
To þe sege take entent
f. 212ᵛᵃ   þat Angys no miȝt oway
Noþer bi niȝt no bi day   1970
Ar he war of him awreke
For he wald wiþ Merlin speke.
Aurilis Brosias bileft stille
To kepe Angys in þe castil

And [when] Pendragon was forth went
Merlyn anon verament 1995
Wist full well that he was gone
And to Vther he came anon
As itt were a stout garrison
He came to Vthers pauillyon
And said 'Vther listen to mee 2000
For of thy harme I will warne thee
ffor I know well withouten fayle
All kinge Anguiɫs counsaile
For he will come this ilke night
With ma[n]y a man full well dight 2005
And into the forrest slippe anon
Forto waite thee forto sloen,
But herof haue thou noe dowbt
But warne thy host all about
That they be armed swithe and weele 2010
Both in iron and eke in steele
And gather together all thy host
And hold yee still withouten bost
Till that hee bee amongst ye co[m]en
For he shal be the first groome 2015
That shall vpon thy pauillion ren,
And looke that thou be ready then
And heard on him looke thow hewe
And spare not that old shrewe
For thou shalt slay him with thy hand 2020
And win[n]e the price from all this land.'
And when he had told him all this case
He vanished away from that place;
Great wonder had Vther thoe
That he was escaped soe 2025
And thought itt was Gods sonde
That warned him that stonde,
That had soe warned him of his fone

1998 *K* garɫson   2000–75 *approximate equivalent in A is 2019–26*
2003 Anguiɫs: *MS. between g and s four minims, one dotted (but could be read riu), F Angrius, K so reports MS.*   2005 ma[n]y: *MS. between a and y one minim, though F, K* many   2014 amongst *inserted above line and cramped, F, K* amonge; co[m]en: *MS. between o and e two minims*   2021 win[n]e: *MS. between w and e four minims, one dotted*

And was soe lightlye from him gone.
And when itt drew vnto the night 2030
Kinge Anguis anon right
Did arme his men wrath and prest
3000 men of the best
And said how a spye had tolde
That Pendragon the prince bold 2035
Forth into the country is gone
And left his brother Vther att home,
Therfore he sayd he will out breake
And on [V]ther he wold him wreake
And sware an othe by Mahound 2040
He wold kill him in his pauillyon.
And soone they were ready dight
Then kinge Anguis anon right
Forthe of the castle he can ryde
With 3000 by his syde 2045
And forthe he went without bost
Vntill he came to Vthers host
And when he was comen right
Where Vthers pauillyon was pight
Kinge Anguis a fell felon 2050
He hyed him to the pauillyon
And thought to slay Vther therin,
But he was beguiled thorrow Merlyine
For Merlyne had that ilke morrow
Warned Vther of all the sorrow 2055
How kinge Anguis was bethought
Therfore in his pauillyon was he nought
But had taken the feild without
With many a hardye man and stout,
And Vther was a hardy man 2060
Vpon kinge Anguis hee ran
And smote him att the first blow
That he cane him ouerthrowe
And Vther with his sword soe smart
He smote him thorrow the hart 2065
And hent him by the head anon
And stroke itt from the necke-bone,

2039 *MS.,* F other   2067 *after the line catchword* And–

And when the Sarazens this can see
          Fast away can they flee
          To the castle euerecheone   2070
          And left their lord all alone
          But or the might scape againe
          500 were all slayne
          Of the stoutest that were there
          That came with their kinge ifere.   2075
9ᵈ **parte** Now let [thi]s be for a season
          And let vs turne to Pendragon
          That was gone to the forrest wilde
          To speake with Merlyn the chylde.
          The first time he asked for Merlyn   2080
          He see a heardsman keeping swine
          With an old hat⟨t⟩ vpon his head
          And in gray russett was he cladd
          And a good staffe in his hand
          And a white whelpe him followande   2085
          Stalworth he seemed and well made;
          The prince anon to him roade
          And well fayre he can him fraine
          Giff he heard ought of Merlyn
          And whether hee cold tell him any tythands   2090
          Where was his most wininge,
          'Yea sir' he sayd 'by saint Marye
          Right now was Merlyn here with mee,
          And thou had comen eare indeed
          Thou might haue found him in that stead   2095
          And if thou can Merlyn ken
          He i†s not yett far gone
          And therfore ryde forth in this way
          As fast as euer thou may
          And on thy right hand rathe   2100
          Thou shalt find a verry faire path
          That thorrow the faire forrest lyeth
          And in that way thou ryde swithe
          And seekerlye withouten weene

2076 MS., F vs, K [we him]   2090 K tyth[inge]   2092 (and
passim) K seint (MS. Sᵗ)   2096 K † Merlin ken [can]   2097 i†s: MS.
before s two minims, one dotted, though F, K is

And sir Vter Pendragon 1975
To þe forest went anon
Where þat Merlin dede him se
In o day in þre ble—
In o day an hogges herd

þat þe prin[c]e þe way lerd, 1980

Soone thou may Merlyn seene.'   2105
Then was the prince glad and blythe
And sped him forth swithe
And as he hard soe he itt found
A well faire path on his right hand
The turned their horsses euerecheone   2110
And in that path the rydden anon
And with Merlyn they metten then
† As itt were a stout cha[pm]on
And bare a great packe on his backe
And to him the prince full faire spake   2115
And asked him if hee see Merlyn,
'Yea' said he 'by saint Martin
A litle heere before your sight,
He is not farr I you plyght
To you I say by saint Iohn   2120
He is not yett far gone
And therfore ryde forth beliue
As fast as your horsses may driue
And yee shall find him in a wyle
By then yee haue rydden a myle   2125
With Merlyn yee shall meete then
Or yee shall speake with some other man
That shall you tell full right
Where you shall haue of Merlyn a sight.'
And when he had thus sayd   2130
The pricked forth in a brayd
And by they had rydden a stonde
As he him said without wronge
He mett with Merlyn on the playne
As he were a doughtye swaine   2135
All cloathed in robes soe gay
As it had beene a monkes gray
And bare a gauelocke in his hands
His speeche was of another land;
He when the prince had him mett   2140
Faire and hendlye he did him greete,

2113 *MS.*, *F*, *K* And as; *MS.*, *F* champyon   2114 *K* [He] bare
2137 *K* monke†   2138 hands: *indication for -s could be taken as mere*
flourish, but is more pronounced than at 377 or 406, F, K hand

And eft a chapman þat bar his pac

And long wiþ þe prin[c]e spac
And seyd of Merlin openliche
He wald him telle neweliche,

And afterward a fair swain   1985
þat þe king com ogain

Then the prince was all heauye
And asked him of his curtesie

If he mett by the way
With chyld Merlyn that day,   2145
'Yea sir' hee said 'by saint Michaelle
Merlyn I know verry well
For right now sikerlye
Merlyin was here fast by
And had yee rydden a litle bett   2150
With Merlyn yee might haue mett,
But sir I say without othe†
He is a quante boy forsoothe
Soe well I know Merlyns thought
Without my helpe you find him nought   2155
And if of him yee will haue speech
Then must you doe as I to you teache,
Att the next towne herebeside
There you must Merlyn abyde
And in the towne take your ine   2160
And certainly then child Merlyn
Shall come to you this ilke night
And there yee shall of him haue sight
And then yee may both lowed and still
Speake with Merlyn all that you will.'   2165
Then was the prince blythe and glad
And pricked forth as he were madd
And tooke his inne in the towne
As shold a lord of great renowne.
Now may you heare in this time   2170
How Merlyn came the 5ᵗʰ time
And how he the prince mett
And on what manner he him grett
And became to him as councellour—
Hearken to me and you shall heare.   2175
When itt was within the night
Merlyn came to the kinge full right
Right in the guise of a swayne
As he was in the forrest seene
And sayd as I find in the booke   2180

2143 *after the line catchword* Iff-   2152 *MS., F, K* othee

And seyd him þat ich niȝt
He schuld of Merlin han a siȝt.

¶þo it was wel fer in niȝt
Merlin com to him ypliȝt
In þe gise of a swain
þat he hadde arst ysain
And seyd so we finde in boke

1990

'Sir prince God send you good lucke!
Loe I am heere that thou hast sought
Tell me what is thy thought
And what thou wilt to me saine
For I wold heare thee wonderous faine.'   2185
Then vp start Pendragon
And into his armes he him nume,
To bide with him he did him craue
And what hee wold aske he shold haue,
And Merlyn sayd verament   2190
He wold be att his commandement
Ouerall where soe he were
He wold be att his bydding yare,
Then was the prince gladd and blyth
And thanked Merlyn many a sythe.   2195
Then sayd Merlyn 'Sir will you heare
I come from thy brother deere
For through my councell hee hath this night
Slaine kinge Anguis iplight.'
Then was the prince blythe and gladd   2200
And great solace and myrth made
And all that were there were full faine
And on the morrow rod home againe
And found kinge Anguis slaine
His head sett vp his body drawne.   2205

Pendragon asked Vther iwis
Who had slaine kinge Anguis
And he answered and can saine

That he [was] warned by a swayne—

When he had told all how he did   2210
He thanked God in that steade.

2199 *between* i *and* plight *mark for an insertion but apparently deleted, in margin*
you *but probably not in hand of MS.; F, K* I you plight

To þe prince 'God þe loke!
Icham Merlin leue sire 1995
Wiþ whom to speke þou hast desire.'

Vp stirt Vter Pendragon
And biclept Merlin anon
And bad he schuld wiþ him bilaue
And al his wille he schuld haue, 2000

Merlin seyd were so he ware

To his wil he war al ȝare.

¶Merlin teld him in þat cas
'Y com fram Aurilis Brosias
Bi mi conseyl he haþ þis niȝt 2005
Angys slayn y þe pliȝt.'
Vter Pendragon made ioie þan
So doþ þe foule when it dawy gan
Al þat þer was so made blis
And amorwe went hom ywis 2010
And founden Angys yslawe
His heued vp set his bodi todrawe,
Al his folk so was schilt
And neuer on þer nas spilt.
Sir Vter Pendragon þere 2015
Asked Aurilis Brosias hou it were,
'Certes' seyd Aurilis Brosias 'toniȝt
A swain com to me ful riȝt
And hastiliche warned me
þat Angys com me to sle, 2020
Vp ich stirt and him met
And to þe grounde ichim stet
Y not who him on brouȝt
No what Deuel he here souȝt
Ac wiþ mi swerd scharp of egge 2025
His liif y dede him þere legge.'

f. 212vb

1995 leue sire: l *and* s *here appear identical; S, T* sene sire 2019–26 *appro-*
ximate equivalent in P is 2000–75

Then bespake Pendragon
And sayd to Vther anon
'Hee that thee holpe att need thine
Forsooth itt was child Merlyn   2215
That standeth now here by thee'—
Vther him thanked with hart free
And prayd him then in all thing
That he wold be att his bidding.
Then the wenten to the castle without lesse   2220
Wherein many a Sarazen was
That noe man might to them winne
By noe manner of gynne
And therfore the oste still lay
Till after vpon the 3ᵈ day   2225
Word came from the Sarazen
Where the lay in castle fine
That they wold yeeld vp the castle
If they might passe well
To their land withouten dere   2230
Vpon a booke the wold sweare
That they shold neuer againe come,
But Merlyn sent them word soone
That they shold passe eacheone
By leaue of [s]i[r] Pendragon   2235
And when they had all sworne and some
That they wold neuer in this land come
They passed anon to the sea-strond
And went into their owne land.

Then to Pendragon the crowne they name   2240
And kinge of Englande he became,

2215 *after the line catchword* That—   2228 *K* cast[el]   2235 *MS., F* his

þo spac Vter Pendragon
To his broþer swiþe anon
'Broþer' he seyd 'þat was Merlin
þat so þe halp in nede þin   2030
þat here stont now bi me'—
And he him þonked wiþ hert fre
And proferd him al his þing
To ben vnder his ȝemeing.

Also þai spac wiþ Merlin   2035
A bod com fram þe Sarraȝin

þai wold ȝeld þe castel
Ȝif þai mosten wenden wel
To her lond wiþouten dere,

Merlin ȝaf hem answere   2040
þat þai schuld wende anon
Bi þe princes leue ichon

And so þai deden bi Godes sond
Alle þai wenten to her lond.
And alle þe lond þo com anon   2045
And maked her oþ to Vter Pendragon
And þo þe oþ was ymade
Bi comoun dome bi comoun rade
Vter Pendragon coroun nam
And king of Inglond bicam,   2050
þe fest of þe corounment
In Winchester was verrament
And held it ful seuen niȝt
þe fest noble apliȝt.
Ac ich ȝou telle þat Merlin   2055

2055-8 *equivalent in P is 2288-91*

And in England he raigned kinge
But 3 yeere without leasing
And after he was slaine rathe
With Sarazens and that was scathe—   2245
I shall you tell in whatt manner
Listen a while and you shall heare.
That time in the land of Denmarke
2 sarazens where stout and starke
And were of kinge Anguis kinde   2250
Of his next blood that was soe hynde
The one was come of the brother
And of the sister came the other
Strong men thet† were and fell
And theire names I can you tell   2255
The one was called sir Gamor
And the other sir Maladors
Gamor came of the brother beforne
The other was of the sister borne,
Great lords were they of land   2260
Sir Malador held in his hand
2 duchyes and Gamor 3
Stowter men might none bee;
When they heard how kinge Anguis
In England was slaine iwis   2265
Al together can they speake
Theire vnckles death they wold wreake
And soe great an oste together they brought
That thet† number they can tell nought
But vnto shipp they gone anon   2270
And the seas to flowe began
The winde soe well began to blow
That they landed att Bristowe.
Then Merlyn knew itt well anon

2254 *MS.*, *F* thew, *K* the[y]   2257 *K* Malador†   2269 *MS.*, *F* they;
they can: *K* [I] can   2271 seas: *second* s *corrected from* t, *F* seas *reporting*
'*MS. may be* seat', *K* sea† *reporting MS.* seat

f. 213ra

To Aurilis Brosias hadde hert fin
And loued better his litel to
þan al þat oþer bodi þo,
Ac ich ȝou telle naþeles
A swiþe gode kniȝt he wes 2060
He forsoke scheld no spere
Neuer oȝaines kniȝt to bere
Wiþ swerd he couþe kerue wel
Boþe in yren and in stiel.
Ac forsoþe afterward 2065
Vp him com a chaunce hard,
Of Danmark Sarraȝins
þat were of Angys lins

þat hem souȝt gret helping
About hem of mani king 2070
(So michel pople wiþ hem com
þat it no miȝt telle no man)

Wiþ fele schippes and gret ynowe
Vp þai comen at Bristowe.
Merlin þis wist anon 2075

2060–2 *equivalent in P is 2300–3*

And told itt Vther and Pendragon   2275

How there was comen from Denmarke
A stronge oste stout and starke
With many Sarazens of price
Forto auenge kinge Anguis,
'In England' sayd Merlyn then   2280
'Such an oste was neuer seene
I say to you withouten layne
The one of you shal be slayne
And whether of you soe ere it is
Shall haue to meede heauens blisse.'   2285
But for noe meede he wold not saine
Whether of them shold be slaine,
But neuerthelesse yee shall heare
Merlyn loued well Vther
The least heere that was on his crowne   2290
Then all the body of Pendragon.

f. 88ᵛ

Hee bade them dight them anon
Against their foemen forto gone
And sayd Pendragon without fayle
Vppon the land shold them assayle   2295
'And Vther alsoe I bidd thee
Thou shalt wend by the sea
And looke that theere scapen none
Till they be slaine eueryeecheone.'
Pendragon was a doughtye knight   2300
And fell and egar forto fight
He neuer for stroakes wold forbeare
Against noe man with sheeld or speare
No[n] better did withouten fayle,
And that was seene in that battaile   2305
He tooke his oaste with might and mayne
And went the Sarazens fast againe
And when they were together mett

2286–7 *equivalent in A is 2099–2100*   2288–91 *equivalent in A is 2055–8*
2289 well: *K notes* [better]   2291 *after the line catchword* Hee–
2300–3 *equivalent in A is 2060–2*   2304 *MS., F* Nor, *K* Nor better did
[non]

And seyd to Vter Pendragon
And to his broþer also
And teld to hem boþe to
'Y ȝou telle saun fayle
Vp ȝou is comen a strong batayle   2080
Of Sarraȝins of michel priss
Forto awreke þe douke Angys,
In þis lond bi our day
So michel folk nas neuer y say,
Ac ȝour on wiþouten les   2085
Worþ yslawe in þat pres
Ac ich ȝou telle who so it is
Schal wende into heuen-blis
þerfore no for[s] no makeþ
Ac gode hert to ȝou takeþ;   2090

¶Ȝour folk departeþ atvo
Oȝaines hem ȝe gin to go
Vter Pendragon hem schal asayle
On þe lond-half saun fayle,
Aurilis Brosias y telle þe   2095
þou schalt wende bi þe se
And þer þou þe conteyn so
þat þou hem wirche deþes wo'—
For noþing he nold say
Whiche of hem schuld day.   2100

f. 213rb As he hem bad þai deden so
Her folk departed atvo,
Vter Pendragon wiþ mani man
Anon þe Sarraȝins ȝede oȝan
And also sone so he hem mett   2105

2089 *MS.* forþ   2099–2100 *equivalent in P*

There were strokes sadlye sett
Many a heathen Sarazen   2310
He cloue downe to the chin
Many a man was sticked tho
And many a good steed was slayne alsoe,

The booke saith withouten lye
There was done such chiualrye   2315
Of the folke that Pendragon fell
Noe man can the number tell;
And Vther to the sea went
And Merlyn told him verament

That he shold not that day be slaine,   2320
Then was Vther wonderous fayne
And in his hart soe wonderous lyght
That hee was feirce and fell in fight
And egerlye without fayle
The Sarazens he can assayle   2325
And fast against them can stryde
That many a Sarazen lost their liffe.
Pendragon and his folke in hast
The Sarazens fast to ground the cast
That there were none against them stoode   2330
But fledd away as they were wood,
But Vther in that ilke tyde
Kept them in on the other syde
With strong battayle and strokes hard
He droue them all againe backward,   2335
And when that they noe further might
On Pendragon can the light
A 100 Sarazens on a rowte
Att once layd him all about.
Who soe had seene Pendragon then   2340
He might haue seene a doughtye man
For all that he might euer reach

2326 *K notes* stry[u]e

Wiþ swerd and launce he hem gret
Mani haþen þer was forsoþ
þe heued cleued to þe toþ
þe nek-bon dassed atvo
þe arm þe bodi smiten fro   2110
Wiþ swerd þe body atvo ydast
þe bodi out of þe sadel cast,
þe boke it seyt, nouȝt y no lye,
þer was don swiche cheualrie
þat no tong telle no miȝt   2115
þe haluendel wiþ tale riȝt;
Aurilis Brosias to þe se went
To whom Merlin hadde gode talent.
¶Merlin sent þan anon
To sir Vter Pendragon   2120
And bad him orpedliche he schuld keþe
For he no schuld þere þoly deþe,
þo Vter Pendragon herd þis
His hert bicome ful of blis

Wiþ wretþe and wiþ talent fin   2125
He smot opon a Sarraȝin,

He and al his felawered
þer þai deden noble dede—
Al þat euer wald ariue
þai binomen day o liue.   2130
Vter Pendragon so hard hem held
þat þai wiþ strengþe lete þe feld
And Aurilis Brosias hem held so hard
þat he hem brouȝt oȝanward,
And þo þai noure fle miȝt   '   2135
Wiþ Aurilis Brosias þai gun fiȝt

2112 *second* þe *partly erased*   2130 *K text* [þat] day, *K notes withdraw the*
emendation

Trulye the need noe other leech;
The Sarazens stout and grim
Slew his steed vnder him   2345
And when hee had lost his steed
Great ruthe itt is in bookes to reede
How that he on foote stood
Till that he lost his harts bloode,
A 100 Sarazens att a brayd   2350
All att once att him layd
And broken him body and arme
And slew him there and that was harme.
And when that V†ther vnderstoode
His brother was slaine he waxt neere woode   2355
And bade his men fast fight
And he bestirrde him like a knight,
Of all the Sarazens that were left aliue
There scaped noe moore but 5,
Of the Christian men were but slane   2360
3031 certane,
And in that ilke country thoe
A mile might noe man goe
Neither by dale nor by downe
But he shold tread on a dead man;   2365

f. 89ʳ   And when itt was against the night
Vther had discomfited them in fight,

He went home into his inne
And askes councell of Merlyne.
Pendragon was out sought   2370
And to the church full fayre brought
He was grauen and layd full merrye
In the towne of Glasenburye
And thus ended that doughtye knight
God grant his soule to blisse soe bright,   2375
And all that done soe for the right

2354 *MS.,* F Vither   2365 *after the line catchword* And-   2369 askes:
second s *of unusual form,* F, K asket

And so fele about him were
His liif þai binomen him þere;
Ac þo Vter Pendragon vnderstode
His broþer deþ he wex ner wode,   2140
þo he bisouȝt his doukes fiȝt
And him bistired þo as a kniȝt
þat of þritti þousand and mo
No lete þai fiue oway go,

f. 213va
Of our wer slawe þan anon   2145
þre þousend and ten and on—
þre mile-wayes oþer to
No miȝt no man step no go
Noiþer on hille no in den
Bot he steped on ded men   2150
þe blod ouerran þe cuntraye
Oueral in þe valaye.
So it fel to þe niȝt
Vter Pendragon com fram þe fiȝt,
Doukes kinges and barouns   2155
Orped squiers and garsouns
Hom went to her in,
Bi rede amorwe of Merlin
Aurilis Bros[i]as out þai souȝt
And richelich in erþe him brouȝt.   2160

þan he was helden a douhti kniȝt
And ful wele held his lond to riȝt
Here he liued seþþen ȝeres fele

I pray Iesu for his might
He grant them heauens blisse aboue,
Amen amen for his mothers loue!

2379 P concludes

In miche pride and gret wele,
Fer and neiȝe wide and side   2165
His fomen durst him nouȝt abide—
Bi Merlins red euer he wrouȝt
þat into gret power him brouȝt.
He ouercom king Claudas
þat so strong and stern was,   2170
þurth his miȝt also he wan
þe douhti king Harinan
And of him he hadde first Gascoyne
And Normondye and Boloyne
And al þe marche to Paito   2175
And Chaumpeine and eke Ango.
þis ich king Harinan
To wiue had a fair wiman
Sche hiȝt Ygerne wiþouten no
þe fairest lif þat liued þo,   2180
þe douke Hoel of Cornewaile
Spoused hir after him saun fayl
þurth whom seþþen his liif he les—
Ȝe schul seþþen here in pes.
¶Ȝete hadde Vter Pendragon   2185
Wonne to him þe king Ban
And Bohort his broþer also
Better bodis no miȝt non go,
King Ban hadde to his demeyne
þe cite of Benoit of Lasse Breteyne   2190
Wiþ cites and borwes castels and pleyns
And Bohort hadde þe cite of Gaines
Wiþ al þe riȝt þat longed þerto
And þus þai hadde schift atvo.
¶And afterward wiþouten fable   2195
Our king bigan þe rounde table—
þat was þurth Merlines hest.
Of kniȝtes þat men wist best
In þis warld þurthout
þat table schuld sitte about,   2200
At þat table non sitt miȝt
Bot he were noble and douhti kniȝt
Strong and hende hardi and wise

f. 213ᵛᵇ

Certes and trewe wiþouten feyntise,
Her non oþer schuld faile　　　　　　　　　2205
No neuer fle out of bataile
Whiles he on fot stond miȝt
Bot ȝif hem departed þe niȝt,
At bataile and at bord also
Bi hemselue þai schuld go—　　　　　　　　2210
So monkes don in her celle
Bi hemselue þai eten ich telle.
Wher wer were alder mast
þai were þider sent on hast.
þis table gan Vter þe wiȝt　　　　　　　　2215
Ac it to ende ha[d]e he no miȝt
For þei alle þe kniȝtes vnder our Lord
Hadde ysiten at þat bord
Kniȝt bi kniȝt ich ȝou telle
þe table no miȝt nouȝt fulfille　　　　　　2220
Til he wer born þat schuld do al
Fulfille þe meruails of þe greal.

It was opon þe Pentecost
In time þat þe Holy Gost
Among þe tvelue apostles cam　　　　　　2225
So sparc of fer and in hem ran
Our king Vter Pendragon
Lete bede wel mani a man
Doukes kniȝtes erls and king
To Cardoil to his gestening　　　　　　　2230
Swiche was his won apliȝt
To helden ful seuen niȝt

f. 214ra And euerich wiþ him schuld bring
His leuedi to þat gestening,
Fram Kent to Norþhumberlond　　　　　2235
Fram Wales and fram Scotlond
Baroun erl douke and kniȝt
To þat fest com apliȝt.
❡In þat time was ded Hoel,
And þe noble baroun Tintagel　　　　　　2240
þat was douke of Cornwayle

2216 *MS.*, *K* haue

Hadde spoused Ygerne saun faile
þat fair wiman þat swete liif
þat hadde ben Holes wiif.
þese to Cardoil boþe come 2245
Men hem bi þe hond ynome
And ledden hem bifor þe king,
He made hem fair welcoming
Ac þo he seiȝe þat leuedi briȝt
His hert was chaunged apliȝt 2250
He was nomen wiþ loue-las
þat he no wist were he was,
Naþeles Ygerne anon
Was wiþ leuedis to chaumber gon
Whar sche was for hir beaute 2255
Fair onourd in leaute;
þe king þe douke sett aboue
Toforn al oþer for her loue
Alder next his side he sat
And of his dische and plater at. 2260
þis ich douke Tintagel
Hadde a boteler hiȝt Bretel
þat him serued day and niȝt
At his bord so it was riȝt,
Ygerne hadde a chaumberlains 2265
A gentil man þat hiȝt Iurdains.
þe king at his mete sat
Michel he þouȝt and litel he at
He tok a coupe in his hond
þat was worþ a schire of lond 2270
And seyd 'Bretel þou com me ner,
þis to Ygerne þi leuedi ber
Bid hir drink þis licour
And do þe coupe in hir tresour.'
Bretel tok þe coupe anon 2275
Bifor his leuedi he gan gon
On his knewe he him sett
And on þe kinges halue hir gret
And seyd 'Dame þe king þe sent
(And drinkeþ to þe) a fair present 2280
To þe he drinkeþ þis licour

f. 214rb

þe coupe he ȝeueþ to þi tresour.'
Wel sore gan þis present rewe
Dam Ygerne þat leuedi trewe
Sche seyd 'Go oȝain anon   2285
To þe king Vter Pendragon
Say y nil nouȝt it take at o word
Wiþouten leue of mi lord
þat ich þis present vnderfong,
Ȝif ich dede it were wrong'—   2290
Bretel went oȝain anon
And seyd to Vter Pendragon.
þo he hadde it yseyd
þe king sore was amayd
Ac after sche it nam on hast   2295
þurth hir owhen lordes hest
Vlfin þerof was messanger
He was þe kinges conseyler,
Vnneþe sche it nim wold
Ac þo sche algat schold   2300
Swiþe sore sche gan to wepe
Wonder hem þouȝt þat bi hir sete.
þo alle þe cloþes weren ydrawe
After mete so it was lawe
þe king ȝaue fair ȝiftes   2305
To douk baroun and to kniȝtes
Ac non no had swiche saun faile
So þe douke of Cornwaile
For þe loue of Ygerne
In whas loue he dede berne.   2310
Anon after þo leuedis alle
Were ofsent into þe halle,
þe king toke Ygerne bi þe hond
þe fairest leuedi of þis lond
And sett hir bi him on þe benche   2315
Win and piment he dede senche,
Oþer kinges and doukes heiȝe
Token oþer leuedis sleiȝe

2287 nouȝt: *bottoms of the letters partly removed by an erasure, then (except for for the tail of* ȝ) *re-inked,* K nil it take, *reporting MS.* nomt *subpuncted*
2301 wepe: K [gr]e[t]e

Togider hem set and made solas.
þe king bisouȝt Ygerne of gras   2320
þat sche schold ben his lef,
þe leuedi seyd 'I nam no þef
To breke mi treuþe oȝain mi lord
Raþer ich wald hing bi a cord
No schal y neuer for loue no ȝift   2325
Wiþ mi bodi don vnriȝt,'
Oþerwise for no preier
þe king nold sche yhere,
þe king spac no more þo
Sumwat elles he þouȝt to do.   2330
þo þai were al at aise
Ich went to his in a-paise
Ac ich ȝou telle þo at arst
þe king neiȝe for loue brast
Ac no man nist of his pin   2335
Bot his conseiler Vlfin
þat bad him nouȝt care biginne
He schuld wele hir loue winne.
Tintagel and eke Ygerne
To her in went ful ȝerne   2340
þe leuedi toke þan þe kniȝt
And into chaumber went ful riȝt
Toforn him a-knewes sche fel
And seyd 'Lord ȝif it be þi wille
þat þou wost hennes wende!   2345
þe king is about, me to schende,
þe worþschip þat he doþ to þe
Al is forto schende me
He haþ me of vilanie bisouȝt
Me to aforce is in his þouȝt.'   2350
þo þe douke þis vnderstode
For wretþe he wex neiȝe wode,
He hadde in toun v hundred kniȝtes
He hem ofsent anon riȝtes
And told hem þis vilainie   2355
And seyd he wald hom an heiȝe
He bad hem trosse and make ȝare

2345 K [I pray,] þat

Ar day he wold homward fare
For he hadde leuer dye in fiȝt
þan schond þoli and vnriȝt,　　　　　　　　　2360
His kniȝtes to him ȝeuen asent
And trossed swiþe verrament,
Bi þat it was liȝt o day
þai weren al ywent oway

þe douke þe leuedi and his kniȝt.　　　　　　2365
þe king seye þe dayliȝt
þat niȝt he hadde litel yslape
He stirt vp al in rape
His chaumberlain him com to
His cloþes on forto do,　　　　　　　　　　2370
þo he was cloþed he com adoun
Sikeende and romende vp and doun.
Afterward com in anon
Barouns and leuedis mani on
To chirche þai ȝede more and lasse　　　　　2375
Forto heren þer her messe
Ac al þai loked swiþe ȝerne
After Tintagel and Ygerne.
þo þe messe was ysonge
þe king spac wiþ his tonge　　　　　　　　　2380
'Where is þe douke Tintagel?
Icham adrad him is nouȝt wel.'
'Certes sir' quaþ a kniȝt,
'He is went homward toniȝt
Wiþ wiif and kniȝtes to his lond.'　　　　　2385
'Eye' quaþ þe king 'þat is me schond!
þef! He haþ broken mi statout
He schal abigge wiþouten dout'—
His statout was and his lawe
þat non no schuld in seuen dawe　　　　　　2390
þat were of priis oþer of noblay
Fram þat fest wende oway
Bot it were bi þe kinges wille
And who so dede he schuld spille.
þo þe king vnderstode　　　　　　　　　　2395
þe douke ywent he was neiȝe wode,
Of þat despite pleynt he made

And to his folk seþþen he sade
þat he was digne to dye anon
þat swiche despite hadde ydon.   2400
þe king him diȝt in a stounde
And þe kniȝtes of þe table rounde
(þe noblest men þat were oliue)
And riche kinges tvo and fiue
Noble kinges of þis lond   2405
Al wonnen vnder his hond,
Wiþ mani erl baroun and kniȝt
Armed went anon riȝt

f. 215ra þe douke Tintagel to nime
So þe kinges wiþþerwine;   2410
Ac þe douke Tintagel
þis bifore wist it wel
He hadde sent fer and neiȝe
After frendes and souders sleiȝe
Fiftene þousand kniȝtes hende   2415
þat schuld his lond help to defende,
Naþeles oȝain þe king
þai no hadde power in fiȝting—
At cite borwe and castel
þai were astored swiþe wel.   2420
⁋þe king com wiþ his barnage
And tounes brent in gret rage
He bilay him swiþe long
And men slouȝ—it was wiþ wrong.
þe douke himselue Tintagel   2425
Lay in a swiþe strong castel,
Our king Vter Pendragon
Him asailed and ek his men
Wiþ heweing and wiþ mineinge
And wiþ mangunels casteinge   2430
Ac Tintagel þat hende kniȝt
His castel wered wele apliȝt,
And þennes ouer miles þre

2408: *below the column catchword* þe douke tintagel   2414 frendes: r
inserted above line in darker ink;   *and* (ꝛ) *squeezed in in darker ink*;   souders:
r *inserted above line in darker ink*, K *text* sondeꝼs, K *notes* souders   2415
hende *added in darker ink*   2420 astored: e *uncertain, possibly erased*

Lay Ygerne so fair and fre
In a castel, [a] roche of ston— 2435
Man no miȝt hir dery non.
Iurdains and eke Bretel
Boþe were wiþ Tintagel
And al þat miȝt armes bere
To helpen him his castel to were, 2440
þe king him hadde wel long ylay
And was ful of wretþe and tray
þat he no miȝt him nim anon
And sike he was in euerich bon
For loue of þe cuntasse 2445
Gode he no couþe more no lasse.
On a day it bifel so:
Vter Pendragon was swiþe wo
Vlfin he tok his chaumberlain
And went to plaien him on þe plain 2450
An beggere þere he mett
þat þe king wel fair gret,

f. 215rb

For Godes loue þat bad him gode,
þe king answerd wiþ dreri mode
'Beggere' he seyd 'so mot y liue 2455
Y no haue here nouȝt þe to ȝiue.'
'Sir' quaþ þe beggere þo
'Tel me þan of þi wo
Whi þou makest swiche chere.'
þe king seyd 'Vlfin no miȝtow here 2460
Of þis begger aposeing
þat dar so speke to a king?'
Vlfin þe begger biheld on
And him knewe wel sone anon
Bi his semblaunt and winking 2465
þat he made opon þe king
And seyd 'Sir par ma fay
þis is a begger of noblay
þou miȝt be þerof ful fawe
It is Merlin, þat þou schalt knawe.' 2470
His semblaunt turned anon Merlin
þe king þo hadde ioie fin

2435 *MS.*, *K* of roche, *K notes* [and] ston

Of his hors sone he li3t
And kist Merlin anon ri3t
So dede Vlfin also 2475
Michel ioie he made þo.
Merlin seyd to þe king
'Al y knowe þi glosing
Y wot þou louest par amour
Ygerne þat swete flour, 2480
What wiltow 3eue me, ar tomorwe
Y schal þe lese out of þi sorwe?'
'Merlin' quaþ þo þe king
'Help me now in þis þing
And þou schalt haue whatow wilt 3erne— 2485
Do me to haue swete Ygerne.'
'Wiltow me 3iue' quaþ Merlin
'Al þe bi3ete þat schal be þine
And þou hir haue ar day?'
'3a' quaþ þe king 'par ma fay.' 2490
'Now' quaþ Merlin 'þi pais þou held
And ar day þou schalt hir weld.'
þe king was swiþe bliþe þo
To his pauiloun he gan go
At þe soper þai were glade 2495
Michel ioie and mirþe þai made.

f. 215ᵛᵃ   Ar it day were Merlin hete
þe kinges men arm hem skete
And bisett þat castel
Where þe douke was Tintagel 2500
And tau3t hem gin and eke way
þe castel to win ar ani day.
þai went al to þis asailing
Bot Vlfin and Merlin and þe king
At hom bileued and bispake 2505
Hou þai mi3t of loue take,
Merlin bad Vlfin and þe king
Riden wiþ him wiþouten duelling
So þai deden and riden 3erne
Toward þe castel þer was Ygerne, 2510

2486 me *first omitted, then added at end of line in darker ink and marked for insertion*

þo þai þe castel were neiȝe
Merlin kidde þat he was sleiȝe
Herbes he souȝt and fond
And gnidded hem bitvix his hond
þe king he smerd viis and liche 2515
And made þe king Tintagel liche
Himseluen he made like Iurdains
þat was þe lordes chaumberlains
Vlfin he made liche Bretel,
And went þo to þe castel. 2520
On þe gate loude þai bete
Seriaunce com and hem in lete
þai wende it were her seygnour
And ladde him in wiþ gret honour
For swiche was cloþ bodi and fas, 2525
To hir chaumber he nam his pas
þe king ȝede after þo wel swiþe
Was he neuer are so bliþe,
To þe king þo spac Merlin
'Spede þe now on nedes þine— 2530
Ar þou arise of hir bed
þou worþ swiþe sore adred.'
⟨¶⟩þe king þerof nouȝt no schrof
Ac to Ygerne bed he drof
Ygerne wende it were her lord 2535
And him afenge wiþ fair acord
þe king no made nouȝt long soiour
þat he no plaid wiþ þat flour
So oft so his wil was—
þat ich niȝt bi Godes grace 2540

f. 215ᵛᵇ

þer was biȝeten hem bitven
King Arthour þat noble stren.
þerafter in a litel þrawe
A cri þer com her lord was slawe,
þo com Merlin to his bed 2545
'Arise vp for it is nede
And þine men þou schewe þe to!
Men seyt þou art to deþ ydo.'
Vp strit þo þe king
He no made þer no duelling 2550

So we finden on þe boke
He kist þe leuedi and leue he toke
Into halle he com wel swiþe
Al þat folk of him was bliþe
For þai wende forsoþe þere   2555
þair owhen lord þat it were:
þe messanger was foule yschent
þat to hem brouȝt þat present
And oft ycleped foule leiȝer,
Wiþ gret oþes he gan him swere   2560
And seyd he was in þe plas
þo þe castel ynomen was
And al þat folk he herd waile
For þat erl of Cornwaile.
❡þe king asked his destrer red   2565
And seyd he wold kiþe he nas nouȝt ded
He priked him forþ out atte gate—
Forsoþe it was almost to late
For of þe way litel þai ware
þo þai herd, wiþ gret care   2570
þe doukes man Tintagel
Com fleinde fram þe castel.
þo þe leuedi herd þis
Wo was hir liif ywis
For hir lord Tintagel,   2575
Sche was bigiled sche wist wel
In hir þouȝt wele it ran
On hir was biȝeten a barn—
What for sorwe wat for schame
Wers was neuer gentil dame.   2580
❡So we finde in our boke
Merlin þo went to a broke
þe king wiþ water þer he wesche
His owhen stat he hadde ywis
f. 216ra   And seþþen he wesche hem boþe to   2585
Her owen stat þai hadden also,
þo þai wenten al þre
To þe kinges meyne
Riȝt so þe day bigan dawe
þai fond Tintagel yslawe,   2590

þerof forsoþe our king
Ioie made wiþouten lesing.
Long þerafterward verrament
Was ymade acordement
Bitvene Ygerne and þe king   2595
þurth heiȝe mennes conseyling,
And þo was iugged wiþouten faile
Bi heiȝe mennes conseyl—
þe king was iugged Ygerne to spouse
þerof Ygerne was ioiouse.   2600
¶King Nanters of Garlot
þer nam Blasine God it wot
Ygerns douhter bi Hoel,
Hir lord was bifor Tintagel,
In whom he biȝat Galaas   2605
þat strong and hardi and noble was.
¶King Lot þer nam Belisent
Also Ygerns douhter gent
In whom he seþþe biȝat Wawein
And Guerehes and Agreuein   2610
And Gaheriet þat was so fre,
For better kniȝtes no miȝt non be.
King Vriens þe þridde nam
þat was king of Schorham
In whom he biȝat Ywayns   2615
Hende and noble and kniȝt certeyns—
þese þre sustren were bi Hoel,
¶And oþer mo bi Tintagel
þat elleswhere were to loke
So we finde writen in boke   2620
Al four made spouseing
Togider and swiþe fair gestening
þer was iustes and turnamens
Swiþe noble verramens,
þe fest lasted fourten niȝt   2625
To al þat euer come ypliȝt.
¶þo þe fest was ydo
Merlin com þe king to
f. 216rb   And seyd he hadde do þe dede

2618 ¶ : *K omits as erroneous*

Of gode conseyl and wise rede   2630
And seyd 'Sir biþenke þou þe
What þou next ȝeue me—
þe child biȝeten in þi quen.
Ichil þe telle hou it mot ben:
Hir wombe greteþ, þou miȝt toniȝt   2635
Fele hou it stireþ þat litel wiȝt,
When þou it feleþ in hir wawe
Bid hir sche be biknawe
Whoso haþ bi hir lay,
þe soþe sche wil sone say;   2640
þat schaltow hir hot ywis
So sone so it born is
It be yborn to þe gate
And ȝouen whom men findeþ þerat,
þer man schal yfinde me   2645
To fong þat child þat is so fre.
þou hast a baroun in þi lond
Of gentil blod and miȝti hond
þat is Antour þi baroun heye
þat is a man of gret noblay   2650
þ[at] ha[þ] biȝeten a noble [qu]en
And sche is wiþ child so is þe quen,
In þis lond nis swiche blode
No milk þat haþ half so gode;
Pray Antour wiþ wordes milde   2655
þe milke he ȝiue to þi childe
And ȝif he þerof ȝiue graunt
Our Lord y take to waraunt
þi child worþ þe noblest man
Of al þis world an for an—   2660
Ac to þi quen be nouȝt biknawe
þat þat child be þine awe.'
þe king swore bi Crist his sire
He nold neuer tel it hire,
Al he dede so Merlin bad,   2665
þe quen agros and was adrad
And seyd 'Lord wiþ child ich am

2637 feleþ: K fele[st]   2645 yfinde: so K text, K corr. y finde
2651-4 MS. places 2653-4 before 2651-2, K as MS. assuming a lacuna after
2650   2651 MS., K þou hast, stren

Not ich neuer who is þe man
Biȝeten it was þat ich þrawe
þat mi lord was yslawe,   2670
So mot ich proue, and y the,
Y wend mi lord it hadde ybe

f. 216ᵛᵃ   Do wiþ me what þi wille is
þe soþe ich haue yseyd ywis.'
'Dame' he seyd 'no drede nouȝt þe   2675
Al þe gilt y forȝiue þe
Wiþ þat at when þou child hast
þou do nim þat child on hast
Do bere it to þe gate
And ȝiue it whom þou findeþ þerat   2680
þat y no here þerof tidinge
Neuer eft more wiþouten lesing.'
'Sir' sche seyd 'bleþeliche
It schal be don sikerliche.'
⁋þe king þerafter amorwe aros   2685
And osent sir Antour of gret los,
þo he was comen þe king him nam
And al his men ladde him fram
And gan his priuete vnhele,
And þat he it schuld hele;   2690
He seyd he hadde biȝeten a child
And teld him hou wiþ tale milde
'Late' he seyd 'þi wiif it loke,
Of hir milk and ȝiue it souke,
And þou schalt haue riche mede   2695
Brod londes and heiȝe stede.'
þe king vnneþe al þis biȝat
þe quen childed after þat
A fair knaue a gentil biȝate
þat was born to þe gate   2700
An old hore man it was bitake
So we finden in þe blake
It was Merlin þat him afeng
Forþ he ȝede wiþouten lesing
To a chirche he went, wiþ honour   2705

And dede þat child cristen Arthour,
After he went swiþe
And bar it to sir Antoris wiue
A-childbed he hir fond
And tok it hir in þe hond   2710
And bad it hir loke wiþ mild mode
'þi mede schal be riche and gode.'
Merlin went anon oway
No seiȝe no man him after, mani a day.
Antors wiif child hete Cay   2715
Sche dede it fram hir oway

f. 216ᵛᵇ

And lete souke Artouret
þat milk was wel bisett
He wex fair and wele yþei
And was a child of gret noblay   2720
He was curteys hende and gent
And wiȝt and hardi verrament
Curteyslich and fair he spac
Wiþ him was non iuel lac.
His fader he miȝt oft ysen   2725
Ac him no knewe neuer þe quen
NArtour no miȝt neuer wite
þat þe king him hadde biȝete
While þe king was libbeing
So ich in þe brout yfinde   2730
Ac his fader wele he wende
Were Antour þe kniȝt hende.
His moder starf so God wold
And richeliche was brouȝt in mold,
Afterward long þe king   2735
In bedde fel in gret sekeling
And was ycomen riȝt to his fin,
Riȝt þo bifor him stode Merlin
þe king quiked anon riȝt
þo he had of Merlin siȝt,   2740
He asked where he hadde yben
þat he no miȝt him fer ysen,
He seyd 'Fer hennes saun fail.

2716 oway: *in darker ink, on erasure of* ⟨..⟩f   2727 *T* N'Artour, *K* N[o]
Artour

Now is to comen mi trauail,
þou schal be dede sone ywis 2745
And wenden into heuen-blis
þi sone after worþ king
Bi Godes grace and min helping
Bi wos day worþ don alle
þe meruails of þe sengreal.' 2750
þe king herof lete ful gode
And þonked God wiþ mild mode
¶Merlin fram him went oway
þe king starf þat ich day,
For him wepen lowe and heiȝe 2755
Swiþe sore wiþ her eiȝe
þe holy bischop þat hiȝt Brice
For him dede þe office
In erþe he was sikerliche
Layd swiþe nobeliche. 2760

f. 217ra

After his enterement
þai gan make a parlement
To whiche parlement was yfet
Al þat hadde power gret
Of þis lond al about 2765
þider com wel gret rout
Of kinges erls baroun and kniȝt
Princes doukes mani ypliȝt,
Non no wist hem among
þat Arthour of þe king sprong 2770
Bot sir Antor and sir Vlfin
And þe gode clerk Merlin,
Ac for in spouse he nas biȝete
No man no most it wite.
þis parlement last mani a day 2775
To chese a king of gret noblay
To þe heiȝe and to þe lawe
To gouern hem in her lawe
Ac þai no miȝt nouȝt acord
For ich of hem wold be lord, 2780
þis last half ȝer so
þat þai no miȝt comen at on þo.

2767 erls: s *smudged, deletion perhaps intended*   2773 K spous[had]e

On Cristenmesse-euen þe bischop Brice
   Kid þat he nas nouȝt nice
þer he was among hem alle   2785
þis wise he gan hem calle
'Lordinges' he seyd 'ȝe no may acord
Forto chese ȝou a lord
þerfore y pray for loue of Crist
Wircheþ now bi gin and list   2790
It is a wel gode time apliȝt.
To chirche goþ al toniȝt
And pray to Crist so gode and fre
A king ous sende þat bihouesum be
To þe riȝt oȝains þe wrong,   2795
He graunt to chesen ous among
And þat we haue þerof tokening
Tomorwe at our seruise ending
And þat it so miȝt ben'
And euerichon seyden 'Amen.'   2800
þus þer ȝede more and lasse
Aniȝt to chirche amorwe to masse
And maden solempne bisecheinge
Forto haue a riȝtful kinge

f. 217rb   And þo þe seruise don was   2805
Outward þai wenten her pas—
Tofor þe chirche-dore þai founde
A ston stonden on þe grounde
Long and heiȝe forsoþe to say
þerin a swerd of gret noblay,   2810
King and douke baroun and kniȝt
Ich hadde wonder of þat siȝt
þe bischop com and it seyȝe
And þonked Ihesu Crist on heiȝe.
Ichil wele þat ȝe it wite   2815
On þe pomel was ywrite
'Icham yhot Estalibore
Vnto a king fair tresore'
(On Inglis is þis writeing

2798–2800 K . . . ending!' / And þat it so miȝt ben, / † Euerichon . . .
2819 *after* þis, þis *struck through in darker ink*;   writeing: r *inserted above line
in darker ink*

'Kerue stiel and iren and al þing').   2820
þe bischop seyd to hem anon
'þis swerd who drawe of þe ston
He schal be our king ymade
Bi Godes wille and our rade'—
þai ȝaue al herto concentement.   2825
King Lot proued verrament
Out it to drawe anon riȝt
Ac he no miȝt for alle his miȝt,
King Nanters no king Clarion
No miȝt it drawe out of þe ston   2830
No no gentil man of priis
No miȝt it ones stiren ywis.
þider com ich noble blod
And to Candelmesse þer it stode,
Al þat was born in Inglond   2835
On þis swerd cast his hond
Ac for liif no for deþe
þai no miȝt it stir vnneþe,
þer it stode til Ester-tide;
þider tocomen men ful wide   2840
Fram þis half se and eke biȝonde
And nouȝt þai sped bi Godes sond,
And ȝete it stode to Pentecost;
þer com þider mani an ost
To turnaien in þat tide   2845
Almost fast þerbiside.
Kay his sone, sir Antour
Him made kniȝt wiþ gret honour—
þis Kay it was þat nas nouȝt late
Forto souken his moder tate   2850
Ac Arturet forsoþe it seke
þat bicom mild and meke;
Kay was swiþe noble kniȝt,
Ac he stamered a litel wiȝt
þat he it hadde in nortoure   2855
þurth þe norices coure.
Arthour had serued Lot
Swiþe long wele y wot,

f. 217ᵛᵃ

2820 and al: *K* † al

¶Ac þo Cay was kniȝt ymade
Sir Antor ȝaf to Kay rade 2860
Forto ofsende Arthour oȝein
Forto make of him his swain
For he was hardi trewe and trest,
Of al þis lond and ȝong man best;
Kay was swiþe wele ypaid 2865
Al was don þat Antor seyd
Arthour com hom and was wiþ Kay,
And went hem to þat turnay.
þer Kay contend him apliȝt
So a wele doinde kniȝt 2870
Boþe at side and at ende
He feld kniȝtes swiþe hende;
¶þo he com amidward
About he leyd on so hard
þat his swerd brast atvo, 2875
Anon he bad Arthour þo
'To mi leuedi swiþe hende—
Anoþer swerd bid hir me sende.'
And so he dede wiþouten abode
Swiftliche hom he rode, 2880
His leuedi finde he no miȝt
Oȝain he went anon riȝt
¶And to þe swerd in þe ston
Wel riȝt he gan forto gon
No man was þer verrament 2885
Ac alle weren at þe turnament.
Arthour tok þe hilt bi hond
þe swerd out drawe he gan fond—
Ac for nouȝt out it cam.
In his hond he it nam 2890
His hors he lepe vp anon
To þe turnay he com son
f. 217vb And seyd 'Haue þis swerd sir Kay
þi leuedi finden y no may.'
Kay þis swerd wele knewe ywis 2895
To Arthour he seyd 'Where hadestow þis?'
'Certes' quaþ Arthour 'herbiȝonde

2877 K [w]ende

In a ston ich it fond'
(Arthour no seiȝe it neuer ar
No wist neuer why it stode þar).　　　　　2900
Sir Kay seyd þo to Arthour
'Telle it to no man par amour
þat þou þis swerd out drouȝ
And þou schal haue gode ynouȝ,'
Arthour seyd 'Certes nay.'　　　　　2905
Forþ went anon sir Kay
And ledde his fader sir Antour
To þe chirche of seyn Sauour
And seyd 'Ichaue þis swerd out drawe
þat ich be king it is lawe.'　　　　　2910
Sir Antor biheld þat sword
And seyd at þe first word
'þou gabbest me bi God aboue!
Ȝif þou say soþ eft þou it proue
For bifor þis heiȝe men　　　　　2915
þou most it pelt in oȝen
And bot þou miȝtest drawe it out
þe wold schame berd and snout.'
¶þai wenten boþe to þe ston
And Kay pelt it in anon　　　　　2920
Ac þei he war strong and wiȝt
Drawe it out he no miȝt,
þo bispac him sir Antour
'Telle me sone par amour
Who it was þis swerd out drouȝ,'　　　　　2925
And þo stode sir Kay and louȝ
'Sir' he seyd 'bi Godes sond
Arthour toke it me in hond.'
Antor cleped Arthour þo
And dede him to þe ston go　　　　　2930
And boþe swiþe and eke soft
In and out he pelt it oft,
Antor was herof ful bliþe
And drouȝ Arthour to chirche swiþe
And seyd to him priueliche þo　　　　　2935
'Arthour listen now me to,
f. 218ra　Seþþen þou were born verrament

Ich haue 3ouen þe norisement'
And þer he teld him al þe cas
Hou he bi3eten and born was 2940
Hou his fader was þe king
And hou þurth his bisecheing
'Kay mi sone a norice y toke
And þou mi wiues tate soke.'
þo seyd Antor 'Nim coure 2945
Mi sone þou art þurth norture
It nis no ri3t þat þou me werne
Ri3tfulliche þat y wil 3erne
Ich pray þe graunt me a bone
þat ich þe wil axi sone— 2950
Ich þe wil help, sone Arthour,
King to ben wiþ michel honour.'
þo bispac Arthour þe hende
'Crist of heuen me defende
þat ich þe wern ani þing 2955
Of what þou makest axing.'
'God þe for3eld' seyd sir Antour
'Now y þe pray par amour
þi steward make mi sone Kay,
So long so þou liue may 2960
In nesse in hard y pray þe nowe
In al stedes þou him avowe—
And y schal þe help in þis nede
þurth Godes help þat þou schalt spede.'
❡þo bispac him sir Arthour 2965
'Y graunt þi wil sir Antour
þat Kay þi sone be mi steward,
Y schal him avowe in nesse and hard,
When ich euer faile Kay
Crist me for3ete þat day.' 2970
Forþ 3ede Antor anon ri3t
And sir Arthour made kni3t,
First he fond him cloþ and cradel
þo he fond him stede and sadel
Helme and brini and hauberioun 2975
Gaumbers quissers and aketoun

2976 *T*, *K* Saumbers, *MS. could be so read*

Quarre scheld gode swerd of stiel
And launce stef biteand wel,
þer he ȝaue him anon riȝtes
To his seruise fourti kniȝtes,   2980

Amorwe þai went to turnament
And so þer dede verrament
þat ich day sir Arthour
þe los he bar and þe honour.
Amorwe Antor þat was nouȝt nice   2985
Went to þe bischop Brice
And teld him he wist a kniȝt
Boþe gent and noble apliȝt
'þat schuld be our king wiþ lawe
For he may þat swerd out drawe.'   2990
¶þe bischop was herof bliþe
And sent after Arthour swiþe,
Toforn al þe heiȝe of þe lond
Arthour tok þe swerd in hond
He drouȝ it out and pelt oȝen   2995
Wonder hadde mani men
For no man stiren it no miȝt
Bot he on y ȝou pliȝt.
King and erls wiþouten dout
þer gun him anon rebout   3000
Forto prouen his maner
Ac euer he was of milde chere
No couþe her non better deuise
þan he hem answerd in al wise,
Sir Antor him halp also   3005
þat he was king chosen þo
And þer was boden to his gestening
Mani prince and mani king,
Al þat euer com wold
At seyn Ion tide com schold.   3010
Merlin com hem bitven
    Sir Arthour þe prince to sen
Of whos come miche blis
Sir Arthour made ywis,
Swiþe anon hete Merlin   3015
Men schuld ofsende þe douke Vlfin

Sir Iordains and sir Bretel
þat hadde yben wiþ Tintagel.
Al þre þai comen swiþe
Merlin was þerof wel bliþe   3020
Merlin seyd 'Y wil ȝe wite
Hou þat Arthour was biȝete'—
þer he told hem ende and ord
Of his biȝete eueri word
Wharof Vlfin wittnes bar   3025
And seyd certes þat he was þar
And Antor bar witnesse þerto
And seyd þe king him seyd so.
þo loued Iordains and sir Bretel
Sir Arthour wiþ hert lel   3030
For loue of Ygerne fre
Her leuedi þat hadde ybe
His men þo þai bicomen swiþe
To help him vp deþe and liue,
þis barouns and eke Merlin   3035
Wenten to þe bischopes in
And al him teld fair and ȝerne
Hou Arthour was biȝeten of Ygerne,
þe bischop þonked God so gode
þat he was of þe kinges blode.   3040
¶Merlin seyd 'Listen meruaile
Ȝou is comand strong bataile
Kinges sex at þis fest
þer schul arere michel chest
Wharefore ȝe schul þan wite wel   3045
Boþe in iren and in stiel
And loke þat ichon held wiþ oþer
As ich man schal wiþ his broþer
For ich ȝou bihot al þe honour
Schal bileue wiþ ȝou and wiþ Arthour,'   3050
þar þai biheten þat non nold
Oþer fail for no gold,
þe bischop seyd his helping
He schuld haue in al þing.
What helpeþ it make tale long?   3055
þai hem poruaid alle among

Swiþe redi alle þing
þat schuld to þat coroning.

Mirie it is in time of Iune
When fenel hongeþ abrod in toun 3060
Violet and rose-flour
Woneþ þan in maidens bour
þe sonne is hot þe day is long
Foule[s] make miri song—
King Arthour bar coroun 3065
In Cardoile þat noble toun.
King Lot þat spoused Belisent
Com to þis coronment

f. 218vb
(He held þe lond of Lyoneis
Man wel strong and curteys) 3070
Wiþ fiue hundred noble kniʒtes
Hardi and strong and leue to fiʒtes.
King Nanters com God it wot
þat held þe lond of Garlot
Swiþe noble man and wiʒt 3075
And wele couþe fende him in fiʒt
He hadde yspoused Blasine
Arthours soster fair and dine,
Seuen hundred kniʒtes y telle þe
He brouʒt wiþ him of meyne, 3080
Of noble destre[r]s and stede
þat swiþe gode were at nede.
⁋King Vrien com þerto,
þe þridde suster hadde also
þe lond of Gorre he held ywis 3085
He was ʒong man of noble pris
XX þousand he brouʒt and fiue
No better kniʒtes nere oliue.
⁋þer com ʒete king Carodas
þe king of Strangore he was 3090
A swiþe miʒti man of mounde
And kniʒt of þe tabel rounde,
þei he fer hadde yride

3064 MS. fouleþ   3078 dine: K text [f]ine, K notes withdraw the emendation   3091 miʒti: second i in darker ink, possibly as correction of letter now illegible

VI hundred kniȝtes he brouȝt him mide
þat wele couþe iuste in feld   3095
Wiþ stef launce vnder scheld.
⁋Ȝete þer com king Yder
King of þe marche of gret pouwer
Wiþ him he brouȝt þritti score
Wiȝt kniȝtes him bifore.   3100
⁋þer com king Angvisant
King he was of Scotlant
Of al þe sex he was richest
Of grete power and ȝongest
V hundred he brouȝt wiþ him ywis   3105
Wiȝt and strong kniȝtes and al Scottis.
And mani oþer bi souþe and bi est
þider com to þat fest,
King and baroun y ȝou say
Welcomed hem wiþ gret noblay   3110
Biforn hem al þe bischop Brice
Arthour crouned and dede þe office;
þo þe seruise ydon was
To mete þai turned her pas
þai founde al redi cloþ and bord   3115
Vp first ȝede þe heiȝest lord
Men hem serued of gret plente
Mete and drink of gret deynte
þer was venisoun of hert and bors
Swannes pecokes and botors   3120
Of fesaunce pertris and of crane
þer was plente and no wane
þer was piment and clare
To heiȝe lordinges and to meyne
þai hadden also noble seruise   3125
So ani man couþe devise;
þo þai hadde yeten alle
Heiȝe and lowe in þe halle
To ȝeuen ȝiftes sir Arthour aros
To heiȝe men of grete los   3130
And to haue of hem vmage
So it was riȝt and her vssage.
As he was fair doinde þis

f. 219ra

King Lot king Nanters and oþer of priss
Of his ȝiftes spite hadden   3135
And his coroun anon wiþradden,
¶Vp þai sterten wiþ gret bost
Euerich king wiþ al his ost
And seyd an herlot for noþing
No schuld neuer ben her king   3140
And þouȝt wiþ gret deshonour
Forto misdo sir Arthour,
Ac Arthour men bitven þrest—
Forþ com Merlin in þat chest
And seyd he nas harlot non   3145
Ac nobler þan her ani on;
þer he teld, al hem bifore,
Hou Arthour was biȝeten and bore.
þe wise men of þat lond
þonked Ihesu Cristes sond   3150
þat her king schuld ben
Of Vter Pendragouns stren;
þe barouns seyd to Merlin
'He was founde þurth wiching þin,
Traitour' þai seyd 'verrament   3155
For al þine enchauntement
No schal neuer no hores stren
Our king no heued ben
Ac he schal sterue riȝt anon'—
Toward þe king and gun gon.   3160
þe king was armed swiþe wel
And alle his frende in iren [and] stiel,
Oȝain wiþstonden nobliche
And al out driuen sikerliche
Wiþ swerdes and kniues sone anon   3165
Out of halle þe kinges fon.
þe sex kinges were wel wroþe
And al her barouns sworen her oþe
No schuld þai neuer tviis eten
Er þai of Arthour were awreken   3170
And swiþe telt her pauiloun
A litel wiþouten Cardoil toun.
¶þe bischop stode on þe castel-wal

f. 219rb

And gan to preche to hem alle
And seyd Arthour was kinges stren   3175
Of king biȝeten and born of quen
þe king it wist in his liue
Blisced his child and bad him þriue
And tok him to sir Antour
To norice wiþ gret honour,   3180
Ȝif þai wisten neiȝer blod
To make him king it nar nouȝt gode
'Ac for he is king and kinges sone
Y cors al mididone
His enemis wiþ Cristes mouþe   3185
Bi est bi west bi norþ and souþe!'—
'Tprut!' þai seyden euerichon.
Merlin went adoun anon
And Arthours frende anon riȝt
He told, heiȝe and lowe ypliȝt,   3190
Four þousand among hem he fond
Hardi and noble and wiȝt of hond
Ac alle it were forsoþe fotmen
Bot fiftene score and ten,
þe oþer were so gret rout   3195
þat þai wreiȝe þe cuntre about.
Merlin bad hem noþing drede
'Bot alle doþ bi mi rede,'
Wiþ him þai went to þe gate anon
Wele atired euerichon,   3200
f. 219va   ¶Merlin made enchauntement
And kest gret encumberment
Into þe pauilou[n]s, wild fer
þat brent briȝt so candel cler,
And seyd to hem euerichon   3205
'Now sle swiþe ȝour fon!'
Forþ þai went on hors gode
To þe pauilouns þat on fer stode
And on her fomen smiten anon
O liue þai reften mani on   3210
Wiþ scharpe speres and swe[r]des kene

3187 *T, K* [And] prut   3203 pauilou[n]s: MS. *between* o *and* s *three minims,*
T, K pauilonis

Tventi score and fiftene
O liue-dawe þai brouȝten þere
Er þai wist where þai were
For her witt was oway go   3215
For þe fer þat brent so—
And þe oþer her wit binam fulliche
þat com on hem so sodanliche.
þer were so fele naþeles
þat litel sen þe slauȝter wes   3220
Ac þurth þis encumbrement
þai flowen alle verrament
Til þai com fer oway
A mile þennes in o valay;
þer wiþstode þis sex kinges   3225
Oȝain Arthour wiþ fiȝtinges,
And her folke wenten oȝen
Mo þan ten þousand of men
Fram þis contek þat were ascaped
Sore adrad and awaped.   3230
❡þe kinges gadred hem togider alle
And seyd gret schame hem was bifalle
þat Arthour wiþ a litel punay
Hadde ydriuen hem oway,
Euerich to oþer þus made his mon   3235
Ȝif þai were of Arthour on
Awreken alle þai hadde wonne,
Alle þai swore bi mone and sonne
Hye schulden abigge þat ich striif—
And went oȝain als biliif.   3240
❡Nanter þe king of Garlot
Biforn he went God it wot
He was a wele limed kniȝt
Hardi and strong and wise in fiȝt,
A stef launce he bar an hond   3245
Wiþ spores he smot his stede strong,
Arthour seiȝe where he cam
A stef launce anon he nam
His fet in þe stiropes he streiȝt
(þe stirop tobent þe hors aqueiȝt)   3250
þe stede he smot and he forþ glode

f. 219vb

Oȝaines þe king Nanters he rode.
Nanters him mett amid þe feld
And hitt Arthour on þe schelde
þat his launce gan to riue   3255
And tobrast on peces fiue,
¶Arthour smot so Nanters þo
þat his scheld brak atvo
And of his hors so him cast
þat almast his nek tobrast.   3260
þo king Lot seiȝe þis
Hou his nevou was feld ywis
(He was on of þe strongest man
Of al þis lond an for an)
A launce he tok of gret valour   3265
And smot his stede oȝain Arthour,
Euerich gan oþer wiþ launces take
þat al to peces þai gun crake
Wiþ so gret ire togider þai mett
þat her bodis togider stet,   3270
¶So astoned was king Lot
He lese his sadel God it wot
And ouer þe croupe of his stede
To grounde he fel þat he gan blede.
Arthour aforced, him to dere,   3275
Ac michel folk com him to were
þer come swiþe michel route
To slen Arthour al aboute,
Arthour drouȝ his swerd anon
þat he drouȝ out of þe ston   3280
A kniȝt he toke wiþ þe egge
þat him clef heued and rigge
Into þe sadel so seyt þe bok
Al he hirt þat he toke
So sore he leyd on al aboute   3285
þat þai his dintes gun doute.
þis to kinges weren arisen
þat were first of him agrisen
þai and her feren four
Wiþ four launces smiten Arthour   3290
Al at ones (þat was no glewe)

f. 220ra

And Arthour stede adoun þrewe
þe king bineþen þe stede aboue
Forsoþe sir Arthour was aswowe.
Sir Antour al þis ysay   3295
Bretel Vlfi[n] and sir Kay
þai com swiþe to þis rideing
Forto helpen her king;
Kay ful riȝt bigan to bere
To king Angvisaunt a spere   3300
He smot him þurthout þe scheld
And his hauber felefeld
And þurth his scholder an ellen long
And of his hors to grounde he þrong,
And ȝete he feld verrament   3305
King Carodas wiþ þat dent—
þat was a dint of gret mounde
þat tvay kinges þrewe to grounde.
Vlfin and Nanters met þo
þat her launces brosten atvo   3310
Togider wiþ bodis þai metten
þat boþe to grounde þai stetten
þe hors hem lay anoward
þat hem þouȝt chaunce hard,
Antor wiþ launce þe king Yder   3315
To grounde bar of his destrer,
Bretel and king Vrien
Her launces brust hem bitven,
þerwhiles king Lot wiþ gret rout
To sle Arthour he was about.   3320
Kay his steward yseiȝe þis
He was neiȝe of his witt ywis
Wiþ his swerd he gan him stere
His ȝong lord forto were
Wiþ pure strengþe of swerdes dint   3325
King Lot he feld verrament
And was about, him to slen
Ac oþer stirt hem bitven,
þer kidde Kay þat he was wiȝt

For he no feined neuer of fi3t 3330
Til þat Arthour y 3ou pli3t
Was opon his stede di3t,

f. 220rb And þo he was opon his stede
Wiþ swerd he gan about rede
Sum he binam scholder and arm 3335
And sum þe liif—it nas non harm—
Non no durst abide more
His stroke for he smot so sore.
Her 3e schul vnderstond
þat men o fot of þis lond 3340
Helden wiþ king Arthour
And dede him wel gret honour
Wiþ axes staues and wiþ bowe
Dede so þat alle þe oþer flowe,
And þis kinges flowen also. 3345
Arthour after hem gan to go
And so he rode wel fele he feld
þat no more no tale teld,
He ouertok þe king Yder
And wold him heued wiþ his swerd cler 3350
Ac a litel forbi he smot,
His hors he hit God it wot
þe nek he karf adoun to grounde
Doun fel Yder bi Godes mounde;
O3ain turned þo kinges fiue 3355
And halp him oway wiþ þe liue
Ac ich 3ou swere in þat rideing
þai lau3t woundes wel sore biteing
Yder þai keuerd naþeles,
And þo he brou3t on hors wes 3360
þai flowen also swiþe anon
As her steden mi3ten gon
And swore al wiþ wordes flegge
King Arthour it schuld abigge.
King Arthour þo went o3en 3365
Togider he gadred al his men
And depar[te]de wiþ hem þe tresour
þat he wan, wiþ gret honour,
And þo he þonked þe King of glorie

þat him hadde ȝouen þe victorie   3370
To ouercomen his fomen.
Into Cardoil he went oȝen
And held fest noble and gent
Wiþ his meyne verrament
Of al þat euer wald þider gon,   3375
Curteyseliche were ressaiued anon,

f. 220va   þis fest last fourteniȝt
þat was riche and noble apliȝt.
¶þo þe fest was ydo
Merlin com þe king to   3380
To Londen he bad him heiȝe
And þer schewe his curteisie
And when he com þer saun fayl
He wold him schewe gret conseil
Ac nouȝt ar he had fest ymade,   3385
To al þe lond and made ful glade;
King Arthour dede his conseyl
And went to Londen saun fail
Where þe king sir Arthour
Was afong wiþ gre[t] honour.   3390
Sone after seyn Iones misse
S þe king lete bidden more and lesse
Into Londen to his fest
Swiche he made and held onest
þurth þe conseyl of Merlin;   3395
He seriaunted þo þurth him—
Merlin tok þo to ich mester
þat sleiȝe were and of power.
þo drouȝ bi half þe clerk Merlin
þe king Arthour and eke Vlfin   3400
And Bretel and sir Antour
And Kay þe steward of valour
And seyd 'Listen to me now
For soþe ichil telle ȝou:
XI kinges and doukes on   3405
Han ysworn Arthour to slon

3375 Of al: *K* † Al   3396 *K* H[is] seriaunte[s]   3397 *K* tok † to
3405 *K notes* doukeţ

Swiche is now her parlement
Now in þe marche verrament,
Oȝaines hem ȝe no haue no miȝt
Bot ȝe hauen help to fiȝt   3410
Y wil ȝou telle what do ȝe mote
Ȝif ȝe wil finden bote.
Mi lord Vter Pendragon
Wan vnder him þe king Ban
And his broþer Bohort also   3415
No better bodis no mowe go
þai were sworn to Vter mi lord,
To hem ich rede sende word
To lesse Breteine, for it is nede,
þat Vter Pendragon is dede,   3420

Ȝe mot hem sigge verrament
þat he vnto þis parlement
Wiþouten abod wel swiþe come
To don vmage Arthour his sone;
þai wil comen anon y wot   3425
And help þe oȝain king Lot
And elleswhere [wiþ] her power,
Ȝou worþ to hem wel gret mister
Herafterward par ma fay—
Ichil ȝou tel som day.   3430
þis message sir Vlfin
þou most bere bi conseil min
And þi fere schal be sir Bretel
Loke ȝe ben atired wel
Wiþ gode armes on gode stede,   3435
þerto ȝou worþ a litel nede
Ar ȝe comen oȝain to ous—
Now heiȝeþ ȝou for loue of Ihesus!'
Al þis hem liked wel
And sir Vlfin and sir Bretel   3440
Wele hem atired sikerliche
And went forþ wel hastiliche.
þo þai com þe se biȝounde
A gret wildernisse þai founde
Bitven Fraunce and Breteyne   3445

3407 *K* is † her

þai seiȝe mani mounteyn and pleine,
þo þai seiȝe a litel hem aboue
Seuen kniȝtes yarmed come
Of wiche to her steden smiten
And to hem-ward gun priken　　　　　　　3450
Wiþ loude cri and bad hem ȝeld.
Bretel tok his launce and scheld
þat o kniȝt sone he mett
And wiþ his scharp launce him gret
He bar him þurth þe þrote anon　　　　　　3455
þat ded he fel, ded so ston;
þat oþer he mett oȝainward
A dint he ȝaf him so hard
þe launce ran þe brini þurth
þe kniȝt fel ded in a forwe,　　　　　　　3460
In his falling brast þe spere—
Bretel bar it no ferþere.
Oþer to þer come glide
Vlfin gan oȝain hem ride

f. 221ra

Opon a stede stef and strong　　　　　　　3465
Wiþ a launce gret and long
þat on he bar þurth scheld and hat
þat neuer seþþen mete no at,
þe oþer oȝain Vlfin brac his spere
Ac he no miȝt Vlfin dere　　　　　　　　　3470
Vlfin him ȝaue a din[t] of wo
þurthout þe membre and sadel also,
Stede and kniȝt ouerþrewe anon
þe kniȝt brast his nek-bon,
Vlfines launce tobrac.　　　　　　　　　　3475
þe þre come þo gret rac
þe oþer foure forto wreken
þe þre gun her launces breken
And her noiþer hirt nouȝt;
Bretel kidde þat he was auȝt　　　　　　　3480
His swerd he drouȝ, þat on he hit
His heued fram þe bodi he kit,
þat oþer oftoke sir Vlfin
And so him hit on þe bacin

3447 aboue: _K_ abone　　　　3456 _first_ ded: _K_ d[oun]

þat he him cleue to þe toþ 3485
So ous seyt þe brout forsoþ
þe oþer kniȝt her lord þat was
Wel swiþe went oȝain his pas—
Ȝif he abod ani longere
Wele he seiȝe it was his lere. 3490
þis ich kniȝtes four and þre
Wiþ Claudas hadde ybe
Wiþ Claudas hadde werred oȝan
þe king Bohort and þe king Ban;
Claudas was þo ouercome, 3495
Priueliche and went to Rome
Him to puruay sum socour
To wreke him of his deshonour
þerwhile þo kniȝtes cert
Were ywent into desert 3500
To libben bi her robrie—
Ac þer hem fel gret vilanie.
þerafter Vlfin forþ him rode
And eke Bretel wiþouten abod
No lete þai neuer iornaying 3505
Til þai com to Ban þe king
And þo he com bifor Ban
þus his wordes he bigan:

f. 221ʳᵇ 'IIhesus Crist Heuen-king
þe loke sir Ban þe king 3510
And þi meine so gent and fre
þat ich here about þe se!
þe barouns of Breteine þe more
Tiding þe sent þat reweþ hem sore
Vter Pendragon þi lord is ded 3515
And is departed þurth Godes red
King is made his sone Arthour
And þe greteþ wiþ gret honour
And bad þe and [þi] broþer gent
Com to his parlement 3520
Forto wite and vnderstond
Of þe lawes of his lond.'

¶King Ban wiþ noble cher
Welcomed þo messanger
And seyd her wil do he wold   3525
And his broþer also schold,
þe messangers þo he made
Wele at ese wiþ gret ferrade
Bohort þer after swiþe he sent,
Bi on asent and swiþe went   3530
Into þis lond wiþ mani fair
Forto se þe kinges air.
In euerich toun fram Portesmouþe
To Londen of gret valoure
Men made song and hopinges   3535
Oȝain þe come of þis kinges
No was wonded for drie no wete
þat i[n] lond eueri strete
Was bihonged ich say forsoþ
Wiþ mani pal and riche cloþ,   3540
Euerich man of ich mester
Hem riden oȝain wiþ fair ater
In euerich strete damisels
Karols ledden fair and fels.
þo þai were to court ycome   3545
þai were hendeliche welcome,
Himselue þe king Arthour
Hem com oȝain wiþ gret honour,
Curteiseliche and hem gan calle
And anon ledde hem to halle   3550
Wiþ her broþer Gvinbaut
Noble clerk so Dieu me saut

f. 221va In þe sterres he was þe best deuine
In al þe warld wiþouten Merlin.
þer atwot þe clerk Merlin   3555
At þe fest þe douke Vlfin
And Bretel þat was his felawe
Hou þai hadde þe kniȝtes yslawe,
Ac al þat euer herden þis
Wonder hadde þerof ywis   3560

3538 *MS.* ir lond, *T* Irlond

þat he told her bataile
And þer no com nouȝt saun faile
And namliche Bohort and Ban
And Gvinbaut þe þridde man;
þere þo men miȝt yhere 3565
þe queintise of þe spere
Of þe sonne of mone and ster,
When þe welken turned of herre,
And of mani priue werk
Bitven Merlin and Gvimbaut þe clerk. 3570
Herafter sone Merlin swore
And sir Vlfin and sir Antore
And sir Kay and sir Bretel
Tofore þe king on o messel
þat Arthour was Vter stren 3575
Bi Ygerne þat was his quen,
þerafterward sone forsoþ
þe kinges swore Arthour hold-oþ
And deden him also swiþe omage
So it was riȝt and vsage, 3580
And þo held Arthour fest apliȝt
þat last ful fourten niȝt
Of ich riches and deinte
Certes þer was gret plente.
þo was þer made a turnament 3585
þat was swiþe noble and gent
Of bacheler and ȝong kniȝt
Swiþe strong and swiþe wiȝt,
þo þat were of ȝond half
Oȝain þo weren of þis half. 3590
þe best was Lucan þe boteler
A ȝong kniȝt of grete power,
Wiþouten þe steward Kay
(He was a kniȝt of gret noblay),
Grimfles Maruc and Guinas 3595
(Ich of hem wel noble was)
f. 221vb Placides and eke Driens
Holias and Graciens
Marliaus and Flaundrins
Sir Meliard and eke Drukins 3600

And also Breober[i]is
þese born oway þe priis,
No man no herd of fairer
Turnament no nobler.
þo al þis mirþe was ydo 3605
Merlin com þe king to
And to hem seyd 'Bieu sengours
ȝe ben yswore to king Arthours
ȝe mot boþe wiþ him ride
To Leodegan of Carmalide 3610
For bi mi rede he schal spouse
Gvenour his douhter precious
Sche is boþe fair and wise
Of al þe lond sche berþ þe priis;
Hir fader Leodegan 3615
Is a swiþe noble man
Ac king Rion wiþouten lesinges
Him werreþ opon wiþ tventi kinges,
þere ȝe mot him help ywis
Forto win los and pris.' 3620
'Certes' quaþ king Ban þe gent
'þerto we han gret talent
ȝif king Claudas in our lond
þerwhiles nold ous wait no schond
For he ous haþ werred long 3625
Wiþ vnriȝt and michel wrong.'
'Nay' quaþ Merlin 'drede ȝou nouȝt
ȝif þou lesest þerfore ouȝt
For þe mountaunce of pani on
þou schalt han hundred oȝan.' 3630
'To þat couenaunt' quaþ Ban þe king
'We beþ redi in al þing
Anon to go wiþ king Arthour
To his manschipe and his honour.'
❡Merlin seyd 'Bi seyn Ion 3635
Arst ȝe mot anoþer don,
XI kinges and a douke
Beþ hiderward wiþouten dout

3601 Breober[i]is: *MS. between* r *and* s *three minims of which the third has a faint stroke above,* T, K Breoberuis 3607 K se[gn]ours

To slen Arthour and his man
In þe forest of Rokeingham   3640
þere ȝe mot help him were
Vnder scheld wiþ swerd and spere.'
'Allas' quaþ Ban 'for Cristes sond
We no haue no folk of our lond,'
Quaþ Merlin 'So God me spede   3645
No schal ȝou faile non at nede.'
þer it was forboden anon
Ich man bi way forto gon
Noiþer mile tene no fiue
Opon pain of her liue;   3650
þis was don for non oþer þing
Bot for aspies andwaiteing,
Whereþurth alle weren yhent
þat fram þe barouns weren ysent
And non com oȝain verrament   3655
To wray þe kinges parlement.
Ȝete Merlin went to Rokingha†m
(Vlfin and oþer wiþ him he nam)
Mani pauilouns and telt
And dede þerin flesches and selt   3660
And oþer store of mele and win
And tok it to lok sir Vlfin
And bad he no schuld lete passe
Noiþer þe more no þe lasse
þat miȝt bere ani tiding   3665
To þe barouns of her king
No of his parlement—
No þai no deden verrament.
þo ȝede Merlin to Ban þe king
And tok of him his kinges ring   3670
And to king Bohort also,
To lasse Breteine he ȝede þo
Ouer þe se in on niȝt
Fele iurnes y ȝou pliȝt
For in þe brut ich it lerne   3675
To Leonce of Paerne

3652 *K* a spies   3657 Rokingha†m: *between* a *and* m *superscript open-topped*
a, *normally* = ra

þat was kinges Banes steward
A wise man wiþ hore bard
And to Farien wel noble kniȝt
Bohortes steward þat was apliȝt   3680
And schewed hem her lordes ring
And bad þai schuld him socour bring;
Leonce and eke Farien
Togider brouȝten her men

f. 222ʳᵇ

Fourti þousand þat were teld   3685
On stede in armes swiþe beld,
XV þousende þai leten þere
Her lond to kepen and to were
And xxv þousend wiþ him toke
So we finden in þe boke   3690
Wiche ouer se þe clerk Merlin
Brouȝt and loged bi Vlfin.
To kinges court he gan þo fare
And asked ȝif þai weren ȝare
For her fomen were neiȝehond,   3695
King Ban seyd 'For Godes sond
Whi no hastow brouȝt me socour?'
Merlin seyd 'Al rady to ȝour honour'—
þo þai diȝt hem swain and kniȝt
And wenten þider þat ich niȝt.   3700
❡þo þai þider weren ycome
Ordeind and teld her þrome
Fourti þousand men þai founde
To batail men of gret mounde;
Michel ioie made king Ban   3705
And Bohort also of her man
For þai deden þere finde
XXV þousinde,
Arthour hadde þousandes fiftene
And namo also y wene,   3710
For al þe barouns and þe kinges
Were in þe marche wiþouten lesinges
Wiþ al þe men y ȝou say
þat þai miȝt hem puruay.

3689 him: *K notes* h[e]m   3702 *K* [þai] ordeind

To slen Arthour lasse and more 3715
Al þai hadde togider swore
Ac forsoþe non of hem
No wist of Arthoures men
Ac we finden in þe boke
þat þai hadde þer bispoke 3720
On Arthour wiþ her route
þai wold happen al aboute
And hem to taken in þe forest
When þai seiȝen time best.
¶To, þis tresoun forto don, 3725
Com þe king Clarion
þat was king of Norþhumberlond
Wiþ seuen þousand kniȝtes strong.

f. 222ᵛᵃ ¶King Brangores þat held Strangore
þider com bi Godes ore 3730
And brouȝt wiþ him fiue þousand kniȝt
In bataile þat were strong and wiȝt.
¶Cradelman king of Norþ Wales
Hardi man and wise of tales
Sex þousend þider he brouȝt 3735
Of liue or deþe þat litel rouȝt.
¶A king þer com, 'of an hundred kniȝtes'
His name was cleped bi riȝtes
For he no ladde neuer lasse rout
þan an hundred kniȝtes about, 3740
He was king wel fer bi norþ
A wel strong man and michel worþ
Kniȝtes he brouȝt four þousinde
Men no miȝt non better finde.
¶King Lot þat held londes tvo 3745
Leonis and Dorkaine also
He brouȝt seuen þousend kniȝtes
Swiþe hardi and stronge in fiȝtes.
¶Ȝete þer com king Carodas
þat of þe rounde table was 3750
Seuen þousand he brouȝt also
No better kniȝtes no miȝt go.
¶Nanters þe king of Garlot

3729 Brangores: b *on erasure, in darker ink, and of unusual form*

þider com God it wot
Vp Arthour, þat was wroþ and grim   3755
Sex þousinde he brouȝt wiþ him
Stronge kniȝtes and noble saun faile
þat wise and hardi were in bataile.
¶Ȝete þer come king Vrien
Wiþ sex þousand of wiȝt men   3760
Wele atired on gode destrers,
Wiþouten fotmen and squiers.
¶Ȝete þer com king Yder
Wiþ fiue þousand of gret power.
¶Ȝete þer com king Angvisaunt   3765
þe riche king of Scotlaunt
Wiþ sex þousende kniȝtes, beld
Boþe in toun and eke in feld.
¶Ȝete þer come þe douc Estas
Erl of Canbernic he was   3770
(Arundel was hoten þo
Cambernic wiþouten no)

f. 222ᵛᵇ

He brouȝt wiþ him þousandes fiue
Non better nere oliue.
Alle þese priueliche   3775
To Rokingham com sikerliche
And loged hem in þe forest
Stille wiþouten ani chest
Wiþ al þat þai procoure miȝt
Boþe of baroun and of kniȝt,   3780
Ac Arthour was wel stilly
Wiþ his folk neiȝe hem bi—
Noiþer baroun no king
Nist nouȝt of his being.
Þe ferþ niȝt after her soiour   3785
    Merlin bad þe king Arthour
And Bohort and king Ban
Hem atiren and her man
And com wiþ him anon riȝtes
And kiþe ȝif þai were noble kniȝtes;   3790

3767 beld: e *uncertain, probably corrected from, but could be read as,* o
3769 Estas: *before* e *a letter, probably* s, *erased,* T, K Sestas

Boþe in iren and in stiel
þai hem armed swiþe wel,
Ar day þre mile-way
And wiþ Merlin went y say.
❡In þis time Lot þe king   3795
In bed was in gret meteing,
Him þou3t water winde and rain
In her teþ was hem o3ain
Her pauilouns ouerþrewe þe þonder;
He ofwoke and had wonder   3800
His sweuen he teld his feren hard
þai him axed whiderward
Him þou3t þat his sweuen bar,
þe soþe anon he teld þar.
þiderward wel swiþe an hye   3805
þai senten spies forto aspie
þis spies anon forþ stetten
And wiþ Merlin sone metten
And wiþ Arthour king of los,
Of þat meteing hem agros.   3810
Merlin hem sei3e and bad hem bide,
Fleand oway þai gun ride
And euer grad 'Traisoun traisoun!'
þe oþer herof herd þe soun
And hem atired verrament   3815
Ac Merlin cast enchauntment
þat her pauilouns on and alle
To þe grounde gun to falle
And so ich in þe boke yfinde
þe mest part he made blinde,   3820
King Arthour and Bohort and Ban
Opon hem smiten onan
And eke alle her ferrede
Wiþ hors fete on hem trede
Wiþ speres stong wiþ swerdes korwe   3825
Ten þousende kni3tes bi þe morwe
Ar ani of hem mi3t hem stere

f. 223ra

Oþer sen abouten, hem to were.
Ac naþeles þis xi kinges
Flowen oway wiþ michel genge   3830
A litel penn†es intil a lowe;
A loude horn þai gun blowe,
Of her kniȝtes and gaderd hem so
Togider þritti þousende and mo.
¶Ich king [hadde] to his dale   3835
þre þousand gret and smale,
Her hors girten and sadels riȝt
And made hem redi forto fiȝt
On þe hille þai gun ten
Arthour and his folk to sen   3840
þo seiȝe þai seuen baners,
¶Of whiche Lucan þe boteler
Of þe first maister was
For swiþe hardi man he was,
¶Grifles ladde þe secounde   3845
A wiȝt man of gret mounde,
¶þe þridde folc ladde Bretel
Strong [kniȝt] and doinde † wel,
¶þe ferþ baner ladde Kay
þe kinges steward of noblay,   3850
¶þe fift baner ladde Vlfin
A noble baroun gode afin,
Ich hadde of þis to his baner
þre þousand of gret power;
Arthour on hors sat stef so stok   3855
And gouerned þe seuend flok
And ladde wiþ him four þousinde
Wiȝt men and wel doinde.
þe oþer no miȝt ben ykidde
Bihinden hem þai weren yhidde.   3860
King Lot king Nanters and king Vrien
And king Carodas wiþ his men
þis foure bihinde were
And lete þe oþer al forþ fare,
And in þe sonnes vpriseing   3865

f. 223rb

3831 MS. þenntes   3835 MS. xv, K [had]   3848 MS. strong and
doinde kniȝt wel

Bigan certes þis rideing
þer miȝt men se þe baners roten
þe stedes forþ wel ȝern schoten,
þo þai first oþer metten
Ich oþer wiþ launces gretten   3870
Mani in sadles held hem stille
And mani also of hors felle
Mani brac his spere þare
Mani oþer þurthout bar.
Kai þan felled þe king Yder   3875
Wiþ his spere of his destrer,
þe king of hundred kniȝtes
Kay doun feld anon riȝtes,
⁋Kay vp stirt and king Yder
Afot fouȝten wiþ swerdes cler,   3880
On boþe half so com her men
And swiþe stirten hem bitven.
þer come Lucan þe boteler
And bar Eustas of his destrer,
Eustas þe douke of Arundel   3885
Bi Yder stode and werd him wel.
⁋Grifles feld þe king Clarion,
þe king of hundred kniȝtes com
And hit Grifles bi þe side
Of his stede he gan doun glide,   3890
Vp strit Grifles and stode bi Kay
And fauȝt so a kniȝt of noblay.
Forþ com Vlfin and eke Lucan
And feld king Cradelman
And wiþ oþer kniȝtes mo   3895
Riden he [þe] kniȝtes to,
þe douke Grifles and þe steward Kay
On hors þai brouȝt par ma fay;
þo þai were mounted y sigge apliȝt
þai kedden her noble miȝt   3900
þan þe king of þe hundred kniȝtes
Kay doun feld anon riȝtes
And þre kniȝtes al arawe
He binam þer her liif-dawe.

3896 *K* [þese] kniȝtes

f. 223va

Arthour wiþ his miȝti hand   3905
Feld king Brangors and king Anguisaunt—
þo were afot seuen kinges
Gret slauȝter was at her rideinges
þat þai no miȝt nouȝt keuer her destrers
For her alder powers.   3910
¶King Lot and king Carodas
And Nanters þat bihinde was
And eke þe king Vrien
Wiþ tvelf þousand of strong men
þe hors of baundoun lete þai frem   3915
And come flingand wiþ al her men
So Arthours folk þai metten
And of her steden mani stetten,
In þat ich hard meteingt
Al þai socourd her kinges   3920
And brouȝten hem on her steden
þe better þo þai miȝt speden.
þer wer fele of hors yfeld
And kniȝtes yslawe vnder scheld,
Ac þer schewed king Arthour   3925
At þat batayl gret vigour;
Of his men mani feld ware,
Now he was here now he was tare
And chalanged his men bi riȝt
And wiȝtlich bigan for hem to fiȝt   3930
Wiþ his swerd of gode egge
Sum he clef to þe rigge
And sum he smot þe nek atvo
And sum he smot þe schulder fro.
¶þe oþer kinges were wiȝt also   3935
Arthours folk þai deden wo—
XXX þousand forsoþe y wene
Fouȝten þer oȝain sextene.
Lucan Grifles and king Arthour
Vlfin Bretel and sir Antour   3940
þis ich seuen saun fail
þe cark hadde of þe batayl,
þe folk descomfit hadde men sen

3919 *MS.*, *K* meteinges

No hadde her miȝt þe better ben.
Ac in al þis sur carking   3945
Merlin com to Ban þe king
And seyd 'Sir time it is
þou help king Arthour ywis'
Also swiþe þan Ban þe king
Went forþ wiþouten letting.   3950
Farien a kniȝt of gret power
He was douke of þe first bane[r],
Maruc loked þe secounde
A kniȝt of swiþe gret mounde,
Of þe þridde maister was   3955
þe noble king Belias,
þe ferþ ledde Bleoberiis
A baroun of wel noble pris,
þe fif[t] ladde Gracian
Strong baroun and noble man,   3960
þes fiue so y finde
Led of men fiftene þousinde
þer ich of hem hastiliche
W[ent] hem forþ hardiliche;
Bohort afterward cam   3965
Wiþ four þousand of noble man
In þis world wele to fiȝt
No were yhelden non better kniȝt.
Also þai maden þis [s]ailing
þe oþer com on hem smiteing   3970
Wiþ her speres and feld to grounde
Mani þat þai þere founde.
¶In þis time king Lot
Went out of þe plas God it wot
And king Nanters and king Vrien   3975
Wiþ mani noble of her men
And king Carodas þe wiȝt
And king of þe hundred kniȝt
þese so michel pite seiȝen
þat þai wepe wiþ her eiȝen   3980
For þe sleȝster of her man,

f. 223ᵛᵇ (margin, left of line 3949)

3945 *K* surcarking   3952 bane[r]: *T* vane   3959 fif[t]: *so K notes, K*
text fif   3964 *MS.* when   3969 *MS., K* wailing

And sore þe dede of king Ban
And Bohort also his broþer—
þere no schuld go no noþer.
Adoun þai liȝt and her hors girten,   3985
Wiþouten stirop þerin stirten
Euerich of hem nome in his hond
A launce boþe stef and strong.
King Nanters king Lot king Karodas
þis men armed, wiþ gret ras   3990
King Ban þai hitten alle at ones
Adoun þai þrewe him on þe stones,

f. 224ra   King of þe hundred kniȝtes and king Vrien
King Bohort þai riden oȝen
And hitten him boþe at a dent   3995
And feld his stede verrament,
Ac Ban vp stirt and Bohort also
And wele hem wered o fot bo
þe oþer hem were about to dere
Ac manliche þai gun hem were.   4000
King Arthour seiȝe doun king Ban
Swiþe wo him was forþan
His stede he smot þider anon;
A kniȝt þat was about, king Ban to slon
On þe helme he smot forsoþ   4005
þurth helme and palet to þe toþ
And pelt doun þat bodi dede
And tok þat stede gode at nede,
King Ban þan þurth fine miȝt
On þat stede lepe apliȝt   4010
þo he þe stede was opon
He ȝaue a nedel of his fon;
Anoþer king Arthour hitte
þe bodi to þe nauel he kitte
Fro þe scholder y tel ȝou   4015
It was a dint of gret vertu,
Arthour pelt adoun þat buke
þat hors he lad Bohort þe douke.
þo þai on hors seten boþe
þai were aschamed and eke wroþ   4020

3995 dent: n *uncertain, there appears to have been a correction of some sort*

So we finden on þe boke
Who þat ani of hem oftoke
Of liue no hadde þai no bote
Ac to þe deþ went God it wot.
What gette it al to tellen here? 4025
Arthur and Ban and her fere
So michel pople toforn hem slowe
þat her enemis hem wiþdrowe
And gun to fle to on brigge
þat þai toforn dede l[e]gge. 4030
þer spac Morganor on hast
King Vriens sone o bast
(He was on of þe best kniȝt
þat miȝt held swerd in fiȝt)
f. 224rb He seyd 'Sir listneþ alle, 4035
O our folk we moten calle
Bi on horn þat y schal blawe
Oþer þai worþ alle yslawe
And destroied of our fon,'
þe kinges seyd 'þat is wele don.' 4040
¶Morganor þo gan to blowe
þat folk so gun his horn knowe
Swiftlich al þai gunnen flen
And to þe kinges socour ten,
þo þai comen to þe brigge 4045
Ich on oþer gan to legge
Ac also wolf þe schip gan driue
Arthour smot hem after swiþe
And king Ban and her men
Slouȝ of hem þousendes ten. 4050
þer þai hadde mani slawe
Ac Merlin gan hem wiþdrawe
And seyd oȝain wende þai schold
þe siluer to part and þe gold
And mani oþer riche þinges 4055
þat þer hadde left þe riche kinges,
Arthour þouȝt gode afin
þe riche conseil of Merlin

4030 MS., K ligge   4033-4 repeated in MS., the second time with weld for
held

(þe oþer oway þai leten flen)
And gan oȝain wiþ his folk ten; 4060
Of gold of siluer and noblesse
þai founden grete riches
Arthour it ȝaf Bohort and Ban
And bad it part among her man—
So þai deden, wiþ gret honour 4065
To hem and to þe king Arthour.
After þat gentil parting
To Londen went Arthour þe king
And king Bohort and king Ban
And alle her noble man, 4070
Fourten niȝt Arthour held fest
Swiþe noble and swiþe onest.
þo þe fest ydon was
Merlin teld Arthour þat cas
Arthour he seyd þis þinges 4075
'No drede þe no more of þis kinges
Now þai han ymade it touȝ
Sone hem worþ to don ynouȝ

f. 224va

E[r] þan com þe Trinite
Ich wald ȝiuen o cite 4080
Wiþ þat þai hadde made acord
And þat þou were made her lord,
For here is comand to þis lond
Gret hunger and here-gong
Sex hundred [þousand] Sarraȝins 4085
Forto awreke þe douke Angis
þis lond þai comen al about,
Of hem no þarf þe noþing dout
Her schal com a bachelrie
Of þe to haue cheualrie 4090
And of þe to ben made kniȝt
And for þi lond þai wil fiȝt
þai schul don mani agrise
Of hem þi los schal arise;
þou schalt hem alle knowe wel 4095
And of þe kinges wite eueri del

4075 K 'Arthour,' he seyd   4084 K here gong (gong as verb)   4085
hundred [þousand]: suggested by K notes, K text hundred

þai schullen hauen in her lond
Of wer to don ful her hond.
And ich ȝou sigge Bohort and Ban
† Sendeþ hom al ȝour man   4100
Ȝour lond to loke and ouersen
Bot it swiþe fewe ben,
Arthour schal alle his tounes
Astore wiþ flesche and venisouns
Wiþ corn and mele and men strong   4105
Oȝain her fon to werre long,
⁋And þou Arthour me schalt abide
Bitven Inglond and Carmelide
In þe toun of Brekenho
Til ich meself þe com to.'   4110
þis was do wiþouten doute,
[⁋]Arthour his tounes stored aboute
Wiþ corn mele flesche and fische
And wiþ men strong ywis;
þe douke [D]o wiþouten fable   4115
Of Cardoil hadde ben constable,
Of Londen bi Merlines rade
He was þo constable ymade.
⁋Leonce he sent hom of Paerne
† Ban and Bohort, swiþe ȝerne,   4120
And þe douke also Pharien
And þe baroun Gracien
Wiþ her ost þe lond to loke
So we finden on þe boke
King Arthour Bohort and Ban   4125
Wele wiþ sex score of her man
Went hem to Brekenho
So Merlin hem seyd to
Bitven Inglond and Carmelide
Merlines com forto abide   4130
þat þo fro hem was ywent
þai nist whider verrament.

f. 224vb

4100 *MS.* and sendeþ   4107 ⁋ : *K silently omits*   4112 [⁋]:
in MS. before line 4113 though scribe's stroke rather to 4112, K omits altogether
as erroneous   4115 [D]o: *So K notes, MS., K text* þo   4120: *MS.*
places ⁋ *before this line (as well as before 4119)*

Þo þai hadde þere a while abiden
On a day out þai riden
And seiȝe com bi on lowe   4135
An eld cherl wiþ aruwe and bowe
Þe cherl bent his bowe sone
And smot a doke mididone
And wiþ a bolt afterward
Anon he hitt a maulard.   4140
⁋Þis foules he nam þo
Oȝain þe king he gan go
Arthour him asked as y ȝou telle
Ȝif he wold þo foules selle,
Þis old man seyd par ma fay   4145
He wold hem ȝiue for monay.
Þe king him axed, so most he liue
Hou he wold þe foules ȝiue,
Þeld man seyd 'Sir king
Nouȝt þou schust make hucking   4150
Ac þou schust hote hem bere forþ
And tviis ȝiue me þe worþ
Fo[r] ich þe wold soner ȝiue
Þis to foules so mot y liue
Þan þou a pani of þi gold   4155
Þat liþ bidoluen depe in mold'—
Wiþ þis word þe foules to
Sir Kay he tok hem bo.
⁋To þat eld seyd Arthour
'Who teld þe of mi tresour?'   4160
'Certes' he seyd 'þe clerk Merlin
For swiþe late y spac wiþ him.'
Þe king nold him leue nouȝt,
Þeld man seyd him no rouȝt
'For king' he seyd 'þou hast of me   4165
And y no haue nouȝt of þe.'
f. 225ʳᵃ   Bretel and Vlfin him vnderstode
And seyd anon wiþ milde mode
'Sir, God þe ȝeld þis foules to
Ȝiftes þou hast him ȝeuen mo   4170
And ȝete þou schalt wiþ Godes miȝt
Mo presantes and ȝiftes him diȝt'—

þer þai wisten bi Vlfin
þat þis eld was Merlin.
¶Merlin him schewed to king Arthour   4175
And he him kist wiþ gret honour
And Bohort and Ban and oþer swiþe
Of his come weren bliþe.
A damisel of gret valour
Was þo comen to king Arthour   4180
To knowe him lord and don omage
þat sche no hadde afterward damage,
And alle hir kniʒtes deden also
þat wiþ hir were comen þo,
Liʒanor þat may was hot   4185
Erl Siweinis douhter God it wot.
þo Arthour hir hadde yseiʒe
Bi hir he wald haue yleiʒe
So he dede þurth Merlin
A child he biʒat hir in   4190
þat wex seþþen of gret mounde
And kniʒt of þe table rounde.
þere þai soiourn†d euerichon
Til þat lenten were half agon.
¶Lete we hem þer stille be   4195
And of þe kinges telle we
XI, þat flowen are
Hou þai bicomen and whare.
In time of winter alange it is
þe foules lesen her blis   4200
þe leues fallen of þe tre
Rein alangeþ þe cuntre
Maidens leseþ here hewe,
Ac euer hye louieþ þat be trewe.
þe kinges þat descomfit ware   4205
Al day and al niʒt hadde yfare
On hors, armed, wiþ gret hete
Wiþouten drink wiþouten mete
Til þai com to Norhant
A fair cite of gode waraunt   4210
f. 225ʳᵇ   Norham was þat time y wene

4193 soiourn†d: *MS. between* r *and* d *four minims,* T, K soiournud

A prout cite and strong and kene,
Ich ʒou telle at on word
King Vriens was þerof lord.
þis kinges alle þider comen ware   4215
And hadden sorwe and gret care
For her kniʒtes were so yslawe
And her kin brouʒt o liue-dawe
Swiche diol þai hadden dayes to
Nold þai mete to mirþe do;   4220
Vp him stirt Baudamagu
A kniʒt of gret vertu
And seyd 'Kinges leteþ ben
ʒour diole is rewþe forto sen
ʒe habbeþ frendes fer and wide   4225
To hem ʒe schulleþ nouþe ride
And ʒour diol to hem speke
þurth whom ʒe worþ awreke.'
þurth his speche comfort þai nome,
þe þridde day and togider come   4230
And euerich oþer ʒaue swiche solas
So þai miʒten in þat cas,
þat day þai maden hem at aise
To bed aniʒt þai ʒeden in paise.
¶ þe ferþ day euerich aros   4235
And sone days hem agros
For to hem com a messanger
And gret hem wiþ rewelich chere
And seyd into Cornnewaile
Sarraʒins were comen saun faile   4240
And hadde neiʒe strued al þat lond
Wiþ wilde fere and wiþ brond
And þe lond of Dorkaine also
Ystroied and don michel wo
Nambires þai hadde bilay   4245
And destrued al þe cuntray
Boþe wiþ fer and wiþ sword,
Spard þai noiþer knaue no lord,
þer was so michel pople of hem
þat tellen hem no miʒt men.   4250

4220 mirþe: r *squeezed up to* þ *and uncertain, word could be read* muþe

þo þe kinges yherd þis
In her hertes nas no blis
Al her flesche bigan to quake
So þe feuer hem had ytake,
Ich of hem seyd, allas   4255
þat ani of hem ybore was;
þe wailing þat þai made
Today no miȝt ich fulrade
Ac swiche sorwe made apliȝt
Ich of hem fourten niȝt   4260
þat litel mete com hem among
Bot 'Waileway!' and wepeing strong.
At þe fourten niȝtes ende
King Brangore wiȝt and hende
Com him forþ into þe halle   4265
And ofsent his feren alle
To hem alle þan spak Brangori
'Yblisced be þe King of glorie
Of his grace and of his sending,
What helpeþ ous swiche morning?   4270
Fond we ous to bistere
And our lond sumdel to were.
We no haue pouer Arthour oȝen
For king Bohort and king Ban
No for Merlin þe gode clerk   4275
þat can so michel schandliche werk,
We no haue deserued of Arthour
To haue nonskinnes socour
To helpen ous oȝain Angys kende
þat þenkeþ ous forto schende   4280
And we haue ylorn our miȝt
Nouȝt wiþ wrong ac al wiþ riȝt
þat wold haue our lord kende
Yslawe þurth lore of þe Fende.
¶Of king Leodegan help worþ ous non   4285
For of Yrlond þe king Rion
Him haþ awerred to ȝer and more
Wiþ tventi kinges bi Godes ore,
No of king Pelles of Listonei
No worþ ous help par ma fay   4290

For þe ward of Pelleore
His broþer, liþ sike and sore
And schel be seke fort þe meruaile
Of þe greal be don saun [f]aile,
No forþer of þe king Alain   4295
No worþ ous noiþer help no main
For he liþ sike and sike schal ben
For[t] þe best kniȝt of stren'

f. 225ᵛᵇ

(Y haue seyd wherfore it is
þat he bicom sike ywis),   4300
'No of þe king of þe Marais
Normaga of Sorailes
No may þer com help to ous
For him awerreþ Galaous,
No of þe king Bremeins   4305
No of þe king Adameins
No of þe king Clamadas
No may [ous] com no solas
For alle hem werreþ Galeus
þe riche king so vertouous;   4310
Lokeþ now hou we may spede
For we habbeþ wel gret nede.'
¶þo bispac Cradelman
King of Norþ Wales a wise man
'þe best conseil þat y can—   4315
Part we alle our man
And hire we alle þo
þat we wiþ catel may ago
And ich man wende to his cite
þat we wene strangest be   4320
And kepe we þe strait wais
Oueralle in þe cuntrays
And robben hem her sustenaunce,
Wiþ skec and don hem combraunce
And waiten hem al þe qued   4325
þat we mowe bi mi red.'
þo bispac sir Lot þe king
'Gode ware al þis conseiling

Ac ich wot when Arthour seþ
þat we of þe payens awerred beþ   4330
An oþer half he wil ous anoie
And wiþ schond ous destroie.'
þe king of þe hundred kniȝt
Seyd 'Drede ȝou nouȝt, y ȝou pliȝt
Arthour wiþ Bohort and Ban   4335
Beþ toward Leodegan
And help him oȝain Rion
And hem warnisen euerichon
Boþe cite and castel
Wiþ mete and men swiþe wel   4340
þat hem no stondeþ no doute
Of þe payens no of her route,

f. 226ra   Of him no haueþ non drede
For it is soþe þat ich ȝou sede;
Mi conseyl is ȝe don anon   4345
So þou seydest king Cradelman.'
þis conseyl þai deden þo
And senten after mani mo
Kniȝtes, swaines, man þat wold
Winnen siluer oþer gold   4350
Forto loke wiþouten asoine
Al þe marches of Galoine
And of Cornwaile þe pleines
And eke þe place of Dorkains
And of Gorre also ich say   4355
And eke þe entres of Galeway.
Alder first Yder þe king
þre þousand hadde of bileueing
þat yslawe no were † nouȝt
Oȝaines Arthour þan þai fouȝt   4360
And viii þousand of purchas
He hadde also bi Godes gras,
And to [h]is strong cite Nante
Wiþ alle þis men he wante,
And ȝete he hadde þousandes þre   4365
Of þe cite bi mi leute;

4344 sede: s *in red, over what is probably partly-erased* r   4359 *MS.* no
were no were   4363 *MS., K* þis

C 7738   Q

❡Þis Ider loked wele þe wayes
Wiþ his folk in þat cuntreys
And payens he ouercam
Oft and her mete binam   4370
And so wele in armes dede
þat men hem blisced in eueri stede.
❡King Nanters þe wiȝt man
So went forþ into Hussidan
His owhen cite þat was of priis   4375
Wiþ þre þousand him bileued ywis
In þe bataile þer he was,
Wiþ seuen þousand of purchas,
And fif þousand in toun he fond
Orped men and gode of hond;   4380
þis loked wele þe paþes
And þe paiens oft deden scaþes
Boþe o lif and eke tresour
þai dede þe paiens misauentour.
❡King Lot went to Dorkaine   4385
Wiþ þre þousand bileued wiþ paine
þer he was at þe bataile
And wiþ fiue þousand of purchas saun faile,
And four þousand he fond in his toun
Wiȝt men and of grete renoun,   4390
And ȝete for his wiȝt pruesse
And hendeschip and largesse
þre þousand after him come
Gode bataile forto done.
❡VIII þousand þo hadde Lot   4395
þat wele him holpe God it wot
þe waies and þe paþes ȝeme
And of þe Sarrains h[e]m reme
And often deden hem gret greuaunce
And robbed hem her sustenaunce.   4400
❡þo went king Clarion
To Norþhumberlond anon
To his cite þat hete Orlende

f. 226rb

4372 hem: *T* him (*noting no emendation*), *K* h[i]m   4398 *MS.* him
4403 Orlende: o *uncertain, except that* r *is of the form which normally occurs only
following* o, *T* Orlende, *K* Arlende *reporting a* 'sehr verloschen'

Wiþ þre þousand þat were hende
þat him bileued at þat fiȝt 4405
Oȝain Arthour þe gode kniȝt,
VIII þousand he hadde of purchas
þat wele deden in eueri plas,
þe wayes þai deden wele awayt
And þe paþes þat were strait 4410
And oft deden þe Sarraȝins
Grete schame and grete pines.
¶ After went anon riȝtes
þe king of þe hundred kniȝtes
(Aguigines was his name 4415
He was a kniȝt of gret fame)
He went him to Malaot
A riche cite God it wot,
þe cite on leuedis was
And stode in a wel gret pas 4420
Where þe Sarraȝins com and ride,
þre þousand he brouȝt him mide
Ascaped fram deþes hond;
þat leuedi marched on his lond
þerfore sche com to his socour 4425
And fond kniȝtes of grete valour
Ynouȝ to loken her lond—
And so þai deden wiþ miȝti hond.
After went Cradelman
To Norþ Wales þat he cam 4430
Wiþ þre þousand of his kniȝtes
þat were ascaped fram þe fiȝtes,
He purchast seuen þousinde
So ich in þe boke yfinde
Four þousand he fond at hom 4435
þat were bliþe of his com
For vnneþe fram hem fiue mile
Woned a wiche hete Carmile
(Hir broþer hiȝt Hardogabran
A swiþe riche soudan) 4440

f. 226ᵛᵃ

4404 þat: t *uncertain, probably corrected from, but could be read as,* r
4423 fram: a *imperfectly formed, S, T, K* from

Of wichecraft and vilaine
And eke of nigramace
Of þis warld sche couþe mast
Wiþouten Arthours so[ster] abast—
Morgein forsoþe was hir name   4445
And woned wiþouten Niniame
Þat wiþ hir queint gin
Bigiled þe gode clerk Merlin.
¶Þis Carmile in þat cuntray
Hadde a castel of gret noblay   4450
Of þat castel hadde socour
Þe Sarraȝins and gret recour
Wharþurth þe king Cradelman
Was soure carked and alle his man,
Ac swiþe wele noþelas   4455
Þe marche he loked and eke þe pas
(Ac Carmile par ma fay
Bi Merlines liif-day
No miȝt do wiþ hir wicheing
In Inglond non anoiing).   4460
¶King Brangore þo went forþ
To Estrangore wel fer bi norþ
And woned þat wiche biside—
Þe more noiȝe him gan bitide.
Þre þousinde wiþ him he nam   4465
Þe sleiȝt þat were ascaped fram,
Sex þousinde he hadde of purchas
And fiue of his cite þat was,
Þat loked þe cuntray
And often dede þe panimes tray.   4470
Þis Brangores of valour
Ludranes douster þemperour
Bi þat time hadde yspoused,
A leuedi gent and preciouse,
f 226vb   Ac þe king of Hungri and of Blaske   4475
Hir hadde first to wiue ytake;

4441 *K* vilain[i]e   4442 nigramace: c *corrected from a minim,* *T* nigramate,
K nigrama[n]c[i]e *reporting MS.* nigramace *or* nigramate   4444 *MS.,*
K text sone, *K notes* s[uster]   4446 *K notes* And † withouten   4472 Lud-
ranes: s *uncertain, could be read* f, *K text* Ludranef, *K corr. reports* f *possibly
corrected to* s;   douster: *K* dou[h]ter

Bi hir form husbounde
Sche hadde a child of gret mounde
þat was yhoten Sagremor,
In ward wiþ þemperour, 4480
þat was air of þempire
And of Blaske and of Hungrie—
Ʒe schul here afterward hou Segremor
Com to kniʒt of king Arthour
Whereþurth þemperour sikerliche 4485
Him hadde ygraiþed richeliche
And hadde him sent [fr]o Costentinenoble
To Inglond-ward wiþ mani noble.
¶Ʒete went forþ king Carodas
þat of þe rounde table was 4490
To Galence his cite
A cite riche of gret plente,
Wiþ him he hadde þre [þ]ou[s]and kniʒt
þat were ascaped fram þat fiʒt
And þer he fond foure þousinde 4495
Noble kniʒtes so ich finde
And seuen þousand of gret powers
He purchasced on heiʒe destrers,
þat wiþ swerd and launce and kniif
Binomen mani painems her liif 4500
And wiþ skekes and wiþ fiʒt
þe wayes loked wele apliʒt.
þerafter þe king Anguisaunt
Went to Coranges in Scotland
Wiþ fiue þou[s]and gode kniʒtes 4505
Alle ascaped fram þe fiʒtes,
Of purchas he hadde þousendes ten
Swiþe wele fiʒtand men
Wiþouten mani þat he fond
In his cite and in his lond; 4510
He nas bot tventi mile-way
Fram Nambire þat was bilay
Of mani þousand Sarrain
Whereof he hadde mister fin

4481 K þemp[e]r[i]e 4487 MS., K text to, K notes [fr]o[m] 4493 MS.
souand, T son and

To fele kniȝtes him to helpe 4515
To fiȝt oȝain þe Sarraȝin welpe—
So þai deden wiþ chere bliþe
Swiþe oft and mani siþe

f. 227ra On hem schoten bi wayes and paþes
And dede þe sar[a]ins gret scaþes. 4520
❡þo went Eustas to Arundel
Wiþ þre þousand armed wel
þat were ascaped fram þe batayle,
Wiþ seuen þousand sau[n] faile
þat wele loked paþ and way 4525
Oueral in þat cu[n]tray.
❡King Vriens bileued stille
In Norham sori and eke ille
For depart of his felawe
And for her men þat weren yslawe, 4530
He hadde in alle þousandes ten
Boþe wiȝt and hardy men
þat anoied bi al her miȝt
þe Sarraȝins bi day and niȝt.
Now ȝe schul vnderstond 4535
Fif ȝer þis last in Inglond
þat no corn no was ysowe
Noiþer on doun no on lowe,
Alle þis ich ȝeres fiue
þis kinges þus ladde her liue 4540
Wiþ þat þai miȝt reue and robbe
Of Sarraȝins wiþ swerd and clobbe,
þe lowe folk in þe cuntray
Were yslawe for nouȝt al day—
And alle yslawe hadde yben 4545
No hadde sir Wawain to hem sen
þat was þo a bacheler
Iolif and of strong power.
Ac ar ich ȝou more þing
Of paiems telleț oþer king 4550
Of Nanters soneț and of his feren

4520 *MS.* sarrins, *K* Sarr[a]ins   4524 *MS.* saufaile (*or* san-), *K* sanfaile
4526 cu[n]tray: *MS. between* c *and* t *five minims*   4529 *MS.* felawes, s
subpuncted, T, K felawes   4550 *MS.* tellen   4551 *MS., K* sones

Noble þing ȝe schullen yheren
His sone was hoten Galathin—
Now listneþ wele for loue min.
O f Ygerne þat ich er of spake   4555
    Hou Hoel hir hadde spoused to make—
On hir he biȝat Blasine gent
And so he dede Belisent
King Nanters hadde spoused Blasine
And Lot Belisent fair and dine   4560
Y wil wele þat ȝe it wite
Nanters in Blasine hadde biȝete

A fair ȝong man Galathin
Wiȝt hende and gentil afin,
Lot biȝat in Belisent   4565
Four sones swiþe gent
Gveheres and eke Wawain
Gaheriet and Agreuein.
¶ Galathin in þis time
Com to his moder Blasine   4570
And asked ȝif it were soþ
þat men seyd souþe and norþ
'ȝif mi nem be king Arthour?
Telle me dame par amour.'
Blasine þo bigan to wepe   4575
And seyd 'Sone so God me kepe
Mi broþer king Arthour is
In on wombe we weren ywis
Bot he is Vter Pendragons stren
þerfore þi fader him wold slen,   4580
And nere þi fader was slawe in fiȝt
Nouȝt wiþ wrong bot al wiþ riȝt.'
þer sche him teld anon
Arthours biȝete of Vter Pendragon
And alle þe destaunce whi and wharfore   4585
Arthours deþ þai hadden yswore,
And seyd 'Sone were þou wiis
Or so þou þe heldest of priis
þou scholdest bi day and bi niȝt
Wiþ queyntise and al þi miȝt   4590

4555 K emends by printing N (4554) as a large capital instead of O (4555)

Fond forto maken acord
Bitven Arthour and þi lord.'
Galathin swore wiþ wordes bold
He nold neuer oȝain [him hold]
And seyd he wold of him afong   4595
Helme and swerd and launce strong
And of him be dubbed kniȝt
And wiþ him be in pays and fiȝt.
A messanger he sent anon
And badde him swiþe to Wawain gon   4600
And sigge him wiþ wordes bonaire
He com to þe newe faire
Of Brocklond to speke him wiþ
Mani word of loue and griþ,
þis erand bar þe messanger   4605
Wawain answerd wiþ glad chere

f. 227va þat ȝif he hadde liif of manne
He wold speke wiþ him þanne.
In time þat þis sond cam
Gawinet fram hunting nam,   4610
þre grehoundes he ledde on hond
And þre raches in on bond.
¶His moder biheld him and wepe sore
And seyd 'Sone now þi nore!
þou lest þi time wiþ vnriȝt   4615
þou hast age to ben kniȝt
þou schust leten þi folye
þi rage and þi ribaudye,
þenke on þi nem Arthour
Kniȝt þat is of mest valour   4620
And fond to make gode acord
Bitven him and Lot þi lord'—
þer sche told, him bifore
Hou Arthour was biȝeten and bore.
His breþern seyd he hadde wrong   4625
For it was al on him ylong
þat þai her time lorn so

4594 oȝain [him hold]: *suggested by K notes, T* ogain . . . (*noting 'A word omitted in MS.'*), *K text* oȝain [hold]   4627 her: *K* here, *taking a faint dot above* r *as a mark of contraction*

And bot he wald wiþ hem go
þai wolden fare to king Arthour
And him seruen wiþ honour.   4630
❡þo bispac him child Wawain
Whom Crist ȝaf boþe miȝt and main
'Swete dame and breþern þre
Wiþ gret wrong ȝe blamen me
Seþþen ich euer born was   4635
Nist y neuer are þis cas,
Ac seþþen þus fer comen it is
Y bihote þe King of blis
No schal y neuer armes afong
Bot of king Arthours hond,'   4640
His þre breþer þer on hast
þer biheten anon þat hast.
❡þo bispac Wawain curteys
'Ma dame purvaieþ ous harnais
And we nil neuer blinne   4645
What we may þe acord winne.'
'Sone' sche seyd 'sikerliche
Ȝe schullen haue neweliche
Hors and armes and alle þing
þat bihoueþ to ȝour dubbeing.'   4650
þerafter sone bi Godes sond
Galathin went to Brocklond
Oȝain him com Wawain þe fre
Wiþ his gentil breþer þre
And in her togider coming   4655
þai maden ioie and gret kisseing.
❡þo seyd Wawain to Galathin
'Certes gentil nevou min
No hadde it be for loue þine
Ich and al breþer mine   4660
Were ywent to our em Arthour
To seruen him, and make amour
Our fader and him bitven
þurth help of Heuen-quen.'
❡'Yherd be Crist!' quaþ Galathin   4665
'þat is desire and wil min

f. 227vb

4641 breþer þer: K breþer †

For þat ich selue þing
Ich made after þe sending
Togider y pray þe wende we.'
'Bleþeliche' quaþ Wawain þe fre,   4670
þer þai setten ioifulliche
Day to wende sikerliche—
And ȝif þai no hadde togider ywent
Inglond hadde ben yschent.

Mirie is þentre of May   4675
þe foules make mi†ri play
Maidens singgeþ and makeþ play
þe time is hot and long þe day
þe iolif niȝtingale singeþ
In þe grene mede f[l]ou[r]es springeþ.   4680

¶King Lot and þe leuedi Belisent
Hadde puruayd her sone gent
Fif hundred on hors wel
In armour of iren and stiel
Erls sones and barouns boþe   4685
Alle in sout of o cloþe,
Ac of hem, bot neiȝen, kniȝt
þer no ware y ȝou pliȝt;
He blisced Gawaynet
And Gueheres and Gaheriet   4690
And Agreuein þat was so hende
And on Godes name bad hem wende.

¶On þis maner dede Blasine
King Nanters leuedi dine
f. 228ra   Hir sone Galathin   4695
Sche graiþed in atire fin
To hundred feren sche him fond
And blisced him wiþ hi[r] hond,
Of þis to hundred were xx kniȝtes
Swiþe noble and gode in fiȝtes.   4700
Galathin and Gawainet
Togider com þer þai hadde sett
And wenten forþ in her way
Toward Londen forsoþe to say

4676 mi†ri: *MS. after first* i *a mark, probably an incomplete, erroneous,* r, *T* mirri,
K muri   4680 *MS.* foules, *E* flowers   4698 *MS.* his

þai wenden haue king Arthour founde 4705
In þe noble toun of Lounde,
þe þridde day in her iurneie
þai were Londen swiþe neiȝe
⁋þai seiȝen hem com swiþe ner
Seuen hundred charged somer 4710
And seuen hundred cartes also
And fiue hundred waines after go
Ycharged alle wiþ ale and bred
Wiþ fische and flesche and win red
Robbed of men of þe cuntray 4715
To leden to her ost oway—
For þe poudre of þis charging
No miȝt men se sonne schining.
⁋þre þousand seyt our boke
þat robberie went to loke, 4720
þis robberie þan hadde ydon
A king hiȝt Leodebron
And þe king Senigram
Swiþe fel and wicke man
And þe king Maudelec 4725
þat euer waited scaþe and skec
And þe king Sernagare,
Of Yrlond al þai ware;
þis four heþen kinges
Went to loken þis robbeinges, 4730
And were so wroþ þat king Arthour
Hadde ywarnist toun and tour
þat þe cuntre aboute Lounde
Slowen and brent to þe grounde
Men seiȝe þe fer fer away 4735
þennes ouer a iurnay,
Man and wiif and children bo
No hadde þai no pite to slo
f. 228ʳᵇ þe folk schirsten so heiȝe and loude
þat it schilled into þe cloude. 4740
Wawain seiȝe and herd þis fare
And asked men what it ware

4708 neiȝe: ȝe *run together so that* ȝ *is not obvious, T, K* neie 4723 *K*
Semgra[n]   4733 *K* þat [þai] þe   4739 *K* sch[riȝ]ten

And þai him teld sone anon
So ich toforn haue ydon,
Wawain asked where was þe king, 4745
þai seyd, þurth Merlins conseiling
He was went to king Leodegon
To help him wer oȝain king Rion,
Quaþ Waway[n] 'Bi mi leute
We nil suffre now þis pite 4750
Seþþen king Arthour is out of lond
We wil þe painemes wiþstond
And saue his lond—we beþ his men—
Til þat he com hider oȝen.'
þat folk abouten him gan ten 4755
And asked wat folk it miȝt ben,
þai seyden whos sones þai were
And wherefore þai comen þere
(þe folk þat was of þis lond
þonked Ihesu Cristes sond) 4760
Chasteleins sones and vauasours
(Seþþen wele deden wiþ king Arthours),
And fele men of þis lond
þer fellen to þis children hond
Fif hundred of wiȝt man. 4765
Wawain hete on hast þan
Euerich man him arme wel
Boþe in yren and in stiel
And suwen him, for our sleiȝt
He wald awreke anon riȝt; 4770
Now hadde he a þousand and hundred to
(Of wiche four score and no mo
Hardi and wele doinde kniȝtes)
þat him suwed anon riȝtes
In four parties so y finde 4775
And dede hem oȝain þre þousinde
And acontred þat carroy.
It was passed þe midday
And þo fel fro Wawain
Sumdel of his miȝt and main— 4780

4769 our: *K* [he]r

¶For of his strengþe þe maner
Sumdel ȝe may lern and here:

Bitven auensong and niȝt
He no hadde bot o mannes miȝt
And þat strengþe him last   4785
Fort arnemorwe bi þe last,
And fram arnemorwe to þe midday
He hadde strengþe of kniȝtes tvay,
Fram midday fort afternone
He nadde strengþe bot of one,   4790
Fram afternone to auensong
So to kniȝtes he was strong;
þis was þe manere of Wawain
Of his strengþe and of his main.
In þe time of midday   4795
On þe paiens he smot par fay
Wiþ an ex scharp and strong
þe bite was to fot long,
Whom he miȝt take and hitt
þe heued he clef oþer of kitt   4800
He hem tohewe ich ȝou swer
So flesche doþ þe flesche-heweere
He and his hors fram heued to taile
Blodi weren al saun fayl
Of þe paiems þat he slouȝ   4805
Wiþ gode riȝt and no wouȝ.
¶Alder next him was Galathin
þat him halp wiþ miȝt fin,
What Sarraȝin so he mett
Wel soriliche he hem grett   4810
þat wom euer þat he hitt
þe heued to þe chinne he slitt
Oþer þe scholder oþer þe heued
Fro þe bodi was bireued
Oþer legge oþer fest   4815
Oþer what he miȝt take best,
Who so euer he atrauȝt
Tombel of hors he him tauȝt.

4807 him: i *corrected from* e, *or could be read* e *corrected from* i   4817 *K*
notes Who[m]

⟨ Wawaines broþer Agreuein
  þer him kidde a noble mayn   4820
  For xx kniȝtes al arawe
  þer he brouȝt o liue-dawe.
⟨ þe þridde broþer Gueheres
  Smot him in amid þe pres,
  On alle half about he smot   4825
  And mani slouȝ God it wot.

f. 228ᵛᵇ ⟨ þe ȝongest broþer Gaheriet,
  No child no miȝt fiȝt bet
  þan he dede verrament
  þer he bisett mani a dent   4830
  þurth armes out euerichon
  He clef þurth flesche and bon,
  Fourti Sarraȝins and mo
  þer he dede to helle go.
  Oþer men þat mid him were   4835
  Deden nobleliche þere
  þai slouȝwen and brouȝt to grounde
  Mani paien in litel stounde.
⟨ Ac certes oȝain Wawain
  Non no miȝt kiþe his main   4840
  For arme non ywrouȝt wiþ hond
  Oȝain his dent no miȝt stond;
  þat he tok he al torof,
  So dust in winde and aboute drof.
  þer he him contende so manliche   4845
  þat in litel while sikerliche
  Child Wawain and his felawe
  þis þre þousand brouȝten of dawe
  Bot tventi paiems þat gun ascape
  And, fleand oway wiþ gret rape,   4850
  Of wiche þe ten com bihinde
  To on ost of seuen þousinde,
  Wiþ loude voice and to hem gradde
  'Harou painems ȝe ben to badde!

4829 þan: n *on erasure in darker ink,* K *reports rather* n *freshened up in darker
ink*   4841 K arme[s]   4850 And, fleand: K † Fleand   4851 þe
ten: K † ten

Cartes and somers ous beþ binome   4855
And alle our folk is ouercome
And yslawe euerich man
Bot we, and oþer ten
þat herebineþe fram ous ȝede
More socour to bring hem midde.'   4860
Euerich payem þo was sori
And criden a grisely crie
'As armes for Mahouns sake
þat þis traitour were ytake!'
þat armes hadde ron þerto   4865
Ac som no hadde non þo
Ac þai hem hadde laid for hot
In þe cartes God it wot
Wiche þe children hadde sent
To Londen verrament—   4870

f. 229ra
Alle þe cartes and somers
Were sent þider wiþ men of powers.
þis paiens wiþouten let
Oȝains þis children set
Oȝain a þousand come seuen   4875
þat was noþing delt euen,
Ac þe help of our Driȝt
Wiþ Wawain and his gan aliȝt
No herd men neuer so fewe in lond
Noblicher so fe[l]e wiþstond.   4880
þer aros noble bataile
A boþe half wiþouten faile,
Ac Wawain swiþe noble was
For þer he met king Thoas
A wiȝt geaunt gret and strong   4885
Of † fet fourtene he was long
A king he was of Yrlond,
Wawain his ax left an hond
On þe helme he him hitt
þat to þe brest he him slit.   4890
⁋Galathin mett king Sanigran
An vnsely hoge man

4861 payem: *descender of* y *weak,* T, K *text* payem, K *corr.* paiem   4880 *MS.*
fewe   4886 *MS.* of þo fet

Wiþ his swerd he him hitt
þat his heued of he kitt.
Wawain broþer Agreuain   4895
Amid þe pres kidde his main
For a left half and a riȝt
He leyd on and slouȝ doun riȝt.
❡þer com þe king Gvinbat
And ȝaf Gueheres swiche a fla⟨t⟩   4900
þat he fel adoun to grounde
Ac he stirt vp in a stounde
And so smot a Sarraȝin
þat he clef his bacin
And eke his heued to þe toþ   4905
And on his hors lepe forsoþ,
Gaheriet seiȝe Gvinbat
þat his broþer ȝaue swiche a flat
And Gvinbat him com seiȝe
And gan to fleiȝe swiþe oway—   4910
For þe strokes he seiȝe him ȝeue
He no durst abide so mot y liue
For þo Gaheriet was ymade kniȝt
In euerich place and eueri fiȝt
f. 229rb   He kidde ner as miche main   4915
So dede his broþer Wawain.
Gvinbat fleiȝe out of þe place
Gaheriet on hors his trace
Folwed out fram þat ost
Wele þe schote of an alblast   4920
So we finden on þe bok
In o valay he him oftok
In wiche valay þe oþer ten
þat scaped Wawain and our men
Hadden brouȝt þousandes eiȝt   4925
Of our men to make sleiȝt;
Gaheriet no lete nouȝt for þat
þat he no folwed king Gvinbat,
And folwed him wiþouten doute
Alon amidward þe route   4930

4900 fla⟨t⟩: *K reports* t *erased, I think deliberate erasure unlikely*

And smot him so on þe helme cler
And þerof carf a quarter
And þe scheld þurth ato
Wiþ þe scholder and arme also.
¶King Gvinbat in þat stounde 4935
Aswon fel adoun to grounde,
Gaheriet þo turned his bridel
And swiþe wald oȝain ride
Ac þe paiems about him come
And wold him han ynome 4940
Ac þer he carf wiþ swerd and smot
Mani to þe deþ God it wot
He nas nouȝt tventi winter eld
Ac in armes he was beld,
Sum wiþ swerd so he hitt 4945
þat to þe chin he him slitt
Of mani he smot þe nek ato
And wounded and dede michel wo,
Non durst him neiȝe verrament
For doute of his hard dent. 4950
þo þai him dede gret vilanie
His hors slouȝ biforn his eiȝe,
Gaheriet afot stode
And werd him wiþ hert gode
Boþe he slouȝ hors and man 4955
Him aboute, fiue and ten,
So sore he hitt so sore he smot
Non durst him neiȝe God it wot.
þer þai þrewen on him anon
Stones and kniues mani on 4960
Swerdes staues and launces long
And wounded him swiþe strong
And tviies feld him on þe ston,
Allas help no hadde he non,
On him þai schoten atte last 4965
And deden of his armes on hast
Forto haue anon yreued
His bodi fram his gentil heued.

f. 229va

4947 *MS.* neck, c *subpuncted*, *T, K* neck

In þat time a gentil swain
Wel gode scour com to Wawain   4970
'Wawain' he seyd 'þi broþer y say
Riden ȝonder to ȝon valay
Folwand on heþen king,
Me þenkeþ he makeþ long duelling
Go we þider for our Leudi   4975
Y herd þer gret noise and cri
Y dar legge heued min
þat þer ben mo Sarraȝin
þat beþ comand hiderward
And han þi broþer in hondling hard.'   4980
'Allas' he seyd 'icham yschent
Be mi broþer so yhent,
As lef me were to ben of dawe
As mi broþer were yslawe,'
And seyd to Galathin   4985
'Gode nevou, broþer min
ȝond bineþen icham adred
þurth his folye he is misled.'
Quaþ Galathin 'Lete be þi striif
And wende we þiderward biliif,   4990
While we speki and makeþ tale
He may lachi deþes bale.'
þer þai smiten al about
þai four dassed out of þe rout
❡Galathin and eke Wawain   4995
Gveheres and Agreuein,
Sum oþer of þe best
After þese four þrest;
þo þai seiȝen ich ȝou say
VIII þousand in o valay   5000
Of wiche her maister king
Was yhoten Gvinbating,
f. 229ᵛᵇ   Anoþer hiȝt Medalan
Boþe wiȝt and hoge man.
Wawain swiþe among hem smot   5005
His broþer to seche God it wot
His ex he houe swiþe heiȝe
Galathin was him wel neiȝe

þai laiden on, hem about
And toschiften al þat rout 5010
(Sum þe scholder and som þe regge
He cleued wiþ swerdes egge
Of sum þe midel ato he girt
Mani he slouȝ and mani he hirt)
Abouten hem swiche sleiȝst þai made 5015
þat y no may it nouȝt al fulrade;
❡Gveheres and Agrevein
Schewed also her main
Mani þai hitten and smiten þurth
þat fellen ded in þe furth. 5020
No fined þai neuer swiche a sleiȝt
What þai to Gaheriet com riȝt
And pitouseliche him ligge founde
Deueling opon þe grounde,
Mani on about him were 5025
His armour of þai gun to tere.
❡þo was Wawain so wroþ
His owhen liif was him loþ
þer he smot sore apliȝt
Boþe a left half and a riȝt, 5030
On he smot þat þe dent þrest
þurth helme and heued to þe brest
Anoþer on þe schulder he hitt
þat to þe ribbes he him slitt
Anoþer he toke aboue þe scheld 5035
þat his heued fleiȝe in þe feld,
þus he serued mani arawe
Also dede his felawen
So fele þai slowen hors and man
þat tellen alle y no can; 5040
þos þat Gaheriet held þo
Alle hem bifel sorwe and wo
No durst no abide lenge
Ac flowen oway on on renge.
þo Gaheriet seiȝe Wawain 5045
He lepe vp wiþ al his main

5020 furth: *K* furch

f. 230ra

His armes he tok vp anon
And swiftliche dede hem opon
And toke a swerd in his hond gode
Afot mani he schadde blode,   5050
A destrer þo ladde Agreuein
And toke it Gaheriet bi þe rein
And seyd 'Worþ heron hastiliche!'
And seyd 'þou dest foliliche
þo þou folwedest hunting   5055
Ani man in þis gret þring,'
Vpon þe stede Gaheriet
Lepe anon wiþouten let,
Alle his felawes weren bliþe
Out of þe route dasten swiþe   5060
Anon þai gun hem wiþdrawe
What þai com to her felawe.
þese Sarraȝins þo gun vnplie
Her baners and after heiȝe,
¶To nimen þis children anon   5065
Mahoun þai sworen euerichon
Vnder hem alle so was y finde
Almest fiften þousinde;
Our was litel more þan on
Ac Crist hem halp wele to don,   5070
Our were gode bodis alle
þe Sarraȝins þai gun to talle
A boþe half þai laiden on
So fast þo [so] þai miȝten don.
Listneþ now gret and smale   5075
Hou ȝou seiþ here þis tale:
þe vplondis men þat hadden ladde
Cartes and somers so Wawain badde
To Londen wel wele þai come.
þe citisains fair in hem nome   5080
And asked hem for Heuen-king
Whennes com þat noble þing,
Alle þai telden hou Wawain
And his feren þurth noble main

5054 *K* de[de]st   5065 ¶: *K emends by placing before 5063*   5074 *K*
fast [s]o   5079 wele: *K* [safe]

Hadden met toward Lounde 5085
† þre þousand, [and] leyd to grounde
And þe Sarraȝins hadde yschent
And to Londen þat catel sent,
And seyden to þe constable þo
þat was yhoten sir Do 5090

f. 230rb þat Sarraȝins seuen þousinde
Hadde asailed hem bihinde.
¶Sir Do went to Algate
And dede blowe an horn þerate,
Of þat cite þe alderman 5095
Ich wiþ his ward cam,
þo þai were þider ycome
Seuen þousand were in her trome,
þo spac sir Do þat was kniȝt
Trewe hardi and eke wiȝt 5100
'Loke' he seyd 'leue frende
Herbisiden ben childer hende
þat han þis ich dawe
Mani cursed painem slawe
þat hadden robbed þis cuntray 5105
Of al þis ich fair pray,
þis children han hem yschent
And þis present hider sent,
We were coward and vnhende
Bot we holpen þo children kende; 5110
It beþ Galathin and eke Wawain
Gveheres Gaheriet and Agreuein—
þurth þe grace of Crist Ihesu
And þis children y telle ȝou
Bitvene Arthour and þe xi king 5115
May be pes and acording.
As armes' he seyd 'par amour
And dasse we to her socour!'
Wiþouten abod sone anon
Her armes þai deden on 5120
Euerich of þe alderman
His baner biforn him nam
And þe constable sir Do

5086 MS., K And þre þousand leyd (K assumes lacuna before line 5085)

His baner toke also,
Of þe seuen þousand to þai lete   5125
For alle chaunce Londen to kepe
And wiþ hem toke þousandes fiue
Swiþe gode in fiȝt and striue
Her steden swiþe þai bistriden
And toward þe children swiþe riden.   5130
Lete we now ben her cominge
And speke we of þe children fiȝting,
þis children fouȝten so y finde
Oȝain fiftene þousinde

f. 230ᵛᵃ   And no hadde bot four score kniȝtes   5135
And fif hundred of squiers wiȝt
And tventi also þat schulden ben
Kniȝtes when þai miȝt her time sen
And þ†re hundred of þe cuntray
Boþe on fot and hors y say—   5140
þat was a þousand, an hundred las
Nas þer namore in þat cas,
Ac Gvinbating and Medelan
To vnsely hardi man
Wiþ viii þousand in a þrome   5145
On our folk dasseand come
Wiþ strong cours and gret hete
So þai hem wald nim and þrete.
Gvinbating an hoge spere
Oȝain Wawain he gan to bere   5150
Wawain it seiȝe sone on hast
His scheld þeroȝin gan cast,
His scheld perced Gvinbating
Ac his strong hauberk noþing
þe launce brac atvo apliȝt;   5155
Wawain nouȝt stired ac sat vpriȝt
His ax he hef wiþ boþe his hond
To hit Gvinbating ich vnderstond
On his helme he him smot,
þe ax glod God it wot   5160
Of þe gode ax þe scharpe egge

5139 MS. þere   5148 þrete: r uncertain   5152 K þer oȝ[e]in

Fel doun on þe hors rigge
And tocarf it euen ato,
And to þe grounde wiþouten no
þe kniȝt donward gan butten 5165
Amidward þe hors gutten—
And no hadde Wawain þer o fot ylawe
He hadde þer þe king yslawe.
þo þe Sarraȝin yseiȝe þis
þer com man[i] hundred ywis 5170
Her lord to ben bitven
And Wawain to nimen or slen,
þe Sarraȝin her lord vp nome
And on hors sett him sone
And sir Wawain þai asailed strong 5175
His hors þai slowen wiþ wrong,
Him to nim þai deden strengþe—
And non durst him neiȝe his ax-lengþe
Ac þai him þrewe wiþ swerd and spere
Him to nimen and him to dere. 5180
At þat rideing slouȝ Galathin
Swiþe mani Sarraȝin
So dede also Gveheres
Mani heueded in þat pres
Agreuein dede also 5185
Mani slouȝ and dede† wo
So dede þe child Gaheriet
No man no miȝt fiȝt bet.
Miday passed and none cam
Wawain strengþe double gan 5190
þo he seyd and swore 'Par De
Today no schul ȝe nimen me!'
Wiþ boþe his honden his ax he hef
And fele he slouȝ in stounde bref
In blod he stode ichil avowe 5195
Of hors and man into þe anclowe
þat he hadde himselue yslawe,
Wiþouten sleiȝt of his felawe.
þo seiȝe he wiþ gret main
A paiem smot to Agreuein 5200

f. 230ᵛᵇ

5170 *K* man   5186 *MS.*, *K* deden

þat he fel on his hors nek
Him to heueden he gan to bek,
Wawain wiþ his ax-helue
Lepe þo fet ten and tvelue
And ouer al þat bitven hem was   5205
To help his broþer in þat cas
(þat ich painem wele he knewe
þat on his broþer nek hewe),
þe paiem seye he miȝt nouȝt flen
His scheld he kest him bitvene   5210
And Wawain s[mo]t on þe scheld
þat it clef and fel in þe feld
Ȝete decended þat ich dent
þurth þe armes verrament
And þurthout flesche and bon and blode   5215
þat at þe girdel-stede it stode.
þat dede bodi he put adoun
And lepe anon in þe arsoun
And seyd 'Today ich ȝeld ȝour rentes
Wiþ hard woundes and deþ-dentes,   5220
Mi strengþe is dubled bi God aboue
And þat ȝe schul ȝete today proue,'

f. 231ra

And slouȝ to grounde al doun riȝt
Boþe a left half and a riȝt
So he smot in al þat route   5225
þat grete hepes him lay about
Of mani paiem miscreaunt,
þe brut þerof is mi waraunt.
❡Agreuein also wiþ his sword
Of Sesox smot þe nek ford;   5230
þat seiȝe Gvinbating, þe qued,
þat Sesox his nevou was ded
Wreken him he wold fond
A strong launce he tok on hond
And smot Agreuein so God it wold   5235
þurth þe hauberk felefold
(And þurth þe ruhel) vnder þe arm
—He hadde neiȝe ȝouen him deþes harm—

5211 *MS.* somt   5222 *below the column catchword* he slouȝ to grounde al
5237 þe ruhel: *K* þern hel

þat Agreuein and his destrer
To grounde he kest wiþ gret power.   5240
Gaheriet Gveheres and Galathin
þo bicome sori afine
For ich of hem wende certein
þat dede were Agreuein
And wenten swiþe to þat rideing;   5245
Galathin smot first Guinbating
Wiþ his sword ful but
þat on his arsoun donward he lut,
Gveheres him dede more harm
For he smot of his riȝt arm,   5250
Forþ com swiþe Gaheriet
He him pouȝt to hit bet
For he him [tok aboue] þe scheld
þat his heued fleiȝe in þe feld;
¶Galathin wit fot him stett   5255
Out of his sadel he him pett
And Agreuein tok þat destrer
And fleiȝe þeron so a speruer
And abouten hem þai redden
And her noble strengþe kedden—   5260
þo non of hem no wist þere
Whare Wawain was bicomen nowhere.
Al þe ost of Guinbating
Flowen to Medelan þe king
And þo wiþdrouȝ him Agreuein   5265
What he seiȝe child Wawain,

f. 231ʳᵇ

Al fiue togider þai ȝede
And our folk þo ȝede hem mide.
¶þo þai loked hem biside
And sir Do þai seiȝe com ride   5270
Whom þai knewe bi þe vplondis men
þat bifore were went hem fram
Hastiliche þo þai aliȝt
And on her stedes her sadles diȝt,
þis fiue þousand fram Lounde   5275

5242 afine: *MS.* after fi *three minims, the last (to which* e *is joined) subpuncted,* T
a fine, K afin *reporting MS.* afine, e *subpuncted*   5248 *T, K* dou[n]ward
5253 *MS.* aboue tok

To hem com in a stounde.
¶Þe children were of socour bliþe
Opon her hors þai lopen swiþe,
Wiþ hem and riden sarreliche
Her fon toward sikerliche,   5280
Oȝain hem com þe paiems fling
For þe deþ of Guinbating,
Launces þai broken mani on
Afterward drouȝ her swerdes anon—
For pouder þat ros hem bitven   5285
Non no miȝt oþer ysen.
Þer was noble contenaunce
In bataile of remembraunce
Wawain him conteind þan so
Þat men of Londen and sir Do   5290
Wonder hadde hou man on
Swiche pruesse miȝt don,
So mani paiems saun faile
Were yslawe at þat bataile
Þat þe blod ran in þe valaie   5295
So water out of a laie.
Þer com þe strong king Medlan
And feld Do þat gentil man
Þe helme hadde him bireued
Forto smite of his heued,   5300
No man no miȝt him binim
Þat vnsely wiþþerwin
Bot Wawain þat bi him cam
And he him of his tolling nam,
Þat he was gode kniȝt he kidde   5305
Biforn him þe way he ridde
What he com to Medelan
Þat vnsely hoge man,
Wawain on þe helme him smot
(þe ax sank depe God it wot)   5310
What he com to þe brest—
Þe paiem fel wiþ iuel rest.
Þe Sarraȝins seiȝen þis
And gun fle wel swiþe ywis,
Wawain þan and his nevou   5315

f. 231va

And his broþer y telle ȝou
And her feren and sir Do
And þe gode of Londen also
Driuen hem fiue mile-way,
And mani of hem forsoþe y say—   5320
Of hem þai slouȝ þousandes þrettene
þat nold no more don hem tene
Wiþouten al þe oþer heþen man
þat þai slouȝwen tofor þan.
þo þis sleiȝt was ydo   5325
To Lunden al þai comen þo
Men hem oȝain comen of þe toun
Wiþ wel fair processioun,
Of þe cartes alle þe priis
Bifor Wawain þai brouȝt ywis   5330
And sir Do him bisouȝt cert
So he wald he schuld it part,
¶Wawain seyd to sir Do
  'Wo worþ me þan, wo,
Ac to hem þat habben nede mast   5335
Departeþ it now on hast'—
Wawain was þe better ay
þerfore ypraised par ma fay
þis þing was deled and diȝt
So hem þouȝt best apliȝt.   5340
þerafter þis children of mounde
Soiournd wel long in Lounde
þat no Sarraȝin hem miȝt
Noiþer deri bi day no niȝt,
Sir Do made hem gret solas   5345
† And alle þat euer in Londen was,
Lete we hem þer soiour
And wende oȝain to king Arthour.
Marche is hot miri and long
    Foules singen her song   5350
Buriouns springeþ mede greneþ
Of euerich þing þe hert keneþ.

5318 K gode [men] of   5321 Of hem þai: K † þai   5346 MS. ¶,
the scribe's stroke is of unusual form and may be an accidental mark mistaken by
the rubricator   5351 Buriouns: MS. has a faint stroke to the first minim
of the second u, T Burioims

Arthour went [fr]o Brekingho
Merlin, Ban, Bohort also

And her feren þritti and [n]i[ʒ]e,   5355
Was þer no more compainie
Bot in alle fourti and to
Alle chosen so mot y go
Bi clerk Merlines conseyl
þe wiʒtest þat he wist saun fail.   5360
Forþ þai wenten al in paise
What þai com to Carohaise
A riche cite of al þing
þer was Leodegan þe king
þat was king of al þat lond   5365
And hadde Carmelide in his hond
And made swiþe gret pite
For he was bilayn in þat cite
Of king Rion and kinges fiftene
þat al born corounes schene   5370
þat hadden him and al his man
Ouercomen bifor þan,
No he no hadde men þat miʒt
Him to awreke y ʒou pliʒt
And conseild him þat ich stounde   5375
At kniʒtes of þe table rounde
And at barouns of þe lond
Hou þai miʒt hem were fro schond,
Amid þe strete in þat cite
þe king þer stode wiþ his meine   5380
On a Palmesonnes-aue
Sum conseil of hem to haue.
¶Riʒt þo entred king Arthour
And Ban and Bohort and sir Antour
And her feren wiþouten doute   5385
Al þai comen in on route,
Alle it were ʒong man
Bot it were þe king Ban
And Bohort and V†lfin þe bel

5353 [fr]o: *so* K *notes, MS.,* K *text* to   5355 *MS.* þritti and fiue, K [fiue]
and [þritti]   5389 V†lfin: *MS. between* v *and* l *a minim*

And sir Antour and sir Bretel 5390
þis were noble kniȝtes fiue
And alle of midel liue,
þe oþer al were bachelers
Sittand on heiȝe destrers.
¶Merlin seyd 'þe king is ȝounde 5395
Liȝteþ al to þe grounde
Ȝe schullen wende on on ring
Ȝour hors schul þe gromes bring,
And þou sir Ban þe king
To Leodegan so ȝeue greteing 5400
And sey þe wordes him to
þat we bispeke at Brekenho.'
Hou þai went and on swiche maner
Now ȝe may al yhere,
Of swiche bodis noble and wiȝt 5405
Tofor men me þink it riȝt
Her names to tellen ȝou in sawe
Hou þai wenten al on rawe:
First wenten þre wiþ gret honour
Ban and Bohort and king Arthour 5410
King Arthour ȝede bitven apliȝt
And king Ban him ledde bi þe hond riȝt
Bohort him ladde nobleliche
Bi þe left hond sikerliche,
Alle þe oþer com after þo 5415
Ioinand bi hond to and to;
þe ferþ so was Antour
Kayes fader of gret valour
On his hond ȝede sir Vlfin
At euerich nede gode and fin; 5420
þe sext kniȝt so was Bretel
Of gret noblay strong and lel
On his hond ȝede þe steward Kay
þe seuend kniȝt of gret noblay;
þe viii Lucan þe boteler 5425
A gode kniȝt of gret power,
Erl Does sone þat loked Lounde
þe ix was ich vnderstonde;

5403 swiche: *K* †wiche

Grifles so was tiþe
Wiȝt he was and noble swiþe 5430
Marec so ȝede on his hond
On of þe best of al þat lond;
þe xii Drians of þe forest sauage
A strong kniȝt of heiȝe parage,
Belias þe lord of maiden castel 5435
On his hond ȝede fair and wel;
þe xiiii so was Flaundrin
A noble kniȝt of gentil lin
On his hond ȝede Laninas
An hardi kniȝt, þe fiftend was; 5440
þe xvi was Amores þe broun
A stalworþ kniȝt vnder hauberioun

f. 232rb

Aucales þe rede ȝede him bi,
þe xvii kniȝt, strong and hardi;
þe xviii was Bliobel 5445
A kniȝt doand swiþe wel
þe xix was Bleoberiis,
Of gret los and michel priis;
Canode þe xx was
He no fleiȝe neuer for no cas 5450
Aladanc þe crispe was xx and on
Non better bodi no miȝt gon;
þe xxii was Islacides
Wiȝt and strong in eueri pres
Lampades was xx and þre 5455
A noble kniȝt gent and fre;
þe xxiiii kniȝt was
A noble kniȝt yhote Ieroas,
Cristofer of þe roche norþ
þe xxv was forsoþ; 5460
þe xxvi was Aigilin
A wiȝt kniȝt of gentil lin
þe xxvii was Calogreuand
A gentil kniȝt of noble hand;
þe xxviii was Augusale 5465
Of no man no held he tale
Wiȝt Agrauel was xx and niȝe
Ful of wiȝtschip and curteisie;

þe xxx was Cleades þe fondling
Man seiȝe neuer better ȝongling,   5470
þe gode kniȝt Gimires of Lambale
þe on and þritti was bi tale;
þe xxxii was Kehedin
Fair and wiȝt and gentil fin
þe þre and þritti was Meraugis   5475
A gode kniȝt of noble priis;
þe xxxiiii was Gornain
An hardi kniȝt of michel main
þe xxxv was Craddoc
An hardi kniȝt in ich floc;   5480
þe xxxvi was Claries
He was ful wiȝt in eueri pres
þe xxxvii was Blehartis
Bold of dede of speche wiis;
þe xxxviii was Amandan orgulous   5485
A kniȝt of dede vertuous

f. 232va

þe xxxix Osoman, cert
His surname was 'hardi of hert';
þe xl was Galescounde
þer nas no kniȝt of more mounde   5490
þe xli was Bleherris
King Bohortes godsone ywis;
þe xlii Merlin was þar
Bifor Arthour þe ȝerd bar—
þis alle ȝede hand in hand   5495
As y ȝou seyd bifornhand.
❡Leodegan and al his ginge
Gret wonder had of her cominge
Kniȝtes swaines leuedis beld
Maden crud hem to biheld   5500
Wonder þai hadden euerichon
For non no knewe her non.
❡Oȝain hem ȝede king Leodegan
And him gret þe king Ban
Leodegan seid 'Ȝou blisse þe rode   5505
Ȝif ȝe beþ ycomen for gode.'
Quaþ king [Ban] 'So Crist me spede

5474 fin: *K notes* [a]fin   5485 *K* Amandauorgulous

Com we nou3t hider for þi qued
No for þi schame ac for þi gode
So ous help þe gode rode   5510
We beþ souders of fer lond
Men doþ ous to vnderstond
þat þou to socour haddest nede
þerfore we com fram our þede
þat is fer hennes saun faile   5515
þe to help in þi bataile
And to serue on swiche maner
So þou schalt now yher,
We aske þe on Godes name
Noiþer to þine harm no þi schame   5520
Ac þat þou graunt ous now a þing
And þerof no make werning—
þou no schalt aske name our
No wo we beþ no non of our
No apose ous of our being   5525
What we þe wil make scheweing,
And 3if þe likeþ so our seruise
Telle it ous now in al wise
And bot þou like we seruen þe
We wille 3ern fram þe te   5530
To sum oþer and serue swiþe
þat of our come wil be bliþe.'
Leue toke Leodegan
To asky conseil of his man,
Alle his barouns him seyd ywis   5535
It sembled men of gret priis
Her semblaunt hem bar witnisse,
He schuld of hem nim sikernisse
And afong her seruise
And nou3t hem lete o non wise.   5540
O3ain com king Leodegan
And þus seyd to Arthour and to Ban
'Bewe seygnours me þenkeþ schame
þat 3e me heleþ 3our name
For ich vnderstond wele þat 3e   5545
Ben of more power þan ich be

f. 232ᵛᵇ

5523 aske: s *corrected from* l *in darker ink*

Ac ȝe semble so wiȝt and fre
Þat ȝe beþ welcome to me
And ȝour seruise ȝeld y schal
Ȝif He me saueþ þat welt al,   5550
Ac arst ȝe schul me make siker
Wiþ me held in eueri biker
And ȝour names telle ȝe me
When ȝe seþ þat time be'—
His treuþe þerto þe king Ban,   5555
And þerto ȝaf Leodegan.
Þerwhiles þe clerk Merlin
Hem hadde ypuruaid a riche in
And ledde hem þider al faire
Her ost was ycleped Blaire   5560
(Leonele hete his wiif)
A fair buriays and ioliif
Boþe þai wenten oȝain Arthour
And him welcomed wiþ gret honour,
Arthour and his feren wiȝt   5565
Soiournde þer seuen niȝt,
In her in and wiþ þe king
Þai maden oft solausing.
❡Þe king þo sent his messangers
Oueralle to her souders   5570
And sent oueralle in his lond
Euerich gentil man his sond
Þat þai comen to him alle
To Carohaise into his halle
Atte last bi Holy Þorsday   5575
To help him in his medlay
And who so nold to him come
As traitour he schuld ben ynome
So ich in boke writen finde
And him hing bi þe winde,   5580
For so long trewes bitven Rion
Weren and þe king Leodegan—
Ac listneþ now swiche traisoun
Hem come ar þe Assensioun.

f. 233ra (to left of line 5575)

5555 K þer to[k]   5568 oft: t *of unusual form, possibly inserted by another hand*   5581 For: r *in darker ink, on a letter, possibly* e, *erased*

C 7738   S

In Estre on þe Tewisday   5585
þe euen of seint Philip in May
Four kinges gret geaun⟨ts⟩
þat were vnder þe king ⟨Ri⟩oun3
Went hem out in iren and stiel
Wiþ sexti þousand armed wel,   5590
þe first king hi3t Roulyons
þe oþer hete king Clarions
þe þridde king hete Sonegrens
þe ferþ hete king Sorhens
þise went fram þe gret ost   5595
To Carohaise wiþ gret bost
And robbeden al þe cuntray
Boþe in doun and in valaye
Man and wiman al þat þai founde
þai slowen doun into þe grounde,   5600
þe cuntre wiþ wild fer
Oueral þai set on fer,
Ten hundred cartes on on route
Biforn hem brou3t saun doute
Charged wiþ mete and wiþ drink   5605
þat ani man mi3t of þink
And vc kni3tes þe pray toke
Forto condue hem and loke.
To Carohaise þe kinges wente
And at þe gates wolden entre   5610
Ac þe gateward þe gates schetten
Ac þero3ain anon þai stetten
Boþe wiþ launce and wiþ sword
þai dusched and hewen on þe bord,
And wenten to þe plaines o3an   5615
To quellen wiif child and man—
Men mi3t hem here schriche
So fer þat it was ferliche.
f. 233rb   þo in þe cite sei3e þis harmes
Manliche þai grad 'As armes!'   5620

5586 in *uncertain*   5587 geaun⟨ts⟩: n *uncertain*; *T* geaunt, *K* geaunt3
reporting 3 *'sehr verlöscht'*   5593 Sonegrens: r *inserted above the line, not
clear and could be read as for* ir, *T* Sonegens, *K* Sonegurens *reporting* gur *'sehr
verkratzt und unsicher'* (*but the superscript could hardly be for* ur)

þai went and armed hem euerichon
And to þe gates comen anon,
Opon gode stede hem rest
Forto abide þe kinges hest,
And þe kniȝtes of þe table rounde   5625
Of al þe warld of mest mounde
Wiche hadde made Vter Pendragon,
Ac king Arthour no knewe her non—
Tvo hundred and to score and ten
Verrament þer weren of hem   5630
Herui [d]e Riuel and Malot þe broun
Were maisters of þe gomfainoun
So ich in þe brut finde
Her gomfainoun was of cendel ynde
Of gold þer were on þre coroune,   5635
þo it bar Malot þe broune.
Of þe cite four þousand were þar
Her maister gomfainoun so bar
þe kinges steward Cleodalis
A kniȝt he was of gret priis   5640
His pensel hadde riche colour
Alle he was couched wiþ a[ȝ]ur
Of gold þer were four bore-heuedes ybete.
þese houed al in þe strete.
þo com king Arthour Bohort and Ban   5645
Wiþ her feren eueri man
So y in boke telle can
Non nere armed hem oȝan
A queintise þai hadden riche
þat non nas hem yliche,   5650
On stedes þai lopen euerichon
In þe world nar better non
Merlin rode biforn ichil avowe
And bad hem alle swiþe him suwe

5622 gates: g *partially gone over again, and* ates *written on erasure, all in darker ink,* g *could be read as an attempt to correct into* ȝ   5631 *MS., K* þe
5641 pensel: *cross-stroke of first* e *gone over again in darker ink, K reports rather* e *corrected from* o *in darker ink (and later hand)*   5642 a[ȝ]ur: *second letter of curious form, suggesting attempt to correct long* s *into form of* r *which normally follows* o *(or vice versa), K* aȝur   5643 bore-heuedes: rehe *on erasure, and* uedes *inserted above line, all in darker ink*

So þai deden wiþouten faintise 5655
On hors in fair queintise;
Merlin bar her gomfanoun
Opon þe top stode a dragoun
Swiþe griseliche, a litel croume,
Fast him biheld al þo in þe toune 5660
For þe mouþe he had grininge
And þe tong out flattinge

f. 233va

þat out kest spa[r]kes of fer
Into þe skies þat flowen cler,
þis dragoun hadde a long taile 5665
þat was wiþþerhoked saun faile.
Merlin com to þe gate
And bad þe porter him out late
þe porter seyd he schuld rest
What he hadde of his lord hest 5670
'Certes' quaþ Merlin 'y þe telle
No lenger resten here y nille'
He toke þe gate bi þe legge
And slong hem vp at his rigge,
þo he was out and his feren eke 5675
Fast oȝain þe gate he leke
Wiþ lockes haspes and mani pin
Wiþ mani bar and mani gin,
þus fast loken he hem fand
And as fast after him lete hem stand— 5680
Alle þat seiȝen þis saun faile
Of him hadde gret meruaile
Boþe þo of þe cite
And eke his feren bi mi leute.
¶þo bad Merlin his compainie 5685
Her stedes priken and swiþe hiȝe,
Wiþ þe baner dast Merlins
Among to þousand Sarraȝins
þat ledden a wel gret pray
Toward king Rion y say, 5690
Ich of hem so dede bere
þurth a Sarrain wiþ his spere
Afterward her swerdes drowe
And þe Sarraȝins to grounde slowe

Sum þai cleued to þe brest   5695
Sum þai binomen fot and fest
Of mani þai hadde helme and heued
Sone fro þe bodi weued.
þe to and fourti weren ȝep
(þai leten þer hors gode chep   5700
Boþe wiþ sadel and wiþ bridel
For nouȝt to haue and oway ride)
þe to þousand todriuen and slawe
þai hadden in a litel þrawe
So man wold in a mile-way   5705
Ouergon his iurnay,
f. 233vb And þat priis ladde at aise
Toward þe cite of Caroaise.
Ac so þai comen bi þe way
Eft þai metten michel pray   5710
A þousand cartes almast
Comand wel swiþe on hast
Swiche þre kinges wiþ xvi þousinde
Comen and condid, hem bihinde,
And Merlin seyd wiþ griseli chere   5715
'Now suweþ me gode fere!'
Forþ he flang and þai after anon
So swiþe so þe stedes miȝt gon;
þo þai com þe kinges neiȝe
Merlin hef his heued on heiȝe   5720
And kest on hem enchauntement
þat he hem alle almest blent
þat non oþer sen no miȝt
A grete while y ȝou pliȝt
And our fourti smiten hem on   5725
And slowen of hem mani on
And mani c of painems hewe
Ar ani þer oþer knewe.
¶þo of þe cite seiȝen þis
þai seyden it were men of priis.   5730
þo were vp vndon þe gate
Cleodalis rode out þerate
þe steward wiþ fiue þousinde
Opon þe painems gun to winde,

þer was din þer was cri   5735
Mani schaft broken sikerly
For in þe coming of Cleodalis
þe paiens miȝt sen ywis
þer was swiche contek and wonder
þat it dined so þe þonder.   5740
þis ich heþen kinges þre
Ato parted her meine
Seuen þousand to ben þer riȝt
Oȝain þe fiue þousand to fiȝt,
And setten þer þousandes eiȝte   5745
Oȝain king Leodegan to fiȝt
þat hem toward [com] in þat stounde
Wiþ þridde half hundred of þe table rounde,
Ac bi hemself þe rounde table wes
(þe king Leodegan naþeles   5750
Wiþ him brouȝt þousandes to)
And to þe bataile flongen þo.
þe viii þousand hem com oȝain
þer was meting of men o main
Wiþ spere and wiþ scharp sword   5755
þer les mani man his lord
þer was sched so michel blod
þat it ran as a flod,
Leodegan wiþ his fewe
Noble main he gan to shewe   5760
He slouȝ þre oȝaines anne
And craked mani hern-panne,
þe kniȝtes of þe table rounde
Mani þer slouȝ in litel stounde
And bilimeden and feld of hors   5765
Mani heþen orped cors
Ac þei her swerdes wele þer bite
And to ded mani smite
It was swiþe litel sene
For oȝaines on þer wer tene,   5770
Ac so sarre was þe þrang
þat non miȝt com hem omang.
þe Sarraȝins hadde gret despite
þat so hem schent swiche popel lite

f. 234ʳᵃ

He swore bi Mahoun and Dagon 5775
Hem no schuld ascape non
And drouȝ hem wel fer aroume
(þat Crist hem ȝeue confusioun!)
And baren doun in þat stounde
Ȝete fourti of þe table rounde 5780
And were abouten, hem to dere
Ac her feren hem gun were
þat he no hadde power non
Non of hem forto slon.
þat time was Leodegan 5785
Feld adoun and his man
Ȝete an hundred oþer mo,
Leodegan þai nomen þo
And beten him sore and ȝeuen him wounde
And to an hors fast him bounde 5790
And token fif hundred kniȝtes
To lade him forþ anon riȝtes,
And so þai deden sikerliche
Defuiland vilanliche

f. 234rb

Toward þe riche king Rion 5795
And wenden her bataile were ydon,
And þo þe king Leodegan
Him seiȝe fer fram al his man
And him aboute socour non
And him loþeliche lade to king Rion 5800
'Allas' he seyd 'þat y was bore
Mi liif and priis so is forlore
And Gvenoure mi dohter gent
Of vile paiems worþ yschent
And alle min noble kniȝtes 5805
Worþ yslawe adoun riȝtes
And þe leuedis of mi lond
Alle ynomen in payems hond'—
For riȝt gret sorwe and care
Aswon he fel as he ded ware 5810
To gret mile fram þe bataile
þo he was, wiþouten faile.
¶His douhter stode on þe cite-wal
And biheld þis misauentour al

Hir hondes sche sett on hir here 5815
And hir fair tresses al totere
Sche hir totar to hir smok
And on þe wal hir heued gan knok
And swoned oft and seyd, allas
þat hir socour lorn was, 5820
So deden al þo of þe cite
Maden endeles pite.
þe kniȝtes of þe table rounde
Kedden þai were men of mounde,
Bitven hem þai wolden speke 5825
Leodegan þai wolden awreke
Oþer steruen þai wolden alle
And renged hem oȝain þe walle
For þai no seiȝen no socour
And schewed þo her vigour 5830
þridde half hundred oȝain m seuen
Me þenkeþ certes þat was vneuen
Ac þer þai fouȝten vnder þe toun
And mani Sarraȝin leyd adoun
Hem þai tohewen and hors also 5835
þay þoled michel pine and wo,
þe citisains þat yseiȝe
And sore wepen wiþ her eiȝe—
f. 234va Now lete we hem fiȝtand here
And speke we of Arthour and his fere. 5840
Now seyt our tale saun faile
þat orible is þe bataile
Of gret crie and swiþe strong
Almest þennes fiue forlong
þat Arthour held wiþ fourti and to 5845
And Cleodalis wiþ four þousand and mo,
Oȝaines hem Sornegreons and king Sapharen
þat seuen þousand hadd wiþ hem,
So fele paiems þer lay slawe
þat fele hepes þer lay on rawe 5850
Of armed men of fatt stede
þat her liif þer les to mede.
¶þo seyd Merlin to his ferrede

5847 Sapharen: n *represented by usual mark of contraction,* K Sapharem

'Now me suweþ alle ich rede'
Forþ riden þe fourti and to   5855
So swiþe so þe hors miȝt go,
þer bileued Cleodalis
Wele fiȝtand and al his;
þo Merlin hadde riden a while
þe mountaunce of to mile   5860
He seyd to king Arthour and Ban
'Lo ȝond men ledeþ Leodegan
Ybounden toward king Rion
On hard dede forto slon,
After hem now dasseþ swiþe   5865
And oftakeþ hem biliue
Ȝif ȝou ascapeþ of hem ten
Schal i ȝou neuer held men.'
þai stirten forþ and ouertoke hes
And dassed hem amid þe pres,   5870
þe first slouȝ Merlin verrament
To ȝeuen þe oþer gode talent,
Arthour smot on hem saun faile
So on þe singel doþ† þe haile
So we finden on þe bok   5875
Al he slouȝ þat he oftok,
So dede Ban þe gode kniȝt
He clef mani on doun riȝt,
So dede king Bohors
He slouȝ þer mani heþen cors,   5880
So deden al þo gentil feren
Her swerdes þai dede in blod steren
Alle þai laiden doun riȝt
And made þer swiche a sleiȝt
þat man seiȝe neuer in so litel stounde   5885
So fewe bring so fele to grounde
For þer no schaped fram hem oliue
Of fiue hundred vnneþe fiue,
þer men miȝtten haue frely
Four c steden for gramerci   5890
þat ȝede drawend her bridel brod
To þe fitlokes in þe blod.

f. 234vb (placed beside "Alle þai laiden doun riȝt")

5868 i: *followed by a letter erased*   5874 *MS., K* doþe

þus Arthour and his felawered
Deliuerd Leodegan fram þe dede,
Michel wonder had Leodegan   5895
þat swiche a litel poine of man
So fele in so litel þrawe
So manliche had yslawe,
Bi þe dragon þat kest fer
He wist it were þe newe souders   5900
þat he was deliuerd fram his fon
He þonked Ihesu Crist anon.
¶þo liȝt þe clerk Merlin
And sir Bretel and sir Vlfin
And þe king Leodegan vnbounde   5905
And sett him on a stede of mounde
And armed him fineliche wel
And dede on his heued an helm of stiel
About his nek a scheld strong
And toke him a launce long   5910
And sett him vp as a king
þat er lay as a breþeling,
He ioined his honden ioe vus di
And ȝalt hem þank and gramerci.
On his stede þo lepe Merlin,   5915
So dede Bretel and sir Vlfin,
¶þo seyd Merlin 'Mine kniȝtes fre
Prikeþ ȝour stedes and folweþ me'
So þai deden wiþouten abod
So aruwe of bowe ich forþ glod.   5920
¶Ac þo Gvenoure opon þe walle
þis to and fourti seiȝe com alle
Bi þe dragon þat cast fer
þat fleiȝe into þe skies cler
Sche wist it were þe fourti and to,   5925
Hir fader sche seiȝe com also
On hors yarmed and wele atired
And fram his fon þurth hem deliuerd—
No ask no man of þe gret blisse
þat sche made þan ywis   5930
And al þe men þat it seiȝen

5928 fon: n *in darker ink, on erasure possibly of* þe

f. 235ra

For ioie þai wepe wiþ her eiȝen.
þis þre and fourti com on hast
Wiþ norþþen-winde so doþ tempast,
þe kniȝtes of þe table rounde   5935
þai founden alle felled to grounde
þat stoden afot and wered hem
Oȝain on euer xx and ten,
Bot xx of hem openliche
On hors fouȝten nobliche   5940
And ouercarked weren þo
Her liif þat was neiȝe ago.
þis xliii of gret mounde
So dassed on þe heþen hounde
þat ich of hem who so mett   5945
Hastiliche þe heued of grett
And slowen hem doun into þe grounde
Mani geaunt in litel stounde,
Euerich dede swiþe wel
Wiþ scharpe swerd of gode stiel   5950
Mani þai smiten þurth saun faile
Fram þe top to þe taile
Of sum þe side God it wot
Wiþ scheld and arme eueri grot
Of sum þe midel euen ato   5955
Of sum þei and legge also,
Auberk aketoun and scheld
Was mani tobroken in þat feld
And mani paiem wiþ deþes wounde
And mani stede coruen to grounde;   5960
þe king himself þer Leodegan
Wele him wrake of his foman,
Oȝain þe þre and fourti of our
Non armour no miȝt dour
No hors of priis no heþen kniȝt   5965
þat he nas dede anon riȝt.
þer was an heþen king hiȝt Canlang
Fiftene fet he was lang
(He and anoþer þat strengest were
Of alle þe paiems þat were þere)   5970
þis dede his miȝt saun fable

f. 235rb

To stroie þe kniȝtes of þe rounde table.
¶King Arthour mett Canlang
Togider þai made fiȝting strang
And so strong was Canlang verrament 5975
þat king Arthour miȝt fest no dent
To him haue bot bihinde
Bot ones he him hitt, kerueinde
Vnder þe scheld, þe scholder on
þurthout armes and flesche and bon 5980
Vnto þe nouel he him carf,
þe misbileueand paiem starf
A boþe half his hors he hing
þat ernne forþ [c]rudand in þat þring.
þe paiems seiȝe Canlang so hit 5985
Agrisen of þat dint out of wit;
Gvenour þat dint of Arthour seye
And þonked Ihesu Crist on heiȝe
And 'Ȝeue þat he mi lord were
þat ȝong þat fiȝteþ so þere,' 5990
Anon seyden al her men
'So were it me dame amen
For we no seiȝe neuer of his power
Noiþer eld man no bacheler.'
¶King Ban þo mett Clarion 5995
þat oþer strongest of euerichon
He was gret xiiii fet long
And swiþe gret and swiþe strong
He hadde mani of our yslawe,
King Ban him mett wiþouten awe 6000
So we finden in þe boke
And ouer þe ere he him toke
þe cheke he carf þe schulder also
To þe girdel þe dint gan go
His ribbes and scholder fel adoun 6005
Men miȝt se þe liuer abandoun;
King Bohort of gent power
Met Sarmedon þe gomfanoun-bere
On þe schulder he him hit

þat arm and scholder of he kit 6010
His scheld and his gomfanoun
And himself þer fel adoun.
King Leodegan þo gan crie
'For loue of þe quen Marie
f. 235va Bistireþ ȝou min gentil kniȝtes 6015
And leggeþ doun þis paiems riȝtes!'
þe kniȝtes of þe table rounde
Alle lopen on hors o mounde
And hewen on þe Sarraȝin
Wiþ gode wille and hert fin. 6020
⁋þe paiems seiȝe ded Canlang
And Clarion þat was so strang
And þe baneour Sormedon
þo þai nist what to don
Ac so swiþe so þai miȝt 6025
Oway flowen anon riȝt,
To þousand com out of þe cite
And feld hem doun wiþouten pite
Wiþ kniȝtes of þe table rounde
þai hewen he[m] doun vnto þe grounde. 6030
⁋King Arthour and king Ban
King Bohort and king Leodegan
And þe fourti liȝt and wiþstode
And gerten her stedes gode
þurth conseil of Merlin ywis 6035
And went and holpen Cleodalis
þe king[es] steward Leodegan
þat fauȝt oȝain seuen m man
Wiþ four þousand and namore
So ȝe herden herebifore, 6040
þis fourti and to and on
Opon þis seuen þousand smiten anon
And hewen on wiþ gret powers
On schides so doþ þis carpenters—
It was nede for Cleodalis 6045
Stode on fot, and mani of his
Aboute him stode sarreliche
Fram deþ to were sikerliche.

6030 *MS. after* he *two minims* 6037 K king

¶þer king Arthour and Bohort and Ban
And þe king Leodegan   6050
Paiems wiþouten tale slouwe
A þousand stedes her bridels drowe
þis þre and fourti fouȝten so
Forȝeten miȝt it be neuer mo
For þe blod of kniȝtes dede   6055
And of destre[r]s and of stede
Ran hem after al day so ȝerne
So water out of wel-streme,
þurth þe pouwer and miȝt of þos
Cleodalis þat kniȝt of los   6060
Was ybrouȝt on hors ywis
And kniȝtes oþer fele of pris.
¶þe kinges of þo heþen man
Heten Sornegrex and Saphiran
Aiþer of hem was xiiii fot lang   6065
And swiþe hardi and swiþe strang
And hadden swiþe gret despite
þat hem schent pople so lite,
A schille horn þai gun blawe
Togider þai gader her felawe.   6070
¶Kay and Vlfin, þe buteler,
And Grifles þat was of gret power
Ich of hem tok a launce long
And dassed þe Sarraȝins among
Kay king Sornigrex hitt   6075
And kest him to grounde in þat flit
And rode on him wiþ his hors
And defoiled his cursed cors
And had him slawe wiþouten letting
Ac mani com to þis rideing,   6080
Wiþ his launce dan Lucan
þe hert þurth smot of Abadan,
Ac on hors in þis toiling
Was brouȝt Sornigrex þe king.
þo aros gret batail and strif   6085
For of þe Sarraȝins ȝete m fif,

f. 235vb (margin)

6071 Vlfin: *K notes* [Luca]n   6083 toiling: *stroke of* t *extended to the*
left, or t *corrected from* c, *in darker ink*

Were ouercomen vnder þe wal,
þider were flowen alle
þerfore so fel þer were
þat litel was sene her slei3ster þer.　　　　6090
⁋King Sornigrex þat was yfeld
His bodi tobrussed tobroken his scheld
For schame he was out of wit
Our folk he þou3t forto hit
And gred to alle þo Sarains　　　　6095
þat for loue of Apolins
þai schuld of al his fon
Him awreke sone anon,
Of Sara3ins gret þreng
About our Cristen made reng　　　　6100
And hem biclepten in þat place
And leyden on wiþ swerd and mace

f. 236ra

And wiþ axes and wiþ gisharm
Our folk þai deden michel harm;
Ac in þis ich self stounde　　　　6105
Kni3tes of þe table rounde
þat folweden þe paiems fleinde
Al on hors com flinginde
And sei3e þe pensel of fourti and to
þat day þat hadde hem holpen so,　　　　6110
Into bataile to hem þai drowen
Alle þat þai met þai doun slowen
Boþe wiþ launce and swerd bri3t
þo þai metten þai slou3 doun ri3t
And þurth mi3t þai keuerden so　　　　6115
þat þai com to fourti and to
And þo so gret slei3t made
þat y no may it fulrade.
⁋At þe oþer half Cleodalis
Fau3t wiþ Sarra3ins of priis　　　　6120
þat wiþ gret iniquite
Brou3t hem o3ain to þe cite,
þe strong king Saphiran
It was þat fau3t him o3an

6089 so: s *corrected from* f *by deletion of the stroke, in darker ink*　　　6105 *after*
ich, ich *struck through in darker ink*

Wiþ neiȝen þousand verrament 6125
And dede him gret encumbrement;
Ac þo ich to þousinde
þat folwed þe oþer fleinde
To help þer com Cleodalis
And on þe paiems smot ywis, 6130
In her coming and smiten to grounde
A þousand paiems in þat stounde
And þurth þe [h]elp of our Driȝt
Cleodalis halp wele to fiȝt
And helden gode contre oȝan 6135
Saphiran and al his man.
þo nar þo wiþ king Arthour
Bot to and fourti of valour
And of þe rounde table kniȝtes
To hundred and fifti wiȝte 6140
No more þer ner so y finde
And fouȝten oȝain viii þousinde,
Sornegrex hete her king
An hardi paiem þurth al þing.
þer hadde ben miche mischef 6145
No had Merlin seyd a conseil bihef
f. 236rb 'Bieu seygnours y nil nouȝt hele
Of þis paiems beþ so fele
þat we no may oȝain hem doure,
Bot to mi conseil nimeþ coure 6150
Her ben among þis Sarraȝins
Ten geauntes wel strong afins
And þai were of dawe ydon
þe bataile were passed sone'
þai asked him wiche þai were 6155
And he hem tauȝt anon riȝt þere.
⸿King Ban þat was gode and strong
Tok his swerd in his hond
His stede he smot and forþ glod
Oȝain king Sornegrex he rode 6160
His helme he smot bi þe side
þurth helme and palet it gan glide
Fram þe cheke þe neb he bar

6133 *MS.* lelp

þe scheld fram þe schulder þar
And þe left arme and þe hond 6165
Ich vnderstond he dede him schond,
þe Sarraȝins kest a gret cri
And fleiȝe oway wiþ gret hy.
¶Bohort met Marganan
And smot þat vnsely man 6170
On þe helme ichot forsoþ
þat he him cleued to þe toþ
¶King Arthour so Dieu me saut
Met wiþ [an] amiral was hoten Sinalaut
On þe helme he him hitt 6175
And a quarter þerof kitt,
On þe schulder slod þe dent
And kitt it of verrament
And þerwiþ ribbes four
þe painem starf wiþ misantour. 6180
¶Sir Vlfin slouȝ þo Sabalant
¶And Bretel þe douk Cordant
¶þe steward Kay slouȝ dan Deriard
¶And Lucan þe boteler slouȝ Malard
¶And Grifles so slouȝ Menadap 6185
¶And Meragys slouȝ þe douke Sadap
¶And Gornenis slouȝ þe douke Maupas
¶And Craddok slouȝ Darrilas.
þese were þe geauntes ten
And princes of þe heþen men, 6190
f. 236ᵛᵃ þo þe paiems hem ded seiȝe
A cri þai gun areren heiȝe
And seyd it were deuelen þat þai wiþ fouȝten
Sikerliche so hem þouȝten,
þai flowen oway wiþouten abode 6195
Our folk swiþe after hem rode
And to grounde slouȝ doun riȝt
Al þat þai oftake miȝt
þre þousend þai slowen of þe eiȝtte.

6166 schond: o *corrected from* e, K *reports this as in darker ink, I think not*
6174 [an] amiral: *So K notes, K text* amiral 6183 K Danderiard
6187 Gornenis: *stroke to the first of the group of three minims corrected to the third,* T Goruenis, K Gorueins
C 7738 T

þe oþer ascaped anon riȝt 6200
To þe riche king Saphiran
þo were þai xiiii þousand of man
And smiten on Cleodalis
þat had bot four þousand ywis
And þe to þat comen out of þe cite, 6205
þer men seiȝe wel gret pite
Hou þe painems and king Saphiran
Defoiled our Cristen men
A þousand and mo þai slowen
þe remanant of hors drowen; 6210
Oft Cleodalis was wo
Ac neuer wers þan him was þo
Ydriuen he was vnder þe toun
And loked after þe dragoun
þat Merlin bar ac he no miȝt 6215
Nowhar of him han a siȝt,
No þe kniȝtes of þe rounde table
Miȝt he nowhar se saun fable
He wende þat dede þai hadden ben,
þer miȝt men gret pite sen 6220
Now he flowe now he wiþstode
For drede he was neiȝe wode,
þe citaisins þan seiȝe þis
And reweliche cri maden ywis.
Ac þurth Merlin so ich finde 6225
Arthour was bileued bihinde
And þe oþer wiþouten fable,
þe kniȝtes of þe rounde table,
And adden alle adoun aliȝt
Her stedes girt [þ]e sadels riȝt 6230
And soft and sarre saun faile
[C]om to þis reweful bataile;
þo on þe walles of þe toun
Seiȝe comand þe dragoun
f. 236ᵛᵇ þo seyd þe fair leuedis 6235

6200 oþer: r *inserted above line in darker ink* 6226 Arthour: a *uncertain (a smudged correction, probably of* m) 6230 MS. he, K he[r] 6232 MS. com *with stroke of* c *then extended further to the left apparently as a correction to* t, K Com 6233 on: n *uncertain, K reports erased, I think merely rubbed*

To þe steward Cleodalis
'Cleodalis þou gentil k[ni]ʒt
Bistir þe and hardiliche fiʒt
For ʒonder doun in þe valaie
ʒou comeþ socour of gret noblay   6240
We seþ þe dragoun þat casteþ fer
And after þe newe souders
And Le[o]degan wiþ hem saun fable
And þe kniʒtes of þe rounde table
Alle þai comen ʒerne apliʒt,   6245
Now kiþe þou art a noble kniʒt'—
Cleodalis in alle his liue
Nas neuer ʒete so bliþe
þo he and his kniʒten
So wele fouʒten so þai miʒten.   6250
¶Arthour and Ban and king Bohort
þer hem com to gret comfort
Wiþ her folk of gret mounde
þre hundred þai bar to grounde,
Ac a left half and a riʒt   6255
King Arthour slouʒ doun riʒt
Wiþ Esclabor his swerd so gode
þat day he schad so michel blode
Also dede þe king Ban,
þer slouʒ mani heþen man,   6260
Bohort his broþer and eke he
Spard noiþer þral no fre
Of stiel no yren armes nan
No miʒt doure hem oʒan,
No may y noiþer telle no rede   6265
Hou wele þai deden, her ferrede,
Ac þe leuedis on þe tour
ʒerne biheld king Arthour
And hadde wonder of his ʒingþe
þat þer kidde swiche stre†ngþe.   6270
þe heþen king Saphiran
Despite hadde of so fewe men
So miche folk þat slowen þo

6237 *MS. between* k *and* ʒ *three minims with a stroke to the first,* K kniʒt
6243 K Ledegan   6270 *MS.* strerngþe, n *corrected from first stroke of* e

Mani geaunce þai cleued ato,
He cleped to him Sortibran   6275
And Senebant and Engredan
Molore and eke Frelent
And Clariel a geaunt gent

f. 237ʳᵃ Landon and ek Moras
And Randel þat noble was,   6280
To hem aloude he gan to speke
Wiþ launce his anoie to wreke.
¶Forþ dassed þe king Saphiran
þat vnsely hoge man
Herui Riuel and his hors gent   6285
He frust doun at o dent
þat hors and man astuned lay,
Ʒete forþ he dassed par ma fay
And þrewe sir Antor of his hors
þat al þat day him was þe wors,   6290
Ʒete forþer he gan ride
And smot Grifles bi þe side
And kest him to þe grounde
His launce brac in his wounde,
And Sortibran wiþ iusting cler   6295
Feld Luca[n]s þe buteler,
Clariel feld Meraugys
And sore hirt him ywis,
Engredan feld Gor[n]ains and Craddoc
And sore agreued our floc,   6300
Senebant þrewe doun Bleoberis
And his hors vnder him ywis,
þus þe geauntes our kniʒtes þrewe;
Our men gun it sore rewe
Non of hem had dedeli wounde   6305
Ac sone stirt vp in þat stounde
And wiþ scharpe swerdes of stiel
Wered hem manliche wel,
Our folk abuten hem gan þrest
And socourd hem wiþ þe best.   6310
¶And ʒete in þis strong rideing
Com Saphiran þe heþen king

6296 *K* Lucas   6299 *K* Gorains

And in his hond a launce strong
þat was boþe gret and long
Leodegan on þe scheld he hitt 6315
And wiþ strengþe it þurth slit,
His hond he bar heiȝe ferly
þe launce glod þe king forby
þat ran þurth þe hors bihinde
King and hors adoun gan winde; 6320
'Allas' þai seyd on þe tounes wal
'Now we han ylorn al'

þai wende þe king yslawe ware
And maden diol and sorweful fare,
Gvenour made gret diol ywis 6325
And so dede al þo leuedis
þat þat ich dint ysawe
þai wende þe king were yslawe—
So he hadde forsoþ yben
No hadde oþer stirt bitven 6330
And him halp in þat rideing.
þo spac Arthour þe king
'Certes' he seyd 'þis nis no game
þe paiems doþ ous swiche schame'
And swore he wold sterue anon 6335
Oþer him awreke of his fon
And namlich on Saphiran,
'Nay lete me' quaþ king Ban
'For þou art to ȝong and ek to lite
Oȝain swiche a deuel to smite.' 6340
þo seyd Merlin to Arthour
A word of gret deshonour
'Wat abidestow coward king?
þe paiem ȝif anon meteing!'
For schame Arthour was neiȝe wode 6345
In wratþe brent al his blod
His hors he smiteþ and he forþ glod
Oȝain king Saphiran he rode,
Saphiran seiȝe war he cam
A strong launce in hond he nam 6350
Toforn him his scheld he grope
Stef he streiȝt his stirope

His stede he smot of gret valour
And rode oȝain king Arthour—
A deuel rod oȝain a child. 6355
King Ban for drede was nei wilde
And rode after king Arthour
To helpen him par auentour.
Saphiran wiþ king Arthour mett
Wiþ miȝt gret on him stett 6360
His scharp launce gan to glide
þurth Arthour scheld and his side,
þe speres schaft al torof;
Arthour nam no ȝeme þerof
Ac in sadel sat vpriȝt 6365
To mete Saphiran apliȝt,

f. 237va

His launce he bar þurthout his scheld
And þurth þe hauberk felefeld
þurth þe wombe and þurth þe chine
þe spere ȝede euen bi line, 6370
Quaþ Arthour 'þou heþen cokin
Wende to þi deuel Apolin!'
þe paiem fel ded to grounde
His soule lauȝt helle-hounde.
G[v]eneoure sat on þe cite-walle 6375
And þe oþer leuedis alle
Of Arthour seiȝe iusting þis
On him þai laiden al þe priis.
Anon after þe king Ban
Met þe geaunt Sortibran 6380
And on þe scholder so him hit
þe side fram þe bodi kitt,
þo com Malore and Frelent
And nomen Ban þat king so gent
Bi þe helme wiþ her hond, 6385
To smite of his heued þai gun fond;
þis yseiȝe þe king Arthour
And smot his stede to þat socour
Malore in þe heued he hitt
þe heued fram þe bodi he kitt. 6390
℟þo þouȝt þe paiem Frelent
Awreke his cosyn of þat dent

To Arthour wiþ main he smot
His scheld he clef God it wot
And of his hauberk a gore   6395
And of his aketoun a fot and more
Ac he no tok nouȝt his flesche,
Herof Arthour anoid wes
A dint he smot anon to him
And cleue his helme and eke bacin   6400
And al þe heued to þe brest,
þe paien fel wiþ iuel rest.
þe paiens schirt and made dol
For þai no hadde þo bot Randol
A geaunt þat bar [þ]e gomfanoun   6405
Alle þe oþer were leyd adoun,
þe paiens of deþ hadden doute
And alle wenten Randol aboute
Ac Ban no leued for no doute
þat he no dassed hem þurthout   6410
f. 237ᵛᵇ   And Randoil on þe schulder he smot
Wiþ his swerd þat wele bot
þurthout hauberk and aketoun
To þe midel al adoun,
þe pensel fel and eke Randoil.   6415
þe paiens þerof hadden diol
And gun rere a wel foule crie
So dorren don and flesche-fleiȝen
And for sorwe and drede and eiȝe
þai flowen euerich his weiȝe,   6420
King Arthour wiþouten abade
And alle þe oþer of whom y tofore sade
After þis paiens fling
And mani of hem to deþ sting
Wiþ scharp swerd of gode egge   6425
þe liif þai dede mani on legge;
Of xiiii þousand, boten fiue
No aschaped to king Rion oliue
Wiþ michel sorwe and michel care
And þat al forwounded ware.   6430
King Rion al þai teld

6405 *MS.* he   6415 *K* Randoțl (*though* Randoil *retained in 6411*)

Hou her feren weren aqueld,
Wel wroþ was king Rion þo
And made diol and michel wo
And swiftliche he sent his sond   6435
Oueral into Irlond
And into Danmark also,
þe messangers forþ gun go
þat bere letters and tidinges
To on and xx strong kinges   6440
To hundred m þat schulden bring
And l m of heþen genge
And for to ȝer her spending—
And so þai dede wiþouten lesing.
After þis bataile and scumfite   6445
Our men boþe gret and lite
Togider gaderd hem comonliche
And comen hom nobleliche
And biforn hem driuen al þe pray
Of xx c cartes y say   6450
And com to Carohaise þat riche toun
Wiþ ioie and wiþ processioun;
King Leodegan þo hete
His men nimen þat pray skete
f. 238ra   þat in þe tventi c cartes was   6455
Taken it Arthour more and las
So deden þe kinges kniȝtes,
Arthour nome it anon riȝtes
And parted it wel curtaisliche
Bi Merlins conseil sikerliche   6460
And so miche ȝaf his ost Blaise
þat riche hem made and wele at aise.
Ac Arthour no Ban no forþ his host
No lenge wiþ Blasie soiourne most
Ac to court þai were yfeched ra[þ]e   6465
And ydon in riche baþe;
Gveneour wesche þe king Arthour
And Ban and Bohort wiþ honour,
Gvenore anoþer damisel
And oþer maiden fair and fel   6470

6462 hem: K h[i]m   6465 MS. rare

Weschen alle her gentil feren—
Here ʒe schul now yheren
Hou þe oþer Gvenour was biʒete
Y wil þat ʒe it alle wite.

⸿þo Leodegan spoused his quene   6475
A burmaiden he hadde fair and schene,
On fair maner and gentil wise
þat serued þe leuedi of heiʒe prise,
þe kinges steward Cleodalis
Seiʒe þis maiden of gret prise   6480
And spac so fair to þe king
þat he wedded þat swete þing.
After a ʒer oþer to ywis
þat gentil kniʒt Cleodalis
Went þer him hete þe king   6485
And left his wiif in þe quenes ʒeming
And ich ʒou sigge par ma fay
In þe quenes chaumber sche lay.
Ich niʒt it was þe quenes maner
To chirche gon and matins here,   6490
Also þe quen herd matines
þe king aros bi wrongful lines
And what bi loue and what bi striif
He forlay þe stewardes wiif
And biʒat a maide of gret mounde   6495
þat was Gvenour þe secounde,
And fram þat time al afterward
He binam þe wif his steward

f. 238ʳᵇ   And hadde hir fer in on trist
Whiderward þe steward nist   6500
Naþeles Cleodalis
þat gentil kniʒt of michel priis
Noiþer in seruise no in bataile
No feined oʒain þe king saun faile;
þis Gvenour was þe oþer so liche   6505
So pani is oþer sikerliche.
þese weschen þis gentil man
And leyd tables after þan.
Leodegan nam ʒeme wi[ch] onour

6476 he: K [sc]he   6499 K on [castel] trist   6509 MS., K wiþ

Alle þe oþer born king Arthour,   6510
King Arthour sat wiþouten fable
Midelest at þe heiʒe table
King Ban at his riʒt half sat
Ac þe oþer half king Bohort at
Afterward her compeinie   6515
Was yset þritti and neie
And next hem wiþouten fable
Sat þe kniʒtes of þe rounde table,
After þat ysett were þere
Al þo oþer after þai were.   6520
In halle þai hadden riche seruise,
Whereto schuld y þat deuise?
Ac Gveneour wiþouten les
Serued Arthour of þe first mes;
Leodegan þat wele y say   6525
Biheld his douhter and Arthour noblay
So michel on hem he þouʒt
þat of mete no drink he no rouʒt,
A noble kniʒt Herui de Riuel
Vndernam his semblaunt wel   6530
And seyd 'Sir þi þouʒt lete be
And make þine ostes gamen-gle,
Eten and drink men schal on benche
And after mete in chaumber þenche,'
þe king þis tale vnderstode   6535
And made his gestes semblaunt gode.
Ac on Gveneour biheld Arthour
And was al nomen in hir amour
Ac he tempred so his blod
þat non oþer it vnderstode;   6540
Gvenoure on knewes oft gan stoupe
To serue king Arthour wiþ þe coupe
f. 238va   And he seyd to hir saun faile
'Crist lete me ʒeld þe þi trauaile,'
And sche seyd to him 'Sir gramerci   6545
It nis nouʒt to ʒeld sir ie vus dy
Ac swiche a þou[s]and so y be
Sir no miʒt it ʒeld þe

6532 K gamen [and] gle.   6547 K þouand

þe help and þe trauail and þe honour
þat ȝe han don to mi lord and ȝour socour,   6550
Yherd be Ih[es]us Cristes sond
þat ȝou sent into þis lond'—
Gveneour was euer tofor Arthour
And serued him wiþ gret honour
And bifor eueri gentil man was   6555
Maidens to serue wiþ gret solas.
þer were trumpes and fiþelers
And stiuours and tabourers
þai eten and dro[n]ken and made hem glade
And þo þai were al glad made   6560
þe cloþes weren vp ydrawe
And þai weschen so it was lawe.
After mete asked king Ban
To þe king Leodegan
Whi Gvenour his douhter precious   6565
To sum gentil man [n]ere yspouse
Seþþen he no hadde non airs,
'Certes sir' quaþ Leodegan vairs
'Ȝif were ner so mot y liue
Sche were mani day yȝeue,   6570
Wist ich owhar ani bacheler
Vigrous and of miȝt cler
And he were of gode linage
þei he nadde non hirritage
Mi douhter ich wald him ȝiue   6575
And al mi þing wiþ to liue'—
For king Arthour þat he seyd.
Merlin þo toforn hem pleyd
And cleped vp king Arthour and Ban
And her feren fram Leodegan   6580
So þat Leodegan miȝt of noþing
More wite of her being;
þer seyd Merlin anon riȝt
To king Arthour al þe sleiȝt
þat Wawain and his feren of mounde   6585
Hadde ydon biside Lounde

f. 238ᵛᵇ   And al þat þerwhiles schuld falle

6566 *MS.* were

He teld þer biforn hem alle,
Wherþurth bliþe in þat toun
þai bileft til þe Assensioun.   6590
Lete we now here king Arthour
And his feren wiþ gret honour
And hereþ of þe chaunces ille
þerwhiles in Inglond bifelle.
Listneþ now fele and fewe,   6595
 In May þe sonne felleþ dewe
þe day is miri and draweþ along
þe lark arereþ her song
To mede goþ þis damisele
And fair floures gadreþ fele.   6600
¶King Arthour is leued at Carohaise
And alle his frendes wele at aise,
And euerich cite þat was his owe
Castels tours heiȝe and lowe
He dede warnise wiþ store þan   6605
þat he no douted non haþen man,
Ac swiþe gre[t] confussiouns
Bifel þerwhiles to our barouns
þat were ywent ato wel wide
Euerich to loke his owen side.   6610
¶In þis time a messanger cam
To þe king sir Cradelman
And seyd so ich writen finde
'Of paiens xx þousinde
Comeþ a boþe half Arundel   6615
Yarmed swiþe wel.'
Swiftliche þe king Cradelman
Nam x þousand armed man,
Haluendel tok Pollidamas
His nevou þat gode kniȝt was   6620
þe oþer del himseluen he tok
So we finden on þe boke
þai riden forþ anon riȝt
Til þai com to hem apliȝt
And founden hem on a grene plas   6625
Ich of hem slepeand was;
Al abouten þai biclept hes

And smiten on wiþouten les,
Wiþ hors fete þai riden hem on
And þurth stongen mani on,   6630
þurth swerd and ax spere and kniif
þer les mani a man þe liif.
Non hadde miȝt hem to were
Noiþer wiþ swerd no wiþ spere
Ac alle þat euer miȝt flen   6635
Swiþe gun oway ten
To a castel wiche held Cramile
þennes ouer þre mile
Heiȝe and strong a roche opon
(Hir broþer hiȝt Bordogabron,   6640
þer was in wiþ hir þo
XX þousand paiems and mo),
XV þousand king Cradelman
Slouȝ of þat heþen man
þe fiue þousand flowen oway   6645
Our folk hem suwed par ma fay.
❡þe paiens þat wiþ Cramile were
Her feren þai seiȝe misfare
'As armes!' gred alle þat þer was
Boþe þe more and þe lasse,   6650
XIIII þousand lopen on stede
Armed alle in riche wede
And smiten on king Cradelman,
þer was miche sleiȝt of man.
þerwhiles þe gentil men of Arundel   6655
Wenten out and deden wel—
Gold and siluer and purpel pelles
Mete and drink and mani þing elles
þat þe paiens þer hadden late,
þai went to Arundel and schet þe gate   6660
And stowen vp heiȝe on þe walle
To sen what miȝt to our bifalle.
Bi þat þai com on þe wal ⟨o⟩n heiȝe
Cradelman was scomfite n⟨eiȝ⟩e,
Doun þai lepen of þe walle   6665
And 'As armes!' þai gredden alle

f. 239ra

6630 *below the column catchword* þurth swerd and ax   6656 deden: *K* [ses]eden

On gode hors þai lepen of priis
(Fiue hundred þer were ywis)
To socour and comen anon
And halp wele Cradelman   6670
þat hadde lorn of ten þousinde
þe þre þousand so y finde,
þe paiens of þousindes fourten
þe four hadden lorn so y wen.

f. 239rb

Ac þer swiche bataile aros   6675
A boþe half þat hem agros
Ac our had hadde þer more wo
No hadde a chaunce ben þat bifel þo
For þe king of þe hundred kniȝtes
Com hem vp þo forþ riȝtes   6680
þat hadde yherd bifore teld
Hou paiens þe cuntre hadde aqueld
And come priueliche paiens to aspie
To binimen hem her robrie,
X þousand he hadde gode kniȝten   6685
(þe haluendel he dede diȝten
To Morganor his steward
In armes stalworþ and hard)
þis dasched on þe Sarraȝins
Wiþ gode wille and hert fins   6690
Eueriche wiþ his strong spere
þurth a Sarraȝin gan it bere
V forlong he dede hem recoile
And vnder hors fete defoile.
Ich on oþer fast hewe   6695
Ac þe Sarraȝins þo it sewe
Hou þat men her folk hit
And hou fele fel in litel fit,
þai arered a cri of more wonder
þan tempest vfer, or þonder,   6700
Alle þat euer fle miȝt
Oway flowen anon riȝt
Ac our kniȝtes and our barouns
Hem tauȝt so her lessouns

6700 vfer: v *uncertain, both obscured and of unusual form*, S, T, K o fer, K *reports*
o '*sehr verkratzt*'

þat of fourten þousand fram deþ 6705
No ascaped bot þre vnneþ,
Of hem ran as michel blod
So in riuer when it is flod,
þer lay of paiens mani tasse
Wide and side more and lasse 6710
Mani fair stede dede þer lay
And mani wiþ blodi sadel ȝede astray,
For seþþen first, in on þrawe
Fiftene þousand þer were yslawe,
And er weren also ich finde 6715
Afor yslawe þritten þousinde,
þus fele þai slouȝ of haþen
þat schuld hem no more waite scaþen;
It þouȝt hem a fair praie

Ac þo at arst agan her ioie 6720
For euerich oþer knewe sone
And þonked God midydone
Of þe help and þe socour
þat eueriche dede oþer wiþ vigour,
And anon wiþouten onde 6725
Went into Arundel ich vnderstond
And dede biri þat ich day
þe Cristen in chirche-hay.
Of þe paiens þat were in lond
Gret conseil þai held ich vnderstond. 6730
¶þo seyd þe king Angvigenes,
þe king of þe hundred kniȝtes wes
'Ich rede we sende our sond
To alle our peres of þis lond
þat we ous geder togider alle 6735
And on þe paiens at ones falle
And fonden bi fine miȝt
To slen hem alle doun riȝt.'
'Certes' quaþ Cradelman
'Me þink þat nere nouȝt wele don 6740
For oȝain on of our men
Beþ mo þan þritti and ten,
ȝete is better for ich cas
þat eueriche baroun loke his pas

And aspie hem bi tropie   6745
And so fond hem to astroie,
No schal ich no non of mine
Ben bihinde for deþ no pine.'
þo þai hadden seyd þis word
Ich bitauȝt oþer our Lord   6750
Anon hom ich of hem went cert
Of þat pray ich hadde his part
Whereþurth þai miȝten, after long,
þe better hem ȝeme fram wer and wrong—
Lete we now þes bileuen here   6755
And speke we now of her fere.

Per comen vp fer bi norþ
　　Ten riche soudans of gret worþ
¶þe first king hete Oriens
¶þe oþer hete Pongerrens   6760
¶þe þridde hete Manginoires
¶þe ferþ het Gondeffles

f. 239vb　¶þe fift soudan het Sorbars
¶And þe sext het Pincenars
¶þe seuend soudan het Fraidons   6765
¶And þe heiȝte Salbrons
¶þe neiȝd het Maliaduc
[¶]þe tenþ Vargon an heþen douc,
þes comen vp so ich finde
Wiþ fiften c þousinde   6770
And wiþ þe stouer of to ȝare
þerwiþ þai miȝt wele fare,
Ac þo þai comen vp on lond
þai senten her folk ich vnderstond
Bi seuen þousand and bi heiȝte   6775
Vplondis men to sle doun riȝt,
Bi niȝen þousand and bi ten
þai senten about to slen our men.
In þis sorweful time and lange
Into þe cite of Coruanges   6780

6752 part: *MS.* pert, e *subpuncted and a inserted above line all in darker ink*
6761: Manginoires: in (*i.e.* i *with mark of contraction) uncertain, S, T, K* Man-
gloires　　6768 [¶]: *the rubricator has not noticed the scribe's stroke*;　Vargon:
S, T, K Bargon, MS. *can be so read*　　6776 Vplondis: *K reports* is *erased, I
think merely faded*

Messangers com to Angvisaunt þe king
And teld him reweful tiding
'Sir' he seyd 'bitven þis cite and Lanernv
Fiftene þousand be comen nov
Sarrains þat wiþ fire wilde   6785
Brennen man wiif and childe,
Bot þou hem socoureþ anon
þai be forlorn eurichon.'
¶þe king was sori and noþing bliþe
'As armes!' he grad swiþe,   6790
XV þousand al armed ywis
þer lopþen on gode hors of priis,
To on hille and gun hem heiʒe
þis mesauentour forto aspie
þo seiʒe þai al þe cuntray   6795
Stonden brenand on rede leiʒe
Man and woman vrn so dere
Oueral for dout of þe fer,
Mani man for drede lete his wiif
þe wiif hir child þe child his liif,   6800
Quaþ king Angvisaunt 'Woleway
þat ich euer bot þis day
And þat ich euer schuld sen
þus miche rewþe on erþe ben.'
His men þer he schift ato   6805
Half he tok himself and mo
f. 240ra   And haluendel he toke Gaudin
þat was a kniʒt hardi and fin,
þat seþþen wiþ his miʒti hand
Wan þat maiden of þe douke Branland;   6810
þese smiten þe hors of priis
And deden hem gon gode scour ywis,
þurth mani bodi haþen
Her launces þai dede baþen
After þat her swerdes þai drowen   6815
And sexþ þousand to grounde slowen

6783 Lanernv: ner *represented by mark of contraction over two minims,*
normally = un   6786 childe: e *possibly erased*   6787 socoureþ: K
socoure[st]   6792 lopþen: *MS.,* T lopoen, K lopen *reporting* e *corrected*
from o, *but* o *and* e *are distinct though compressed*   6816 *MS.,* K sexti

Als who seyt, al for nouȝt,
For þai wer abrod ydreyȝt.
Ac sone þerafter nouȝt forþan
Fourti þousand after hem cam   6820
Ac our þurth Godes miȝt
Wele hem stode oȝain to fiȝt
And cleued mani heþen hounde
Fram þe to[p] to þe grounde
And deden al forþ manliche   6825
For leuer hem were be ded sikerliche
In manschippe and in trewþe
þan euermore liue in rewþe
And so nobliche her dint bisett
þat neuer men no deden bet.   6830
Allas allas! Gret pite
Sone fel on þis gent meine
Lenger douren þai no miȝt
For opon hem com anon riȝt
þe forseyd soudans ten   6835
Wiþ alle þe cuntre wreiȝen of men
And biclept al about
Our litel Cristen rout
And slouȝ of our compainie
Verament þousandes niȝe,   6840
þo was þer of xv þousand
Yleued bot sex bihinde
And þe oþer flowen also ȝerne
So her stedes miȝt erne
Ac þer no hadde non scaped oway   6845
Nadde chaunce comen fram Crist on heiȝe—
Vȝriens þe king of Schorham
þe Sarraȝins bihinde cam
And his nevou Baldemagu
A strong kniȝt of gret vertu   6850
f. 240rb   Wham Vriens ȝaf half his lond
Out of Owains his sones hond,
þese wiþ hem xii þousinde brouȝt

6817 K [E]ls who seyt, [it is] al   6824 MS., K toþ   6845 non: mark
of contraction representing second n possibly in the darker ink   6847 Vȝriens:
MS. between v and r two minims   6852 Owains: K notes [Y]wains

þat of dede litel rouȝt.
Men hem teld of michel sorwe   6855
þerfore þai went out bi þe morwe
And þouȝt to don sum alegaunce
Pouer men of her greuaunce
And comen hem sodanliche
Opon alle þe paiens sikerliche,   6860
þese weren alle gode kniȝt
And flongen opon þe paiens anon riȝt
Wiþ strong launce God it wot
Euerich a paiem þurth smot
And sum wiþ o launce-schaft   6865
What þurth miȝt and Godes craft
Four oþer fiue slowe
þerafter ich his swerd drowe,
And ich ȝou telle for soþe and siker
þer bigan a stern biker   6870
For þe Sarraȝins turned oȝen
On king Vrien and his men;
þer was mani heued of weued
And mani to þe midel cleued
And mani of his hors ylust,   6875
Forsoþe þer ros so michel dust
þat of þe sonne schineand briȝt
No man miȝt haue no siȝt,
Here and þer crie and honteye
Men miȝt hem heren þre mile-way.   6880
King Anguisaunt and meine his
Was yflowen a fer weys,
Socour com þat he vnderstode
And turned oȝain wiþ hardi mode
On þe Sarraȝins and smite   6885
Wiþ swerdes þat wele bite
And a þousand on a rawe
þai haden sone brouȝt o dawe,
þat was bataile of mende
Bitven deuelen and kniȝtes hende.   6890
þe Sarraȝins ost and pray
Last fele mile-way;
¶Vriens at þat o nende fauȝt

And his kni3tes þat spared nau3t,

Angvisant fau3t at þe oþer ende, 6895
Non no mi3t com oþer hende
No bi fele wayes sen
So fele deuelen hem were bitven.
Our folk wi3tliche hem gan were
Wiþ ex and swerd and scharpe spere, 6900
3ete hadde þai lorn gret lore and slei3st
3if on hem no hadde comen þe ni3t
þat þai ne sei3e miche no lite
Ani to oþer ari3t to smite;
Ich wot forsoþe of þe heþen men 6905
Were yslawe swiche ten
þan were of our Cristiens.
Ac swiþe anon þo wiþþerwins
Her pauilouns þo telten ri3t
Forto bileue al þat ni3t; 6910
¶King Aguisaunt went hom
To Coranges ri3t anon—
Ni3en þousinde hem were yslawe,
þo þe citeseines it sawe
þer was mani leuedi 6915
þat sore biwepe her ami
And mani gentil damisele
Hir fader biwepe wiþ teres fele
þe soster biwepe her broþer
And euerich frende biwepe oþer. 6920
¶þis time went king Vrien
To þe cite wiþ alle his men,
Also he com bi þe way
He fond cartes and michel praye
And loges and pauilouns 6925
Telt on a grene, swiþe roum,
þo asked king Vrien
Wiþ whom þai weren and wos men,
þai seyd wiþ king Brangore
And Wandlesbiri [þai] lay [f]ore— 6930
Of Sessoine þis hei3e king was,

6926 K a [swiþe grene] roum   6930 And: K notes [At] (or [In]);   [þai]: MS.,
K and;   [f]ore: MS., K þore

And hadde made al þis purchas
Opon our men ywis
For þe sibred of douke Angis;
King Vriens wiþouten abode   6935
And al his folk on hem rode,
On her heueden and feld adoun
Boþe loges and pauiloun.

f. 240ᵛᵇ

To mete þai weren alle yset
Forsoþe hem was litel þe bet   6940
For on hem were stet þe hors
And defoiled her foule cors,
Tables cloþes bred and wine
Plater disse cop and maseline
Was vnder hors fete totoiled   6945
And mani riche þing defoiled;
Vnarmed were þe paiens alle
Our folk hem gun to talle
Wiþ swerd and ax spere and kniif
þai binome þe paiens her liif   6950
And so hem tohewe anon riȝt
þat þai nadde power oȝein to fiȝt
Bot were al yslawe in litel stounde
Euerichon vnto þe grounde
Bot fourti paiens vnneþe   6955
þat hem ascaped fram þe de[þ]e,
Wiche þat niȝt vnderfenge
Oriens þat riche king
And miche biment þat he no miȝt
Awreken hem þat ich niȝt   6960
Ac amorwe he wold fond
Brennen and spillen al þis lond—
Amonges men it were ille
Ȝif eueriche vnwrest hadde his wille.
¶King Vriens and his kniȝtes, siker,   6965
After þis ich noble biker
Token al þis riche praie
Pelles purper gold and monaye,
V hundred somers wiþouten lesing
þer were charged wiþ riche þing   6970

6956 *MS.* dere

And sex hundred cartes so y biþenke
Ful of flesche and mete and drinke,
Alle þai ladden wiþ hem þis
Into þe cite wiþ ioie and blis
þe heiȝe boþe and þe lawe   6975
þe bet ferd gret þrawe.
Lete we now be þis soiourne
And speke we of Oriens, wroþ and morne
For þis ich viii þousinde
þat were yslawe him bihinde,   6980
Amorwe aros king Oriens
And hete castels [and touns bren]

f. 241ra

And alle þe houses þat þai founde
þai schulden bren into þe grounde
Man and hounde wiif and child   6985
þai schuld bren wiþ fer wilde,
And so þai deden wiþouten pite
And spredden abrod in þe cuntre
And setten on rede laite
Al þat euer þai miȝten awaite.   6990
Saigremor a child noble
  Was comen fram Costentinenoble
In þis time þat ȝe heren
Wiþ seuen hundred gentil feren
Of king Arthour kniȝtes to ben   6995
Ȝif þai miȝt so yþen;
þes metten children and wiues
And men, to sauen her liues
Vrn and stirten þer and her
For houndes so doþ þe wilde der,   7000
Segremor hem asked whi
þai vrn and made swiche cri,
þai seyd for drede of þe haþen
þat hem brent and dede scaþen,
þai asked where was þe king Arthour   7005
And þai him swore bi seyn Sauour
To Carmalide he was ygan
To help king Leodegan,

6982 [and touns bren]: *So K notes, MS., K text* bren and touns   7006
him: *K notes* h[e]m

¶ 'Certes' quaþ Sagremoret
'Oþer we schul sterue in þis flet   7010
Oþer doun leggen of þis haþen
þat in þis lond doþ swiche scaþen.'
þer þai hem armed swiþe wel
Boþe in iren and in stiel
And v hundred of vplond   7015
Com to hem ich vnderstond,
And dasched on þe paiens wiþ hert gode
þat were sprad þo abrode
þat v hundred in litel stounde
þai laiden doun wiþ deþes wounde,   7020
Ac sone afterward hem bihinde
Come ȝete fourti þousinde
þat were wiþ Oriens þe king
And afterward wiþouten lesing
Sexti þousand and mo   7025
Come wiþ king Oriens also—

f. 241ʳᵇ þus fele þer comen and no las,
Wiþouten þe cuntre þat ful was.
Ac in þis time an eld man
As messanger to Wawayn cam   7030
Into þe cite of Lounde
And him gret in þat stounde
And seyd 'Wele yfounden child Wawayn
Crist saue þi miȝt and þi mayn
And alle þi compaynie fre   7035
þat ich here about þe se!
Sagremor a ȝong man noble
Is ycomen fram Costantinenoble
And seuen hundred ȝong man gent
To sechen king Arthour verrament   7040
Of him to afong swerd of stiel
And to seruen him swiþe wel,
In Souþesex þai ben ariue
In strong periil of her liue
þis letters þai senten þe   7045
Her nede þou schalt yse.'
Wawain þis letters redde anon

7037 a: *on erasure in darker ink*

And seyd to his feren ichon
'As armes feren! Nede it is,
Y nold for þis cite ywis   7050
þer þat Segremor were ded
Bot we him holpen and deden red.'
To þeld cherl he ȝaue a stede
þat hem brouȝt þat message at nede
And he hem tauȝt þan way   7055
Toward Segremor þat ich day,
þai no hadde no desturbing
No of paiens no meteing,
þis ich eld messanger
Hem ledde boþe swiþe and ner   7060
þat al bitimes saun faile
þai miȝten com to þat bataile;
¶Wawain hadde wiþ him so y wene
Of orped boies þousandes fiftene
And as he rode bi þe way   7065
Euer he gadred mo y say.
¶Comand þese lete we
And speke of Segremore so fre
Fourti þousand smiten him on
And he oȝaines hem anon,   7070

f. 241va   XII hundred oȝain fourti þousinde
Ferd so smoke oȝain þe winde
Naþeles y telle it ȝou
Seigremor and his hadde swiche vertu
þat, on of his ȝif þe oþer afeld,   7075
þeroȝaines tventi he queld.
¶Ac þis was teld Oriens bihinde
þat was cominde wiþ sexti þousinde
And he for þe lore and for þe anoie
þat he hadde þat oþer day   7080
Hete men schuld abouten hem gon
And hem nimen euerichon,
Abrode þai ȝeden wiþouten doute
And þe children comen about,
þe cuntre was ich way   7085
Of armed paiens f[u]l þai say

7075 afeld: K [w]a[s] feld   7086 MS. fel

Segremor no his fer
No miȝt flen in non maner
And hadden ment hem to ȝeld
Ac fer fram hem þo hye biheld   7090
Fele baners þai seiȝen com
And after hem gret trom
þo seyd child Sagremoret
'Ȝif wel gunne do we now bet
For yherd be our Saueour,   7095
Y se ȝond com gret socour.'
þan þai werd hem wiþ swerd naked
þat so fer so þai miȝten take
Non neiȝe hem com no miȝt
þat þai no slowen doun riȝt.   7100
In þis time com Wawain
And his feren wiþ gret main
Euerich of hem gan to bere
þurth a Sarraȝin wiþ his spere
Afterward swerdes þai drowe   7105
And sexten þousinde to grounde slowe
Mani mouþe þe gres bot
And griseliche ȝened God it wot
Paiens floted in her blod—
Euer is Cristes miȝt gode.   7110
Wawain to Sagremor com þan
And king Oriens werd him fram
Wawain ȝaue Oriens swiche a flat
Boþe on helme and ysen hat
þat he to grounde plat þere   7115
Also he stef and stan-ded were,
His folk abouten him pres made
Euerich gan to crie and grade
For her lord, and vp him toke
So we finden on þe boke   7120
To Wawain þer com a kniȝt
And bad him wende anon riȝt
Toward Camalot wiþ his felawe
And so he dede in þat þrawe
And al his feren God it wot   7125

f. 241ᵛᵇ

7094 wel: *K* [we] wel   7115 *K* [fel] plat

Went toward Camalot
þerwhiles þe paiens aboute were
Her soudan forto arere.
Ac þerafter a litel while
Wele þe mountaunce of a mile   7130
Oriens his limes drouȝ
And gan arise of his swouȝ
And seie þe diol sorweful and grim
þat his folk made for him,
Vp he lepe wiþ chaufed blod   7135
So him no were nouȝt bot god
And asked anon ywis
Newe armes and newe hors of priis
And newe swerd and newe launce
To nimen of his fon veniaunce,   7140
þat he asked was him founde
And he went forþ in þat stounde
Sexti þousand paiens and mo
Her steden after smiten þo;
Wawain seiȝe her coming coue   7145
And dede þe best wiþ hem houe
Wele an tventi oþer mo
And al þe oþer toforn hem go
To Camalot þat cite
To keueren wiþ his meine,   7150
And he bihinde to ben bi cas
To susten þe paiems ras.
þe paiens ouertoken our men
And fast leyd opon hem þen
Ac Galathin and eke Wawain   7155
And Gveheres and Agreuain
Gaheriet and Sagremore,
And þe oþer y teld bifore
f. 242ra   Bihinde þat bileued were,
Euer were here and tere   7160
And wiþ swerd and scheld and spere
Her folk, toforn, wele gun were.
þo com Oriens to Wawain rideinde
Wiþ a spere gode scoure bihinde
And wende Wawain hit þurthout   7165

Ac he failed wiþouten dout
For he smot him forbi,
And Wawain for gret heiȝe
Hitt him wiþ his swerd aplat
Amidward þe ysen hat   7170
þat he tombled in þat stounde
Stif aswon to þe grounde.
Segremore smot Orian Russel
On his schulder bi þe haterel
þat schulder and arm and ribbes alle   7175
He doun kitt wiþ liuer and ȝalle;
Galathin smot Placidan
Amidward al his man
þat þe heued fleiȝe fram þe bouke,
þe soule nam þe Helle-pouke;   7180
Agreuain toke a launce long
And rode oȝain a geant strong
Guinat þat hete God it wot
And þurth þe hert he him smot;
Gveheres turned his pas   7185
Oȝain a geaunt þat hete Tauras
And bare him þurth wombe and rigge,
His liif he dede him þere legge;
Gaheriet mett þe douke Faunel
Wiþ a launce, þe soket of stiel,   7190
And smot him þurth rigge and brest-bon
þe geaunt fel ded anon.
Ȝete þai smiten forþ on hast
And þre oþer of hors cast
And wiþ her meine eueri grot   7195
Smiten into Camalot,
Bot Wawain and Galathin
And Sagremore of gentil lin
þat riden wiþ her hors
Amid Oriens cors   7200
Him forto sle wiþouten doute,
Ac mani þousinde com him aboute
þat Oriens binomen hem,

f. 242rb

7172 stif: i *corrected from* e, *or could be read* e *corrected from a minim*; T, K stef, K *reports MS. perhaps* stif

Ac Oriens slouȝ bi fiue and ten,
Bi fine miȝt þai breken hem fro   7205
And into Camalahot wenten þo.
Ac Wawaines breþer forsoþe to sain
In Camalahot misten Wawain
And þe þre deden hem oȝan
Wiþ hem went [no]n oþer man,   7210
Out at þe gate þis þre stetten
And on his stede þat cherl metten
To Wawain þat þe letters brouȝt
And swiþe fair þai him bisouȝt
He schuld hem tel fer or neiȝe   7215
Ȝif he owar Wawain seiȝe,
He seyd anon to hem oȝan
'Certes ȝe be nice men!
Whiderward were ȝe ycrope?
In ȝou is ful litel hope   7220
þat ȝour broþer lete among his fon
And ȝe to herberwe gun gon,
For ȝou he may now ligge yslawe
No telle y ȝou nouȝt worþ an hawe.'
þese were aschamed and anoid   7225
Of þat þe cherl hem hadde seyd
For stoutelich he haþ hem chidde
þe hors þai smiten þe spurs mide
And sone þerafter her [broþer] metten
Wiþ his to feren, and hem gretten   7230
And asked hou it wiþ hem was
And þai seyd 'Wele þurth Godes gras.'
Towarde þe toun anon þai stetten
And þe cherles stede metten
þe arsouns blodi, bibled þe hors,   7235
Ac hye no seiȝe nouȝt þe cherls cors
'Allas' quaþ Wawain 'allas allas!
Verrament þis stede it was
þat ich ȝaue þat eld man
Wiþ letters to Londen þat to me cam,'   7240
'Ȝa, who rect?' his breþer quaþe

7210 [no]n oþer: *suggested by K notes*; *MS.*, *K text* anoþer   7229 *MS.*
feren   7241 rect: *So S, T*; *K* rett, *MS. could perhaps be so read*

'Heiȝe we to toun raþe'—
For he hadde arst seyd hem schame
þai lowen þerof and hadde gode game.
Wawain souȝt him here and þer   7245
Ac he no fond him nowhere,

It nas no wonder sikerliche
Merlin him turned flesche and liche
And was bicomen a garsoun
In hond berand a tronsoun   7250
And ȝede hem alle þo among;
þo Wawain hadde souȝt him long
To Camalahot þai wenten on hast
And schetten after þe gates fast
Drowen brigge and eueri pin,   7255
In pais and held hem þerin.
Ac þo Wawain seiȝe Sagremor
þer was ioie bi Godes or
Fair clepeing and welcominge
And to Ihesu Crist þonkeinge   7260
þat ich oþer hadde ydon
And destroied her fon,
þer þai soiournd mani day
Wiþouten ani kin anoy
And seiȝen paiens, seriaunce of helle,   7265
þat no tong no miȝt telle
Al day passen hem forbi
Wiþ howe and noise and grete cri—
Lete we hem here soioͭuringe
And speke of þe oþer kinge.   7270
Now telleþ þis romaunce cert
    Oriens was sore yhert
Tofore Camalahot in þe pleyn
And wounded of child Wawain,
For his hurtinge and his damage   7275
He was neiȝe wode and eke rage
He wald him wreke anon riȝt
Ac it was almost þo niȝt,
Ac, to eke þat, fele of our

7269 *MS.*, *K* soioiuringe   7279 *K* Ac, to eke, þat

Were wiþinne walle and bour   7280
And oueralle stert him fro
þat he no miȝt comen hem to.
Al†so fer also he miȝt
His folk and he went þat niȝt
And her pauilouns telt   7285
And made hem at aise wiþ fresche and selt;
Amorwe king Oriens aros,
Wele mani men þerof agros,
Bi ten þousand and bi fiftene
He sent about to do men tene   7290

f. 242ᵛᵇ   He hete bern into þe grounde
Man and hous al þat he founde,
And so he dede þre iurneie
Oueral bi ich way
Man and hous þai brent and bredden   7295
And her godes oway ledden,
Wiþouten no[m]bre cartes fele
þai ledden oway wiþ alle wele
And setten þe cuntre a fer wilde
Wiþ man and wiif and wiþ childe,   7300
Ac mani ascaped sikerlik
Into þe lond of Canbernic
And comen to þe douke Estas
Douke of Arundel þat was,
Biforn him and fel on croice   7305
And grad on him wiþ pitous voice
And seyd 'Sir for Godes gras
þine help þine ore in þis cas!
Sarraȝins wiþ griseli chere
þis cuntre haþ sett afere   7310
In vplond and in toun
Euerich hous han brent adoun,
Of child and man and eke of wiif
Alle þat þai mai nimen þai reue þe liif,
Sir help ous at þis nede   7315
Oþer we ben euerichon dede!'

7283 Al†so: *MS.*, *K* als so   7286 fresche: *K* f[l]esche
first n *represented by mark of contraction,* *K* Camberuic
e *squeezed in rather below the line in darker ink*

7302: Canbernic:
7316 dede: *second*

'Now Lord' quaþ þe douke Estas
'Help ous for þine holy gras!'
For þe pite þat he seiȝe
Sore he wepe wiþ his eiȝe   7320
(Wiþ him was þe lord of Paerne)
He gred 'As armes!' swiþe ȝerne
Ten þousand wiþ him he toke
þe oþer left þe cite to loke,
Forþ he went swiþe anon   7325
What he com to king Clarion
þat woned fram him bot litel swiþe
(þe king of his cominge was bliþe)
And seyd him so ich tofore teld
Hou þe paiens his folk aqueld.   7330
'What rede' quaþ king Clarion
'Waldestow ȝeuen ous to don?
Ȝif þai pas ous bitven
We are lorn so mot y þen

f. 243ra   Man and best in þis cuntray   7335
Were destroid and alle away.'
¶'Certes' quaþ þe douke Estas
'We schul laten in þis pas
Of our men a parti
And nim wiþ ous fair compainie   7340
And wenden ous wel swiþe on hast
To Brekenham to þe forest,
In þe wode and hide ous
And þurth þe grace of swete Ihesus
† So we schul wele aspie   7345
þe paiens doinde robberie
And smiten on hem and sle hem doun
And þe pray bring into our toun.'
Quaþ king Clarion 'God mer†ci!
What conseil seistow gode ami?   7350
Hou schuld we oȝain hem fiȝt?
Y dar þe mi treuþe now pliȝt

7333 þai: a *on erasure in darker ink*   7334 are: a *inserted above line in*
darker ink   7345 *MS*. and so   7349 mer†ci: *MS. between* r *and* c
a minim

þei our folk tohewen waren
To smale morsels so beþ taren
To ich of hem vnneþe men miȝt   7355
A morsel of ous to hem diȝt.'
'A sir' quaþ þe douke Estas
'Wiþ ous schal be Godes gras
His grace is better in to afie
þan armour oþer compeinie   7360
And þai be spred wide here and tere
And we ben al togider here,
Ich hope þurth Ihesu Crist
We schul hem driue so sonne doþ mist.'
'Certes' quaþ Clarion þe king   7365
'þeroȝain am y noþing
Ac alle hem to asaily
Forþ to wende icham redi
Ȝif ȝe so reden, þis pouer men.'
'Ȝis' quaþ þai euerichon   7370
'Sir par seynt charite
Rewe on ous and haue pite
We han leuer sterue ariȝt
Wiþ manschip and in fiȝt
þan sen kin and wiif and child   7375
And ous forbren in fer wilde'—
þe king for pite wepe apliȝt
And seyd 'Certes ȝe han riȝt.'

f. 243rb

þo schosen þai so Dieu me saut
A noble kniȝt lord of Nohaut,   7380
And þe lord of þe toun sori
Brandris a kniȝt hardi,
And Brehus saun pite also
A feller kniȝt miȝt non go,
þese bileft þer riȝtes   7385
Wiþ a þousand orped kniȝtes
þe cuntre to loke and þe paþe
Fram Sarrain þat wald hem scaþe;
þe lord of Paerne so ich finde
þer toke seuen þousinde,   7390
Into þe forest of Rokingham
Wiþ hem alle forþ he nam;

þe douke Eustas and Clarion þe king
Bi anoþer way went wiþouten lesing
And helden hem a litel bi hest 7395
Vnder þe selue forest.

I n May is miri time swiþe
Foules in wode hem make bliþe
In euerich lond arist song—
Ihesus Crist be ous among. 7400
In þe forest of Rokingham
Hidden hem our Cristen man,
þer was a launde of noblay
Where come togider seuen way
þai hem hidden a litel þerbi 7405
Forto aspien sikerli
þe route of þe Sarraȝins and þe pray
þat miȝten comen of selcouþe cuntray
Forto skecken on hem on hest
When þai seiȝe time best. 7410
Also þai were þere soiourninge
Abouten vndren com gret cartinge
Bi ich of þis seuen way
Ful of ich maner pray
Of venisoun and flesche and brede 7415
Of broun ale and win white and red
Of baudekines and purpel pelle
Of gold and siluer and cendel,
Sum þai brouȝt fram her lond
And robbed sum in Inglond; 7420
þis carting lest mile-ways
Forsoþe hou fele no can y say,
Fif þousand ȝede þe cartes to loke
So we finden on þe boke
To hem dassed þe lord of Paerne 7425
Wiþ seuen þousand also ȝerne
And þe carters euerichon
Of liif-days þai brouȝten anon
And her lokers anon riȝtes
Fif þousand heþen kniȝtes 7430

f. 243ᵛᵃ

___

7397 *scribe indicated only* ⁋ *but set in* foules *in 7398 as though after large capital in previous line, rubricator made his* I *over scribe's* i

þai metten wiþ swerd and kniif
þat non ascaped wiþ þe liif,
And nomen swiftlich al þat pray
And ladde it þennes to mile-way
Into þe toun of Arundel   7435
And þer it token to ȝeme wel
And went hem oȝain anon
To þe king Clarion.
Riȝt also þai comen ware
Fiftene þousande þer comen fare   7440
Sarraȝins yarmed wel
On gode hors in yren and stiel,
Our kniȝtes were so y finde
Gode kniȝtes tventi þousinde,
þai smiten þe hors and lete þe rain   7445
And metten þe paiens wiþ gret main.
King Clarion mett king Guifas
(Sexten fet o lengþe he was)
He hit him wiþ þe speres ord
þurth and þurth scheldes bord   7450
þurthout hauberk and aketoun
And bar him of his hors adoun
His schaft tobrast, þe geaunt fel
His nek-bon he brac þertil.
þe douke Estas of Arundel   7455
Mett a king sir Mirabel,
þe paien on him brac his schaft
And hitt him on þe side l[e]ft,
þe douke him hit in þe brest
And wiþ his dint hard þrest   7460
An ellen long þurth þe bouke,
þe soule went to þe Pouke.
þe gode kniȝtes þat wiþ hem ware
þe oþer to þe grounde bare
Wiþ dint of spere and of swerde-egge   7465
þe paiens þai made to deþ legge,

f. 243ᵛᵇ

Bitven vndren and none so y finde
Of hem þai slowen ten þousinde
þer lay mani paien þurth-þrest

7458 *MS.*, *K* laft

Heued of-smiten and fot and fist,   7470
Bi þe blod of hors and man
A mile men miȝt haue ygan.
Of hem fiue þousand þat wald scape
Toward king Oriens gan rape,
Our Cristen hem suwed at þe rigge   7475
And spared nouȝt on to l[e]gge
What king Oriens þai saye
Wiþ folk wreien al þe cuntraye,
Oȝain þai wiþdrouȝ hem þo
And conseil toke what to do   7480
Doun of her destrers þai liȝten
Her stedes to rest her armes riȝten
And afterward made a renge
Of hem alle þe launde alenge
For þai nold for no gode   7485
þat paiens binomen hem þat wode.
þo asked Oriens an hast
His folk wereof þai weren agast,
'Sir' þai seyd 'heretofore
Beþ tventi þousand oþer more   7490
Cristen men þat ȝour kniȝtes
Han yslawe doun riȝtes
And sodanliche þai com ous on
Er we seiȝe of hem on
And no hadde we þe better be   7495
Hem of scaped nadde we.'
'A Mahoun' seyd Oriens þo
'þou nart no god worþ a slo
þerfore þi folk þou dost no gode
So for Cristen doþ her lord.   7500
¶Com forþ' he seyd 'wiþouten letting
King Eliedus min owhen derling
Nim wiþ þe fourti þousinde
And sle bifore þat þou miȝt finde,'
'It schal be don' he seyd 'bi dan Dagon,'   7505
Euerich lepe his stede opon
And fond our men alle at a tasse
þat þe paiens no miȝt passe.

7476 *MS.*, *K* ligge   7505 *K* Dandagon

þer ich oþer sone mett
And wiþ scharp launce grett   7510

þer tumbled mani paien haþen,
And mani Cristen—þat was scaþe
Ac þo þat ware ded of our
To heuen brouȝt soule pure
And þe slawen Sarraȝine   7515
Went into helle-pine.
þe Cristen fond þe heþen dere
So þe lioun doþ þe bere,
Euerich on oþer leyd [þer]wiþ
So on þe yren doþ þe smiþ,   7520
þer ouerþrewe in litel stounde
Mani orped kniȝt to grounde
Sum ycleued to þe brest
Sum of-smiten arm and fest,
Sum hors smiten and sum astray;   7525
þis fiȝt last fram þe midday
What it were euen almast,
þo com Oriens driueand on hast
Wiþ an hundred þousand and mo
And þouȝt our men alle slo   7530
Ac on hem þo com þe niȝt
Our to wode deden hem þo riȝt,
þurth Godes help and his pite
And so ascaped to her cite.
¶Bitven king Clarion and douke Estas   7535
þer was parted alle þe purchas
þat þai hadde ywonne þat day,
Long hem was þe bett par fay.
Of Cristen were slawe y finde
þe mountaunce of four þousinde   7540
Ac þere were slawe of þe heþen men
Wele mo þan þousendes ten;
Wroþ was Oriens þe king
Of þis sleiȝt and þis scapeing,
þai telt her pauiloun þer þat niȝt,   7545

7519 [þer]wiþ: K wiþ   7523 K Sum [was] ycleued   7535 Estas: So
S, T; K Escas, MS. could well be so read (but similarly at 7317, where K
Estas)

Amorwe were souȝt anon riȝt
In wode and doun and in fen
After our Cristen men
Ac þai no founde þerof non
For nouȝt þat euer couþe þai don.   7550
Oriens þo was so wroþ
His owen liif was him loþ,
For wretþe he cleped an amirail
Napin þat hete saun fail,

Wiþ fiften þousand wreyen kniȝtes   7555
And bad him þe cuntre sle doun riȝtes
And toke him ribaudes þre þousinde
þe cuntre to brenne bifore and hinde,
Waines and cartes and somers also
Fif hundred he dede after go   7560
Charged wiþ al†e and win red
Wiþ fische and flesche and corn and bred
Wiþ cloþes and wiþ armerie,
Sum þai hadde of robberie
And sum brouȝt fram her cuntray;   7565
Ȝete dede Oriens more y say,
Wiþ ten þousinde Rapas a king
He dede loke þat carting,
He sett king Eliteus at her hele
Wiþ xv þousand in on eschele,   7570
Himself Oriens com bihinde
Wiþ Sarraȝins xx þousinde.
þis ribaus þus þousandes þre
Ofersett þe cuntre
And brent and slouȝ man and wiif   7575
O child no leten þai oliif
þe cri and sorwe y say
Men herd fele mile-way;
þe douke Estas yseiȝe al þis
Wo was him oliue ywis   7580
He [tok] kniȝtes þousandes to
And out of his cite dassed him þo
Among þe ribaus anon he dast

7546 were: K w[as]   7561 MS. alle   7579 Estas: So S, T; K Escas, as
at 7535

And sum þe heued of he laist,
þis þre þousand he slouȝ anon   7585
(Bot fourti þat hem fro were agon)
þurth þe miȝt and help of Crist
Ar Napin ouȝt þerof wist
Into her cite þay wenten oȝan
Wiþouten letting of ani man.   7590
To Napin com a ribaud þo
And seyd 'Sir where bileuestow so?
þou no dost nouȝt as þe wise
For þurth þi targinge and þi faintise
Alle our feren yslawe beþ   7595
And we vnneþe ascaped deþ.'
'Held þi pes' quaþ þe douke Napin
'Or þou art ded bi Apolin!

f. 244va

A worde speke y þe more here
þou art dede and al þine fere'—   7600
For al þat is vnder Crist
He nold Oriens it hadde wist.
Forþ þai passeþ þis lond acost
To Clarence wiþ alle her ost,
King Bardogaban of gret mounde   7605
Wiþ tventi kinges þer he founde
þat bilay þat cite
And slouȝ þe cuntre wiþouten pite,
Oriens was welcome swiþe
For wonderliche þai weren bliþe   7610
Of þe eiȝtte and stouers
þat þai brouȝt, þo pauteners.
þere þai bileft wiþ þat king
Lete we hem now at þis segeing
And schewe werres and wo   7615
In þis lond þat weren þo—
Who so wille ȝiue lest
Mai now here noble gest.
Mirie it is in somers tide
    Foules sing in forest wide   7620
Swaines gin on iustinge ride
Maidens tiffen hem in pride.

7599 K speke [if] y

Los sprong of Wawaines dede
Of his breþer and of his ferrede.
Vriens þat was of Schorham king   7625
Of whom y made bifore scheweing
Hadde spoused Hermesent
Blasine suster and Belisent;
þai hadde a ȝong man hem bitven,
Michel Ywain a noble stren,   7630
He was ycleped michel Ywain
For he hadde a broþer-kniȝt, certein,
Bast Ywain he was yhote
For he was biȝeten o bast God it wot;
Vriens bi anoþer quen   7635
Ȝete had biȝeten a gentil stren
þat was hoten Morganor
A gode kniȝt bi Godes or,
He had made him in al air
To þe lond þat of h[i]m com veir,   7640
þe lond þat com of Hermesente
Was Ywains þurth riȝt decente.

f. 244ᵛᵇ   To Hermisent com child Ywain
And seyd 'Dame of child Wawain
þat is mi nevou spekeþ al þis lond   7645
Allas madame it is me schond
þat y no com in non werre
Whe[r] y come to conquerre.'
þo seyd Hermesent him to proue
'Whider wostow Ywain for mi loue?'   7650
'Dame to seche min em Arthour
Of him to afong þe anour
Of wiȝtschippe and cheualrie
And leren manschippe and curteisie.'
'What?' sche seyd 'for wiche biȝete   7655
Wostow oþer seruise and þi faders lete?'
'Dame' he seyd 'þine owen land
Mi fader haþ laten me on hand,
His owen lond he ȝaue anoþer,
Morganor mine halue-broþer,   7660

7623 of Wawaines: of w *on erasure in darker ink*   7640 *MS.,* K hem
7648 *MS.* when, *K* When [schal] y come, [los] to conquerre?

And þei he schuld me al bireue
3ete ichil bi 3our leue
Wende and serue mi nem Arthour
It schal falle to our honour.'
'Sone' sche seyd 'icham wele paid   7665
Of þat þou hast to me seyd
þi nem is Arthour verrament
Serue him wiþ hert gent
And fond forto make acord
Bitven Arthour and þi lord.'   7670
þer sche him puruaid anon ri3tes
To felawes an hundred kni3tes
And þre hundred 3ong men
þat wiþ him kni3tes schuld ben
And fond hem armour and stede   7675
Boþe soure and gode at nede,
In þe name of Heuen-king
Sche him 3af hir blisseing
And lete him forþ wende in þe name of Crist
þat his fader þerof nist,   7680
Ywain bastard wiþ him went
And four hundred of feren gent.
Now com þai fram Schorham
Al bi þe forest of Bedingham
Toward Arundel in Cornwaile   7685
Ac þider þai no mi3t saun faile

f. 245ra   Bot þai wolden passen þurthoute
iiīī m Sarra3ins wiþ rowe snoute
þo com þer forþ, wiþ mi3ti hond
Wiþ king Soriendos to stroiꝶ þis lond,   7690
He de[de] ribaudes ten þousinde
Bren þat þai mi3tten finde,
So he dede michel rewþe.
þis was on Yders lond in trewþe
Ac to Gawaynet ful of priis   7695
Sone men telden al þis;
þo he and his gentil feren

7684 Bedingham: gham *on erasure,* K *reports as in darker ink but this is doubtful*
7688 K XX m *with no note of MS. peculiarity*   7690 *MS.* stroiþe, K
stroiꝶ

Al þis reuþe deden heren
He toke wiþ him þritti þousinde
Gode felawes so y finde   7700
þat wenten alle wiþ Wawain
For his largesse and his main,
Out of Londen þe way þai nome
Al what þai to Cardoil come,
Fro Cardoil þai wenten souþe-west   7705
To Bedingham al þurth þe forest
Where welcominge þai hadde onest
Wiþ gret ioie and gret fest.
¶þis fiȝtinge vnder Cornwaile
Was fer ȝete saun faile.   7710
Yder in whos lond it was
And bifel to kepe þat pas
Of his men herd þe pleinte
Sum forbrent and sum fordreinte,
For diol he topped of his hare   7715
And himself tobete and tare
And acurssed oft þe time grim
þat Arthour was wroþ wiþ him.
¶King Yder was sikerli
A noble kniȝt and an hardi   7720
þat wiþ him ledde xiiii m kniȝt
Boþe hardi and eke wiȝt
'As armes!' he gradde wiþ tonge
And on gode stedes þai flonge.
King Soriandes þat soudan was;   7725
To a king þat hiȝt Bilas
He hadde taken fiften þousinde
Bifore þat went so y finde
And passed along ouer a brigge,
þo þai ouer com ich ȝou sigge   7730
þai rested hem a litel wiȝt
And þo forþ went anon riȝt;
King Soriandes after cam
Wiþ fourti þousand haþen man;
To Morgalant his steward   7735
He bitoke þe after-ward

f. 245rb

7725-6 K . . . Soriandes, þat soudan was / To . . .

And xxv m Sarraȝins
þat schuld him help wiþ miȝt fines—
Ten mile-ways lest þis route
Icham siker wiþouten doute   7740
And bitven euerich floc naþeles
To mile oþer þre þer wes.
þis ich folk þat was bihinde
Wiþ fiue and tventi þousinde
King Yder and his ouertoke   7745
Opon a cauci bi a broke;
þai seiȝe him come and wiþstette,
Wiþ scharpe spere ich oþer gret,
Our Cristen þurthout hem þrust
And out of þe sadel mani lust   7750
Amirail and heþen kniȝt
Mani þrewe doun deueling riȝt
And gnowen boþe gras and ston
þo þat deþ her hert chon,
Sum lay wiþouten arme and þi   7755
And sum cleued into þe fi,
Our men þer in litel stounde
Ten þousand slouȝ to grounde;
þis seiȝe þe steward Morgalant
Hardi and strong and gret geant,   7760
XV kniȝtes he slouȝ of our
Al arawe and to and four
And þo he mett wiþ Yder king
Ac þat was bataile of þincheing
For ich smot oþers scheld ato   7765
Helmes tokoruen and brini also.
þis herd Soriandes þe soudan,
Of fourti þousand þe tventi he nam
And sodanliche on our smot
And alle hem slouȝ ner God it wot   7770
Ac king Yder fram þe deþe
Scaped wiþ a fewe vnneþe
Wiþ wepeing and wiþ gret wailing,
Ac he no hadde ascaped bi Heuen-king
3if anoþer cuntek no hadde ybe   7775

f. 245ᵛᵃ

7754 þo: *K notes* To   7764 *K* ofþincheing

þat þe soudan dede ferst yse
Wharfore he no durst him suwe for doute
Ac went oȝain wiþ al his route.
Now þe childer y spac of bifore
Ywain þe hende and Ywain bastard ybore 7780
And Ates an orped kniȝt
Wiþ four [hundred] ȝong men wiȝt
Weren passed þe forest
Toward Arundel souþe-west
And wenden ben alle soure and siker, 7785
And þo metten wiþ a sori biker
Wiþ Soriendes formward
þat Bilas ladde a kniȝt hard,
XV þousand oȝain four hunder
þis was a meteing of wonder. 7790
Four mile out of Arundel
Allas þis ich meting fel
Also þis bachelers hadden a bregge
Ypassed forsoþe y sigge
þe children fle nouȝt no miȝt 7795
† For þe brigge y ȝou pliȝt
Her scheldes þai gropen and scharp spere
Ich a Sarraȝin gan doun bere
Swerdes þai drouȝ and ȝeuen dintes
And paid paiens deþ-rentes, 7800
þis ȝong men of whom y say
Tocoruen in þre mile-ways
Fiue þousinde Sarrains to grounde
And ȝete were hemself hole and sounde.
At þe hindeward king Yder 7805
Fauȝt al at ones, and þis children her;
Soriandes þat wele yherd
And lete Yder and oȝain ferd
Forto taken quiclike
þe children ded oþer quic. 7810
¶Ac riȝt now a litel knape

7782 *hundred*: *So K notes*, MS., *K text* þousand   7787 Soriendes: *first*
e *uncertain, I think corrected from* o, *S, T* Soriendes, *K* Soriondes
7796 MS. *before this line* ¶, *the rubricator apparently mistook a casual faint*
stroke from the top of initial f *for an indication for* ¶

To Bedingram com wiþ rape
And toke a letter to Wawain
On his nevou half hende Ywain
(Ac Ywain wist nouȝt þerof),   7815
Wawain hem toke þe knaue of
þe letters he red anon
And grad 'As armes euerichon!

f. 245vb Armeþ ȝou al wiþ main
For mi nevou hende Ywain   7820
Haueþ nede and bot we heiȝe
He is ded and his compeinie,
Ded me were leuer bi Ihesus
þan he starf for faut of ous.'
Agreuein and Gaher[i]et   7825
Gveheres and Sagremoret
Armed hem wiþ hardi cher
And ich lepe on his destrer
Swerd þai tok and launce and scheld
And forþ priked on þe feld,   7830
þai toke wiþ hem xx þousinde
(þe oþer þai leten hem bihinde)
A-sex þai schift her compainie,
¶Agreuein schuld þe first gie
þat was of noble þre þousinde,   7835
¶Gveheres also y finde
þre þousand bodis gied also
Non better no miȝten go,
¶þe þridde ferd ledde Gaheriet
And þe ferþ Sagremoret   7840
¶þe fift ladde Galathin
And eueriche þre þousand wiþ him,
Wawain ladde þe sext bihinde
And hadde wiþ him eiȝte þousinde.
þe knaue tauȝt her way sikerliche   7845
þa[i] riden wel sarreliche
þair gilt pensel wiþ þe winde
Mirie ratled of cendel ynde
þe steden so noble and so wiȝt

7812 Bedingram: ra *represented by superscript open-topped* a, *T, K* Bedingam
7825 *K* Gaheret

Lopen and neiȝed wiþ þe kniȝt.   7850
þese beþ also fast cominge,
þe children þerwhiles were fiȝting
Oȝain ten þousand, for first fiue
þa[i] had wiȝtliche brouȝt o liue,
þai defended hem so wel   7855
Wiþ scharp swerd of gode stiel
þat þe four hundred hadde driuen oȝan
þo ten þousand of heþen man.
King Soriandes herd al þis
And sexten þousand he sant of priis   7860
Biforn him hem to nim
And after com þat wiþþerwin
f. 246ra Wiþ xx þousind almast
Forto taken hem on hast,
þis forseyd xvi þousinde   7865
Our folk comen bihinde
And passed þe brigge Drian
And smiten on our ȝong man
And mani þerof þrewe to grounde
And ȝauen hem bitter and hard wounde,   7870
þe ten þousand at þe oþer half also
†Deden hem swiþe miche wo.
At on half and at oþer so y finde
Were sex and tventi þousinde
And wiþ a fewe children fouȝt,   7875
Ac Ihesu Crist on hem þouȝt
For he ȝaue hem strengþe and miȝt
Oȝain þo deuelen forto fiȝt,
When ani were falle adoun
þe oþer hem lift to arsoun   7880
Euerich oþer wiþ scheld biclept
And fro oþer dentes kept
And mani of þo heþen houndes
þai koruen doun into þe grounde—
Ac al þai were so forfouȝten   7885
Of her liif þat þai no rouȝten
And ȝelden hem þai hadden ment.
'Nay' quaþ Ywayns 'verrament

7853 *K* [ten and] fiue   7854 *MS.* þat, *K* þat [þai]   7872 *MS.* dededen

Whiles our ani liueþ in feld
Our þonkes nil we ous ȝeld, 7890
Ac do we now bi mi red
Prike we at onnes into þe mede
And ȝif we may owhar abreke
Fle we hem wiþ gret reke.'
Al at ones her main þai kedde 7895
And large roume about hem redde
Into þe mede þai smiten wiþ rape
Ȝif þai miȝt ouer þe water scape—
þe water was swiþe depe
þe brink heiȝe þe strem stepe, 7900
þai loked ouer into þe londes
And seye come king Soriandes,
Fele mile-wais wiþouten doute
Lest þe tail of his route.
Ates þe wiȝt þo seyd 'Allas 7905
We mot ous ȝeld in þis cas

For we no mow nowhar oway
So ful of deuelen in þis cuntray,'
Al þai were in gret desmay;
þo loked Ywain and saye 7910
Fram Bedingham on her side
Baners and pople com ride,
To his felawes he seyd on hast
'Beþ now bliþe and nouȝt agast
Y se ȝond com gret socour 7915
For þai han þe signe of our Saueour
Wherþurth' he seyd 'ich vnderstonde
It is socour of þis lond.'
'Yherd be Crist!' quaþ lasse Ywain
'Her is conseil certain 7920
Ȝif we here leueþ in a þrome
We worþ nomen ar þai come
Ac þei we han pople lite
þurthout hem we mot smite
And slen al þat mowe we, 7925
þurthout hem and swiþe fle
Fleand euer wereand ous
Til help ous haue sent Ihesus.'

Bi [his] rede þai deden ȝerne
Her stedes þai gun terne 7930
On þe sexten m þai com flinge
So hail doþ on þe singel,
In þat coming God it wot
þai slouȝ þre hundred fot hot
And wiþ gode hert and main fin 7935
þai þurth perced þo Sarraȝin,
Ac Bilas wiþ his ten þousinde
Hem oftoke anon bihinde
And metten hem in a mede
Wiþ an hundred of her ferrede 7940
And ȝauen hem wel bitter wounde
For þai hem wold haue nomen and bounde,
Ac þai vp stirt and wered hem siker
Wiþ swerd þai maden dedeli biker.
Agreuein wiþ þis bikering 7945
Wiþ þre þousand com on hem flinge
þat wiþ spere þo ten þousinde
Beren oȝain so y finde
þe schote of an alblast,
þer was mani þurthout dast 7950

f. 246ᵛᵃ   Heued of koruen smiten of arm
Bodi cleued into þe barm,
On boþe halue was swiche a cri
Men miȝt it here into þe sky.
þis seiȝen þe sexten þousinde 7955
And comen swiþe on our winde
And wiþ miȝt oȝain hem bar
To þe stede þer þai wer ar,
þer was mani wombe þurth schoue
And mani heued cleued aboue, 7960
þat ich time Agreuein
In sleiȝt kid so michel main
þat his feren wondred euerichon
And token ensaumple wele to don
For he seyd þei he dede schuld ben 7965
Of þe stede he nold flen

7929 _K_ [þis] rede   7934 fot hot: _on erasure, K reports as in darker ink,_
this is doubtful   7945 wiþ: _K notes_ wiþ [in] (_or_ [in])

Ac wiþ swerd he wald delite
On þe paiens to don it bite.
❡Ywain þan and alle his floc
On steden sat so stef so stok   7970
And dasched hem amid þe pres
So lyoun doþ on dere in gres
And cleued boþe man and hors
Of þe foule heþen cors,
Ich of hem so wiȝtliche fauȝt   7975
þat tong no may it telle nauȝt,
Ac Sarraȝins were bi mi panne
Euer fourti oȝaines anne
Wherfore our litel folk kene
No miȝt amonges hem ben ysen—   7980
þis was in time of May
Riȝt aboute midmorwe-day.
❡þo com Gueheres Wawaines broþer
Wiþ þre þousand f[ol]k oþer
And smiten on þis heþen hounde   7985
þat euerich of hem fel to grounde
And þe oþer rekeuerd oȝain wiþ main
Whider first hem brouȝt Agreuein,
þer was fiȝting þer was toile
And vnder hors kniȝtes defoile;   7990
þo þonked Ywain þe wiȝt
Of þat socour God almiȝt
And desired to wite who it were
þat him dede swiche socour þere,
f. 246ᵛᵇ   þo seyd Ates 'Sir Ywain   7995
Smite þi stede wiþ miȝt and main
And of þi greuaunce þe awreke
þat oþer it sen and þerof speke,
Bi her pruesse þou schalt hem knawe
And bi þine be her felawe   8000
Y þe rede now lay on fast
Our fomen forto agast.'
þer Ywain and eke his broþer,
Ates and mani gentil oþer
Tokoruen þis Sarraȝins   8005

7984 MS., K flok

Wiþ gret miȝt and wille fins
Y wene þat Ywain and his broþer
þer slouȝ an hundred and anoþer
So þat Gveheres and Agreuein
Hadde gret wonder of her main.   8010
As Ates com rideinde hem bitven
He asked h[i]m who it miȝt ben,
'Certes' quaþ Ates 'of ȝour ken,
þe kinges sones Vrien
Ywain þe hende and Ywain bastard   8015
þat þus com hiderward
To ben kniȝtes of ȝour em Arthour
And seruen him wiþ gret honour,
Al þat han white on riȝte armes
And red on left half on her armes   8020
Beþ erls and barouns sones
þat ben wiþ him hider come
þat metten here þis deuelen felle
þat ben ysprongen out of helle
þat hadde hem slain wiþ deshonour   8025
No hadde ben ȝour socour.'
'Yherd be Crist' þe children quaþe
'þat we to hem com þus raþe,'
To hem þai smiten þe stedes swiþe
And welcomed hem wiþ chere bliþe,   8030
þo her ich oþer knewe
Ich ouer oþer armes þrewe
Gret ioie wiþouten les
þai made amidward þat pres
And made couenaunt in al þat fiȝt   8035
Togider þai wald riden apliȝt.
As þai þus togider spake
Fresche paiens on hem com rake
XV þousinde, þat hadden born oȝan
Par fors into Bedingha†m,   8040
Wiþ þre þousand ne hadde bet

8012 MS., K hem   8038 below the column catchword xv þousinde þat
hadde   8039 K born [hem]   8040 Bedingha†m: between a and m super-
script open-topped a as though for ra

On hem smiten Gaheriet
Wawaines broþer sikerliche
Oȝain hem held sarreliche,
þer was broken mani spere   8045
Wiþ deþes dint and liues lere
And mani paien to deþ ysmite
Wiþ swerdes of stiel þat wele bite.
Margalaunt þe steward and king Pinogres
To þe brigge were comen wiþ gret pres   8050
Of Sarraȝins xx þousinde
And wele mo also y finde
Al þai seiȝen þis ich biker,
At þat half þe brigge hem þouȝt siker
On þat ich fair roume   8055
To aloge her pauiloun
To kepe wele her charrois
Her astore and her harnois
And to help at tide and time
At þe oþer half her cursed lin,   8060
þe brigge þat was hem bitven
þai þouȝt schuld her socour ben.
¶ Soriondes her heiȝe king
Com sone after wiþouten lesing
Wiþ so mani þousand Sarraȝins   8065
þat no man þerof couþe þe fins
And loged on þat riuer
Fram Morgalant nouȝt wel fer
Of bataile to sen þe fin
Of Cristen and of Sarraȝin   8070
þer at þe oþer half þe brigge
Wiþ scharppe swerd gun on legge
Wiþ fauchouns axes and battes
Ich ȝaue oþer sori flappes,
Of Sarraȝin þer fouȝten ten and ten   8075
Oȝain on of our men
Wherþurth þe feld oȝain þai bare
Mani of our children þare.

8053 Al: *K notes* A[s]   8066 fins *mostly on erasure, rewriting continued over
unerased* fins, *which K reports as retraced in darker ink; this is doubtful*   8074 sori:
r *corrected from a minim with rough stroke which could be mere casual mark,* S *sone*

In þis toil, wiþ þre þousand skete
Sagremor hem com mete   8080
Mest what euerich wiþ his spere
A paien gan to grounde bere,

And in þis ich coming
þer were slawe four heþen king
In þe feld of our bachelers,   8085
Were brouȝt on her destre[r]s;
þe paiens were to fel and kene
þe sleiȝt of hem nas nouȝt sen
And eke þer ourne stremes of blod
Also it were a wel gret flod.   8090
Now wiþouten more dueling
Galathin com swiþe flinge
Wiþ þre þousand wiȝtling
And smot oȝain þat heþen king,
Ich of hem wiþ stef launce   8095
A Sarraȝin smot wiþouten balaunce
And wiþ her feren brouȝten oȝain
Al her f[om]en to þe brigge Drein
In þe water hem driuen so y finde,
Of þe heþen and slouȝ seuen þousinde,   8100
Ac al our childer toforn and þo
Hadde hem contened so
þat of m x and sextene
No hadde þai leued bot þrittene
And of our so y finde   8105
Nas nouȝt slain a þousinde.
Now hadde al þo þeues heþen
Ben tofrust doun riȝt to maþen
Ȝif Morgalent and Pinogres
[N]adden brouȝt ouer her pres   8110
XX þousand oȝain our,
Of our wer þousandes ten and four
And certes nouȝt an hundred mo
And þai were þre and þritti þousand and mo;
þer was batail of mende   8115
Hou our wiȝtlinges so hende

8086 on: K notes o[f]   8098 MS., K text feren, K notes call for emenda-
tion (unspecified)   8110 MS. hadden

On þe heþen wiþ swordes losten
And mani tocleued and tofrusten,
Ac Morgalant and his ferrede
Were strong and fers to þe dede   8120
And hadde don our harm wel gret
3if Wawain no hadde don þe bet
þat wiþ ei3te þousand and swerdes egge
Brou3t hem to þentre of þe brigge
And mani þousand ouerþrewe saun fail   8125
Into þe water top and tail

f. 247va þat þai adreint wiþouten les.
Wawain smot into þat pres
It was sumdel after none
Wawain strengþe duble gan   8130
His ax in his hond he lift
Durarls heued of he smit,
King Malgar on þe heued he gert
þat þe dent stode at þe hert,
Segor on þe heued he smot   8135
þe ax into þe sadel bot,
King Malan also he hit
And wiþ his ax þe heued of slit,
A-left he smot and a-ri3t
Non his dent asit mi3t   8140
Stel and yren his ax þurth carf
Wherþurth mani heþen starf;
He met þat geaunt Pinogres
Amidward al his pres
þat cleued Wawaines scheld   8145
þat it flei3e in þe feld,
Wawain him 3aue a dent of howe
And cleued him to þe sadel-bowe—
Y no mi3t it nou3t fulrede
þe pruaunce of Wawaines dede.   8150
After him hende Ywain
Best y wene kidde his main
For king Sesox he cleue ato
And Baldas an amiral also,
Minardes heued of he smot   8155
And Bilaces also God it wot

And Morgalant þe steward
Dedliche wounde he 3af him hard,
And mo kni3tes þan y can telle
Wawain and he sent to helle   8160
For y neuen now saun faile
Bot kinges doukes and amiraile—
3ete no wist nou3t Wawain
þat it was his felawe Ywain,
He hadde wonder of his pruesse   8165
þat so leyd doun hard and nesse.
After hem Galathin
Kidde in dede mi3t afin
Wiþ swerd he hit Farasan
A geaunt and an hoge man   8170

f. 247vb
þat ere and cheke and scholder also
Wiþ his swerd he carf atvo,
King Creon he cleued þurth
And king Beas doun in a furth,
Darian and king Fulgin   8175
Boþe he cleue to þe chin.
No child no mi3t do þer bet
þan dede also Gaheriet,
Of þe king Briollo
þe midel he smot ato   8180
Pinnas and ek Donadord
He biheueded wiþ his sword
Pamadas he cleued doun ri3t.
❡Sagremor þer schewed his mi3t
For he biheueded Linodas   8185
Of fourtene fet þat was,
Fauel he cleued to þe brest
And Guindard he made heuedles prest.
❡Gueheres dede also wel,
Of Guos he carf þe hatrel   8190
Goweir he cleued to þe ribbe
þat he no mi3t no lenger libbe.
Agreuein dede also
þre kinges he slou3 and mani mo,
❡Ates and lesse Ywain and her route   8195

8174 *K* furch

To grounde laiden wiþouten doute
Whom so þai hitten wiþ ful dent
Keuerd he neuer verrament,
Ac verrament oȝain Wawain
No man no miȝt kiþe main   8200
For he carf man and stiel and ire
So flesche-hewer doþ flesches lire.
Niȝt com hem on, þai miȝt nouȝt sen,
Ich to his kiþ gan to ten;
þo Gawainet knewe Ywain   8205
þer was ioie and blis certain
He and al her compeinie
To Bedingham went on heiȝe
And þer token aise and rest
Wiþ gamen and gle and solas mest.   8210
Soriandes seiȝe of his ferred
Of four score m þe fourti ded,
His hert was sore his cher murne
Lenger nold he þer soiourne

He trussed his armes anon riȝt   8215
And went oway al bi niȝt
To her heiȝe ost to Wandlesbiri
þer þai made hem ioie and miri
For store and tresor þat þai brouȝt;
Wawain amorn hem souȝt   8220
And fond he was ascaped oway
þat him oþouȝt par ma fay,
þat hie þer founden þai ladde hem wiþ
And left þer stille in pais and griþ
Mani day at Bedinham—   8225
Now listneþ what after bicam.
Now seiþ þis romaunce hou Wawain
  Of þis letters asked Ywain,
Ywain seyd he wist of non
Whereþurth þai wonderd euerichon.   8230
þo herd þai telle of Sarraȝins
Deden wo and michel pins
þe ȝong men of Arundel,
Wawain þerof hadde diol

8220 hem: *K* h[i]m

Ten þousand þe best he toke   8235
(þe oþer he tok þe toun to loke)
And went hem Arundel toward.
In þis time fel chaunce hard
For Kay Destran and Kehedin
Tvo gentil swaines of wiȝt lin   8240
Erles sones of Strangore,
Of þe marche come hem bifore
Wiþ seuen and tventi sweines of gentil stren
Comen alle kniȝtes forto ben
And to serue king Arthour   8245
Ȝif þai miȝt wiþ gret honour,
þese no hadde nouȝt are ysaye
Hou Arundel was bilay
Of king Harans and ek Daril,
Bramagnes sones þe etenild,   8250
Wiþ so mani heþen þousinde
þat þe noumbre y no can finde.
þese squiers on hem come,
And þe paiens also sone
Soț þai hem seiȝe on hem þai last,   8255
þe squiers were armed and on hem dast
And in þe first of þat seylinge
þai slowen michel heþen genge
Ac heþen mani þousand þo
On our flongen and dede hem wo   8260
And biclept hem al about
Forto nim þat litel rout.
Ȝong men of Arundel
Seiȝen it out of þe castel
Wiȝt ȝonglinges þre hundred ich vnderstonde   8265
þe first was Ywain wiþ þe white hond
þe oþer Ywain of Lyonel
þe þridde Ywain Desclauis le bel
And Ywain of Strangore of heiȝe parage
þe v was Dedinet þe saueage   8270

f. 248ʳᵇ (beside line 8259)

8250 K þe Eteuild   8255 MS., K sone   8258 genge *on erasure in
darker ink*   8267 Lyonel: *at top of* l *an obscure mark which could be read as
the stroke on the long form of* s, *giving the reading* Lyones, *or could imply* s *corrected to* l

Alle þai were wiȝt and hende
And neiȝe of Wawaines kende,
þese wiþ þre hundred com þere
And on þe paiens smiten wiþ gode chere
Ich dede his launce go   8275
þurthout a paien oþer to
And redden hem wiþ miȝt fin
Til what þai come to Kehedin,
Togider þai cleued in þat werre
So wiþ oþer doþ þe burre   8280
And leyden þer Sarraȝins doun riȝt
Boþe a left half and a riȝt.
þe paiens an horn gun blowe
And hem come socour in litel þrawe
XX þousand þat smite on our   8285
And bar hem doun bi þre and four
And hadde hem slawe and do miche wo
No hadde Wawain vp comen þo
Wiþ x þousand þat doun stett
Alle þat þai wiþ launce mett   8290
And after her swerdes drowe
And xv þousand heþen slowe
And holpen so þo oþer squiers
þat þai were brouȝt on destrers;
þe oþer paiens wiþdrouȝ hem þo   8295
Sarraȝins to feche hem mo,
þerwhiles Wawain knewe þis Ywains
Alle four and þe oþer swaines,
þer was ioie bi Godes ore
Y wene þer miȝt be no more   8300
þan was þer of þat socouringe.
þerwhiles com an eld kniȝt flinge

f. 248ᵛᵃ

And seyd to Wawain conseil
ȝif he and his feren wald ben hayl
þai schuld swiþe to Arundel te   8305
And þan he schuld more yse,
Bi his conseil þai deden anon
And went into Arundel ichon
Alle þe gates þai schetten fast

8281 þer: r *on erasure in darker ink*

And lete falle portcolice on hast, 8310
On walles þai steiȝen heiȝe
And seiȝen of heþen ful þe cuntreie—
¶King Harans wiþ sexti þousinde
And Daril wiþ fourti him bihinde,
XII hundred cartes after come 8315
Wiþ gode and store þat was binome
In þe cuntre men and wiues
Al sori in her liues,
After hem come xx þousinde
Of fel robours so y finde 8320
þat so hadde robed and brent þe cuntre
þat þeraboute four iurne
No schuld man finde man no childe
Bot wildernesse and desert wilde.
Wawain and his felawes 8325
þer soiour[n]d seuen dawes,
þer lete we hem soiurne
And speke we of chaunces hard and murne.
King Harans and his harnoys
Went toward þe lond of Leoneis 8330
And brent into þe grounde
Al þat þai biforn hem founde
Man and child þai brent þo
And dede hem al michel wo;
Sum ascaped wiþ gret paine 8335
Into þe cite of Dorkeine
And reweliche gun [grade] o king Lot
For þis lere God it wot,
Lot tok xx þousand kniȝtes
And went him out anon riȝtes. 8340
A ferd of xxx þousinde
He smot on also y finde,
V þousinde in his cominge
He slouȝ wiþ speres meteinge
Egreliche her swerdes drowe 8345

And ix þousinde þerto slouwe

Wiþ so noble swerdes dent

þat hem astint verament

And hadde hem alle sone yslawe

3if Harans (þat þe Deuel todrawe!)   8350

Wiþ lx þousand [nadde] þo

Com on our to michel wo

þat our biclept and wiþ fou3t

And slowen our gentil men and du3st,

þat Lot vnneþe wiþ þre þousinde   8355

Scaped at euen so y finde

Into þe cite of Dorkeine

Sore ywounded wiþ michel peine.

þe king Lot sei3e þis lere

Himselue he gan here tere   8360

And bad þe time mesauenture

þat he cunteked wiþ king Arthour,

And his kni3tes þat leued were

And leuedis and children maden care

For her faders lordes and frende   8365

Were so slawe wiþ helle-fende;

Harans biseged and dede his peine

þe cite to winne of Dorkeine.

Lot þou3t to saue Belisent

Arthours suster his quen gent   8370

And Wawains moder saun fail,

His kni3tes he asked conseil

Conseil he tok and went bi ni3t

Toward Glocedoine ful ri3t

His strong castel, to don in his wiif   8375

For chaunce þat mi3t be oþer striif

Wiþ Modred his sone beld

þat nas 3ete bot to 3er eld,

V hundred kni3tes on gode stede

Wiþ him he tok for al nede   8380

And went toward his castel swiþe—

He was þerof seþþen vnbliþe.

⁋In þis time child Wawain

8346 *K* þer toslouwe   8348 *K notes* þat [þai] hem   8351 *K* [Nadde]
wiþ lx þousand þo   8354 du3st: *K* du3†t

Wiþ mani feren and eke Ywain
On Arundels wal þai gun lene, 8385
A kniȝt com arnand wiþ gret rene
Yarmed in armes alle
þat to Wawain þus gan calle
'Wawain' he seyd 'Crist þe se
And alle þine feren fre! 8390

f. 249ra Durst ȝe gon wiþ me siker
Y wold ȝou schewe a selcouþe biker
Whar ȝe schul win wining
ȝe nold it ȝeue for noþing.'
'þan schaltow' quaþ Wawain 'swere 8395
þou no schalt ous wiþ tresoun dere,'
'Bleþeliche' he seyd and swore anon
He no schuld hem qued no traisoun don.
❡Wawain him armed swiþe
And tok wiþ him x þousand biliue 8400
þis kniȝt seiȝe hem com and dassed forþ
And hye him after swiþe, norþ,
So þai wenten þai metten a kniȝt
Arnand wiþ al his miȝt
Wawain nam to þis kniȝt hede 8405
þat he ladde wiþ him Modrede
He rode him to and asked him whi
He ladde his broþer so suiftli,
'Wawain' he seyd 'par ma fay
Al þis niȝt and al þis day 8410
þi lord haþ fouȝt oȝain king Taurus
þre þousand oȝain fiue hundred of ous,
þi lord is wounded his men be dede
Modred þi broþer y tok for drede
And wiþ him þus oway drawe 8415
þat he no ware of hem yslawe.'
'Allas' quaþ Wawain 'allas allas
þat ich euer born was!
Who schuld euer of me ȝelp
Now sterue mi frende wiþouten help? 8420
Frende' quaþ Wawain 'þou here abide
In on busse þou þe hide

8385 lene: *T, K* leue 8386 rene: *T, K* reue 8414 Modred: re *uncertain*

What þou se al þe fulle
Wiche socour don we schulle.'
Wawain wiþ his folk forþ drof   8425
Hastiliche vnder a grof,
þo he herd a reuly cri
A wiman euer cri 'Merci!'
He dasched forþ biforn hem alle
And seiȝe a leuedi þries doun falle   8430
Fram Taurus stede to þe grounde,
þat heþen king þat vnwrast hounde
þat feloun rage in his wodenesse
Pliȝt hir vp bi þe tresse

And sche gred 'Seint Marie   8435
Help me leuedi Cristes drurie!'
And he went vp anon his fest
And buffeyt hir vnder þe lest
So oft so sche crid 'Marie!'
Sche was buffeit of him þrie,   8440
Sche fel doun of his hors rigge
And he gan anon his hondes legge
On hir tresse, and forþ hir drouȝ
þe leuedi vpriȝt stode aswouȝ
He laid on wiþ schourge and bad hir go   8445
And sche no miȝt a fot for wo
No for hir cloþes long,
Bi hir tresse he gan hir hong
Sche wiþbraid and fel vpriȝt,
Taurus aliȝt anon riȝt   8450
And knett hir to his hors tail
Bi her tresse saun fayl
So he drouȝ hir him bihinde
Euer 'Mari help!' criinde,
What for sorwe and eke for paine   8455
Sche les winde and ek alaine
Hir eiȝen turned hir voice wiþsat
At point of dede was hir stat.
¶þo seyd Wawain to þat kniȝt
þat hadde him brouȝt þider ful riȝt   8460
'Knawestow ouȝt þat leuedi

8459 Wawain to: K [to Wawain]

þat þoleþ al þat vilanie?'
'Wawain' he seyd 'verrament
Hir name is hote Belisent
þou ouȝtest amende hir stat   8465
For þou souke of hir tat.'
¶Wawain was oft wele and wo
Ac neuer wers þan him was þo
Neiȝe aswon he sat vpriȝt
þo nist he war bicome þat kniȝt,   8470
He miȝt long loke after him
He was oway—it was Merlin.
Wawain wiþ spors his stede smot
And he forþ stirt God it wot
He grad aloude to king Taurus   8475
'Abide þou þef malicious!
Biche-sone þou drawest amis
þou schalt abigge it ywis!'
An heþen swain sone doun stett
þe leuedis tresse sone vnknett.   8480
King Taurus was xiiii fet long
An vnrede geaunt and a strong
He seiȝe to him com Wawain
He toke a launce wiþ gret [m]ain
And smot þe stede þat he bistrode,   8485
Aiþer to oþer wiþ wretþe rode,
Taurus hit Wawain arst
þat his launce al tobrast,
Wawain him hit wiþ main and schof
þe launce þurth þe scheld drof   8490
þurthout hauberk and hert-polk
And ded him cast among his folk;
Wawains breþer on and oþer
Smiten euerich liþ fram oþer
And v hundred heþen ichon   8495
No leten ascape neuer on.
Wawain oȝain went so seyt þe bok
And his moder in his armes tok
And wiped hir mouþe eiȝen and viis

f. 249ᵛᵃ

8479 An: K [þe]   8484 [m]ain: *MS. before* ain *four minims*   8495 K
And [of] v

For hir he wepe ful sore ywis 8500
He kist hir mouþe and hir eiȝe[n],
And his breþer þat yseiȝe[n]
And com to him and gret diol made
No miȝt hem noþing glade,
And for loue of hem alle her fere 8505
Made wepeing and reuly chere;
In al þis diol-makeing
Belisent wiþouten lesing
Acouerd and vndede her eyin,
þo her sones it yseyn 8510
þai made ioie swiþe gret
Hir eiȝen þo sche vndede bet
And þonked Ihesu our Saueour
Of hir sones gentil socour.
þo teld sche Wawain and his feren 8515
So þat þai it miȝt yheren
Hou Lot wiþ þre hundred kniȝt
Dede oȝain þre þousand fiȝt
And of þe þre þousand he lete oliue
Certes bot hundredes fiue 8520
'Ac of mi lordes meine
Certes no scaped oliue nouȝt þre,
þo mi lord most chese
Me forgon oþer his liif forlese
Alon he fauȝt a mile-way 8525
Wiþ þo v hundred y say
What he hadde woundes ten and fiue,
Vnneþe he ascaped wiþ þe liue
Makand so reuli bere
þat it was pite forto here; 8530
þe heþen me tok and totoiled
Tobeten todrawe and defoiled—
Now haue ich mi lord ylore
And Modred mi sone þat wo me is fore,'
Aswon þo sche ouerþrewe. 8535
Wawain sone hir ablewe

f. 249vb

(marginal: f. 249ᵛᵇ appears beside þo mi lord most chese)

8501 eiȝe[n]: *MS. after* ȝe *three minims*　　8502 yseiȝe[n]: *MS. after* ȝe
three minims　　8529 Makand: *MS.* makeand *with* e *erased,* T Mak[e]and
8536 *K notes* [hir] sone hir

And seyd 'Dame, Modred þi sone
Y schal þe don anon come'
And him ofsent, þo sche him say
Sche akeuered par ma fay   8540
And was yleyd in liter
Almast liche an hors-bere
And to Londen toke þe way
Wiþ alle Taurus korray
Sex hundred cartes bi Godes ore   8545
Al charged wiþ mete and store.
þo þai to Londen weren ycome
Hendeliche þai were welcome
Do deliuerd þe heiʒe palays
To sir Wawain þe curteys,   8550
þerin he dede his leuedi
And swore bi þe quen Marie
Schuld he neuer sen his lord
What Arthour and he were acord.
þo he teld al sir Do   8555
Of chaunce þat hem was comen to
Hou he dede Sagremor socour
þurth an eld vauasour
'And seþþen Ywain mi cosyn
þurth leters writen in Latin   8560
þurth a page also riʒt,
And mi moder þurth a kniʒt,
And y no couþe non of þo þre
Neuer seþþen after yse.'
'O Wawain' quaþ Do anon   8565
'Al þre it was on
f. 250ra   Merlin þe gode felawe
Ʒete sum day þou schalt him knawe'—
Hereof þai hadde wonder and game.
Lete we þis rest in Godes name   8570
And telle forþ in gode pays
Hou Merlin doþ his maister Blays
In boke writen saun faile
Of Inglond þis meruaile

8541 K notes [a] liter   8544 korray: ko on erasure in darker ink   8553 he:
K he[r]

And profecies and oþer þing 8575
þat sum beþ passed and sum coming.
℟þo went he fram his maister Blais
To Arthour to Carohaise
And teld him and his conseil
Of Inglond al þe meruail 8580
Hou Wawain dede and his ferrede
And eueriche king in his þede,
King Arthour and his ferrade
Of þis tidinge were wel glade.
Now seiþ our romaunce here 8585
Leodegan sent his messanger
To Arthour Ban and ek Bohort
þai schuld com to his court
Wiþ him won and soiourne,
And seyd he was sori and murne 8590
þat he no wist of her beinge
For he vnderstode soþ þing
þat þai were of power more
þan he and heiȝer ybore,
þat þai hadde wele yked 8595
Fram deþ when þai him hadde red,
He sent hem to come bi kniȝtes fiue
So þe ȝemers of his liue
For al he wald don him saun fail
In her rede and her conseyl. 8600
Wiþouten bileueing ani more
þai went to him, Merlin bifore;
þo þai comen into þe halle
þe king vp stode and his men alle
And welcomed hem wiþ bliþeful chere, 8605
þo spac Merlin so ȝe may here
'King wostow wite our being?'
'ȝa' quaþ Leodegan 'opon al þing.'
'To þis' he seyd and schewed Arthour
'We sechen a wiif of gret valour.' 8610
'A seynt Marie' quaþ Leodegan
'And haue ich a douhter a fair wiman
Fairer not y non veir

f. 250ʳᵇ

8613 veir: e *on erasure in darker ink*

Wise and hende and of mi lond air
And ich ȝou sigge vterliche 8615
þei in þis warld war non oþer swiche,
þei he no hadde doun no lowe
On him y told hir wele bitowe
So ful y knawe him of worþschipe
Of nortour and of hendeschippe,' 8620
He fet his douhter himselue alon
(In þis world nas fairer non)
And proferd hir to king Arthour
And to ben his air wiþ gret honour
And Arthour hir nome saun fail 8625
For Merlin him ȝaf swiche conseil.
¶'Now' quaþ Merlin to Leodegan
'Wostow now wite to what man
þou hast yȝouen douhter þin?'
'ȝa þat were wil and ioie min.' 8630
þer he was of Arthour biknawe
And of his feren al bi rawe
And seyd he was her lord bi hirritage
þai most al don him vmage,
Leodegan was þo wel bliþe 8635
And to Arthour dede omage swiþe
And þe kniȝtes of þe rounde table
And al þat oþer folk saun fable,
þer treuþed Arthour Gwenore his quen
þe fairest leuedi þat miȝt ben. 8640
¶King Leodegan lete maken a fest
Of alle þat come swiþe onest,
Ich þat was of Cristen lay
Fond þer fest of gret noblay
þe fest last seuen niȝt 8645
Of al deinte y sigge apliȝt,
And lenger it hadde ylast
Bot her terme was comen almast
þat þai most smite batail
Oȝain þe Sarraȝins saun fail; 8650
Wide and side ner and fer

8627 *K* Now quaþ   8639 Gwenore his: gwe *and* i *on erasures in darker*
ink

Baroun kniȝt and ek souder
Sum bi fe sum for wining
Were comen to Leodegan þe king,

f. 250va   Were comen to his fiȝt   8655
And soiournd a fewe niȝt.

M irie is Iune þat scheweþ flour
þe meden ben of swete odour
Lilye and rose of fair colour
þe riuer cler wiþouten sour,   8660
Boþe kniȝtes and vauasour
þis damisels loue par amour.
On Mononday in þe Pentecost
Leodegan and alle his ost
Armed hem in aketouns   8665
Hauberkes plates and hauberiouns
Boþe wiþ bacin and eke palet
And helme on her heued yset,
Stones precious and ȝimmes
Gold and siluer þer were inne,   8670
þai hadde aboue riche queintise
Of beten gold, of mani asise
After þat her armes bar
(Mani was diuers to oþer þar),
Mani riche sadel on hast   8675
Was on riche destrer cast.
⁋þat ich day par amour
Guenore armed king Arthour,
At ich armour þe gest seit þisse
Arthour þe maden gan kisse;   8680
⁋Merlin bad Arthour þe king
þenche on þat ich kisseing
When he com into bataile,
'Ȝis' he seyd 'Merlin saun faile.'
þo bad king Leodegan   8685
Merlin ordeine al his man,
'Bleþeliche' he seyd and ches Arthour
And Ban [and] Bohort of gret vigour

8653 for: f *first omitted, then squeezed in in darker ink*   8654 Were
comen to: *K* † To   8672 asise: e *corrected from* i *in darker ink*; *K* a sise
8673 *K* þat [þai] her   8680 *K* ma[i]den

And her feren wiþouten fable
And kniȝtes of þe rounde table 8690
And oþer kniȝtes so y finde,
In alle he nam seuen þousinde
And made þe first compainie
Himself he wald hem gye.
¶Leodegans nevou Gogenar 8695
A noble kniȝt and wise and war
Merlin toke anoþer ferrede
Of seuen þousand forto lede.

f. 250ᵛᵇ ¶þe þridde ledde Elinadas
A ȝong kniȝt þat fin stalworþ was 8700
He was þe wise leuedis nevou
Of þe forest saunȝ retour,
¶þe ferþe led a baroun hiȝt Blias
þat was lord of Bliodas,
¶þe fift ledde Andalas 8705
A kniȝt of meruailus los he was,
¶þe vi ledde Beliche þe blounde
A kniȝt he was of gret mounde,
¶þe vii ledde Yder of Norþlond
Fel and hardi and strong in hond, 8710
¶þe viii ledde Landon ful of vertu
He was Cleoda[l]is nevou,
¶þe ix ledde Gremporemole
Hardi kniȝt and wiȝt and fre
No kniȝt better on stede sat 8715
Ac he hadde a nose as a cat;
Ich of þese ladde seuen þousinde;
¶Leodegan so com bihinde
Wiþ ten þousinde of þe best.
þo bad hem al Merlin lest 8720
'King' he said 'nouȝt þe amay
For king Rion schal wische þis day
He hadde ȝeue þe tounes fiue
He war in his lond wiþ his liue.
Fele hundred Sarraȝins 8725
He haþ wiþ him of biches lins

8700 *K* fin [and] stalworþ   8701 nevou: ou *on erasure in darker ink*
8712 *K* Cleodais

We schul hem sle and noþing doute
For it is al a curssed route,
We han almast so y finde
Four score þousinde   8730
And Cristes grace þat schal ous helpe
To kerue doun riȝt þe heþen welpes;
þenke on ȝour childer and wiues
And ek on ȝour owen liues
And of ȝour londes, wiþ vnriȝt   8735
þai þenke to winne wiþ strengþe and miȝt
Ȝou to slen and to exile,
Leggeþ on þe traitours vile
Spareþ nouȝt ac sle doun riȝt
Ȝou schal help God almiȝt.   8740
þai han filled þe michel forest
And walled hem bi norþ and west

f. 251ra þat þerforþ no man no may
Comen hem to par ma fay
And a souþe half walled certes   8745
Wiþ mani þousand waines and cartes,
Ac on þat est half ich wot
We schul comen opon hem God it wot
And finde hem slepeand and sle doun riȝt
For þai were al dronken toniȝt.'   8750
þer he ches kniȝtes ten
And sent biforn her men
Forto take and slen and binde
þe spies þat þai miȝten finde,
þat so deden, and hem bifore   8755
Nomen herlotes ten score
And so hem bistirden þat no tiding
Spie no brouȝt to þat heþen king.
¶Merlin come bifore wiþouten þe toun
And vnspa[n]d his dragoun   8760
Fer þat kest of þe mouþe vair
So it liȝted in þe air,
Arthour alder next him cam
And Ban and Bohort þat gentil man
And al þat oþer ferred   8765

8760 *MS. between* a *and* d *one minim,* K vnsp[enn]id

Ordeind so ich ere sede,
Of armes þat was gret schining
þe stedes maden gret naying;
þai wenten forþ also stilly
So þai miȝten wiþouten cri.   8770
þo Merlin com neiȝe king Rion
Enchauntement he kest him on
þat mani of her pauiloun
Opon her heuedes fel adoun,
Merlin and his feren was y say   8775
Biforn al þe oþer to mile-way,
In a Tiwesday in þe daweing
He kest þis enchaunteing,
Bitven a riuer and a grof
He com hem on, þat þai nouȝt schrof,   8780
And Merlin loude gan to cri
'Help ous now þe quen Marie!'
Our folk on þe heþen lusten
And vnder hors fet hem frusten
And tohewen hem to deþ, and on gerten.   8785
þe heþen þeues vp sterten

f. 251rb

Four c þousand and mani mo
To king Rion ascaped þo
And armed hem swiftlich vnder his tent,
To slen al our was her entent   8790
Ac our slouȝ þousandes mani
Ar of hem were armed ani,
Ac þo þai hadde keuered armes
Wiþ launces maces and gisarmes
Bi þousandes mani a man   8795
þe heþen smiten our oȝan
And gun on of þe grest bataile
þat euer was smiten saun faile.
Passed was þe dayspringing
þe hote sonne was schininge   8800
þo bigan kniȝtes rideing
Trumpes b[low]en tabours dassing
þer was fleinge and wiþstonding
Tireing togging and ouerþroweinge,

8802 *MS., K* beten

Of Sarraȝins in litel stounde 8805
Mani þousand was frust to grounde.
þat seiȝe Rion þat vile hounde
He cleped Salinas þat kniȝt of mounde
Whiche Salinas was his nevou
A stalworþ man and ful of vertu 8810
He tok him an hundred þousand kniȝtes
And hete him wende anon riȝtes
His folk forto socour
And awreke his deshonour,
þis Salinas and his wiþ gret vigour 8815
Com oȝain king Arthour
Wiþ his to and fourti of mounde
And wiþ kniȝtes of þe table rounde
And wiþ oþer, in al y finde
þe mountaunce of seuen þousinde; 8820
þo seyd Merlin to king Arthour
'þenke now of þi newe amour,
For loue of þi last kissing
Among þis heþen houndes fling.'
At þat word king Arthour 8825
Smot his stede of gret valour
And hit a Sarraȝin þurth þe scheld
And his hauberk felefeld
þat þurth þe hert þat ysen cheld
Pased and kest him in þe feld, 8830

King Ban biseiȝe riȝt so anoþer
And king Bohort þe þridde his broþer,
Neiȝe ichon of her felawe
In þe entring brouȝt a paien of dawe;
þer was mani stede yfeld 8835
Mani kniȝt slawen vnder scheld
Ich kniȝt hewe on his per
On schide so doþ þe carpenter,
þer dede so our kniȝtes of los
þat mani paien þerof agros. 8840
Arthour was þat day biheld
Hou manliche þat he paiens aqueld
He hem tokarf he hem tohewe
Mani wiþ ded his dintes knewe.

¶King Ionap a paien kene   8845
(Lengþe he hadde o fet fiftene)
He seiȝe hou Arthour ded hem damage
He tok a launce in gret rage
And biforn him grop his scheld
Arthour he þouȝt his harm to ȝeld;   8850
¶Arthour seiȝe wher he cam
A stef launce in hond he nam—
He no sembled no more him oȝan
þan doþ a child oȝain a man.
Aiþer gan his stede dresse   8855
Oȝain oþer in þat presse,
Ionapes schaft bigan to glide
Riȝt bi king Arthour left side
þurthout armes and þurthout schert
And in þe side, nouȝt sore, him hert,   8860
¶And Arthour smot him wiþ his launce
þurthout his scheld wiþouten balaunce
And þurthout hauberk and aketoun
And þurthout þe scholder fer aroum,
Ionap was so proude and sterne   8865
No ȝaf he þerof nouȝt a ferne,
Wiþ þe brestes so þai metten
þat to þe grounde boþe þai stetten.
Of Cristen [and] heþen þer was toiling
Forto help þis to king   8870
þer was mani swerd ydrawe
Mani kniȝt hirt and mani slawe,
What wiþ wristling wat wiþ togging
What wiþ smiteing and wiþ skirminge
f. 251vb   On boþe half so þai wrouȝten   8875
Her kinges on hors þai brouȝten;
þo Arthour and his fourti and to
And [þe] kniȝtes of þe rounde table also
So korwen and hewen wiþ main hond
þat non armour miȝt hem astond   8880
And so slowen þat Salinas
Fleiȝe and al þat wiþ him was.

8878 [þe]: *MS.*, *K* his   8879 main: *T*, *K* mani, *K notes suggest inter-*
changing wiþ mani

Among þe wele doinde of our men
Was on wele fiʒtand hete Nacien
Perciuales cosyn þe fri   8885
On his moder half þat fair leuedi,
In þis warld of more noblay
Nas non bi Vter Pendragones day
No forþ bi þe kinges day Arthour
Nas þer non of more vigour.   8890
Haningnes his moder was
(Iosepes suster a kniʒt of gras)
Whom Ebron hadde spouse
A kniʒt of dede vertuous
þat on hir ʒat kniʒtes seuentene   8895
Hardi and strong wiʒt and kene
In whom seþþen in mani fiʒt
Al Inglond so was aliʒt,
þis was Colidoines cosyn þe rike
Naciens sone of Betike   8900
Whiche Celidoine seiʒe first saun fail
Of þe holi graal þe meruail,
ʒete þis Nacien þe curteis
Was sibbe king Pelles of Listoneis
And al his breþer God it wot   8905
And seþþen hadde Launcelot
In his ward almest a ʒer
So þe romaunce seyt elleswher;
þis Naciens of whom y write
Seþþen bicom ermite   8910
And lete kniʒtschippe and al þing
And bicome prest messe to sing,
Virgine of his bodi he was
Whom seþþen þe holi Godes gras
Rauist into þe þridde heuen   8915
Where he herd angels steuen
And seiʒe Fader and Sone and Holi Gost
In on substaunce in on acost,
f. 252ra   þis ʒaf seþþen þe riche conseil
To þe king Arthour saun fail   8920
þo he was in gret periil

8899 K C[e]lidoines   8900 Betike: ke *on erasure in darker ink*

To lese his londes and ben exil
Oȝaines þe king Galahos
þe geauntes sone of gret los
þat ȝaf king Arthour bataileinge   8925
Wiþ þe power of þritti king.
þis Naciens and Adragenis þe broun
þe heþen kniȝtes leyden adoun
Tohewe hem and togert
Y ȝou sigge forsoþe cert   8930
þe gret strengþe of king Arthour
þes to folweden in alle þe stour
So fer þat he no miȝt se no knowe
Neuer on of her felawe,
Bifor þes þre Merlin went   8935
And bar þe dragoun þat fer out sent;
þes þre deden michel wo
Hors and man þai coruen ato
Boþe a left half and a riȝt
þai felden kniȝtes and slouȝ doun riȝt   8940
And forced hem wiþ mani dent hard
What þai come to king Riones standard
þat four castels [vp] olifaunce
Bar toforn king Riouns.
Her feren þo misten hem   8945
And smiten after bi xii and ten
Wiþ newe grounden fauchoun and sword
Mani heued þai smiten ford
þai schouen wiþ schulder and smiten wiþ arm
And deden þe paiens dedliche harm   8950
Ac þai no miȝt keuer to king Arthour
Wiþ sleiȝt no wiþ vigour,
Bot Ban and Bohort so seiþ þe bok
Laiden doun al þat þai tok
Sum into þe sadel þai smiten   8955
Her swerdes þai dede ful wele biten
And so fouȝten and slowen par ma fay
þat þai redden and maden way
Maugre þo paiens þurth fin vigour

8943 *K text* þat [on] four castels olifaunce, *K notes suggest* þat four castels [on]
olifaunce

What þai com to king Arthour,   8960
And þo þai were togider fiue
þai binomen mani on her liue,

An hundred haþen in litel fitt
þe fiue þurth koruen and heued of slit.
In ich half was gret fiȝting   8965
Gret sleiȝt gret criing
Socouring and wiþstonding,
Of kniȝtes barouns erls and kinge
Lay mani heuedles on þe grounde
On þe gras wiþ dedli wounde   8970
Sum lay wiþouten fet and armes
Ato ygirt into þe þarmes.
¶Among þis toil seiȝe king Rion
Our fiue so his men slon
He was seuenten fet long   8975
And in þis warld no man so strong
In his riȝt hond and in his left
A mace he gan vp lift
þat no man no schuld bere
No vnneþe fram þe grounde stere.   8980
In þis time king Fansaron so mot y liue
Hadde on iuel dent yȝeue,
Bohort him gan after prike
Curagus to ben awreke
Fram his feren he folwed him almast   8985
þe cast of an alblast
And hit him þan a dint wel iuel
þat he fel on his hors adiuel,
He wold his nek smiten eft
And þe dint a litel gleft   8990
þe stedes nek he smot atvo
King Fansaron fel to grounde þo.
Bohort him hadde slawe anon
Ac opon hem com king Rion
Wiþ þe power of xviii kinge   8995
On king Bohort loude gredinge
þe mace arered in his hond
And 'Fiȝ a putain wiþstonde!

8988 hors *inserted above line in darker ink*   8998 *K* And [said]: 'Fiȝ . . .

þou schalt abigge þat þou þer come
Lo here in mine hond þi dome!' 9000
Bohort of þe gretnesse hadde meruail
And of him was adred saun fail,
Leuer he hadde þer ben yhent
þan fleand ynomen oþer yschent
He set on him þe crouche verray 9005
And him vnder his scheld wray,

f. 252va Rion on þat scheld so smot
þat it tobrast God it wot,
And king Bohort so smot oȝan
O þe helme þat hoge man 9010
þat he sat astoned vpriȝt
And nist wheþer it was dai or niȝt.
þe hors he dast him forbi
And com vp a chaunce sikerly
Where king Aroans a geaunt fel 9015
Hadde felled Herui de Riuel
And held him so bi þe code
þat mouþe and nose him ran a-blod,
And hadde þer of his heued ysmite
Nadde Adragenis to him stite 9020
Wiþ swerd oȝain fourti and mo;
King Bohort com rideinde þo
And ȝaue Aroans wiþ þe swerd a flat
þat he þrewe of his hors aplat,
Herui seiȝe legge þe kinges cors 9025
Anon he lepe vp to his hors
And smiten hem amid þe pres
So grehound doþ out of les
And so hewen and laiden on
þat non miȝt better don. 9030
Now is king [Leodegan] wiþ his folk hard
Smiten on kinge Riones standard
And doþ gret power ich ȝou telle
Riones baner forto felle,
Ac Rion com and his mace left 9035
And slouȝ a riȝt hal[f] and a left,

9015 Aroans: a *corrected from minim*, S aroaus, T, K Arostus (*K reports MS. per-haps* aroftus), *MS. could perhaps be so read*   9031 *MS.* rion   9036 *MS.* hals

Rion smot to king Bohors
And wende todaschen al his cors
And he failed of him and hit his stede
þe dent was gret and vnrede 9040
þe hors chine he dassed ato,
Bohort lepe afot þo
And wiþ his swerd y ȝou pliȝt
Wered him anon riȝt
Ac Rion was him about 9045
To nimen and slen wiþ michel rout
And dede him tviis knely arawe
And almast hadde him yslawe.
Herui Riuel þis iknewe
King Bohortes harm him gan rewe 9050

f. 252vb

þe stede he smot þat it queiȝte
Of a geaunt a launce he pliȝt
To king Rion he gan ride
And smot him þurthout þe side,
King Rion wiþsat þat dent 9055
And smot to Herui verrament
So þat a qua[r]ter of his scheld
He bar oway into þe feld,
And eft wald so a deuel wiȝt,
Ac Herui þat was vigrous and liȝt 9060
On þe scheld him hit a dint hard
And cleued it to þe midward,
And Rion smot and gan faile
And Heruies hors slouȝ saun faile,
þo stode Herui bi Bohort 9065
Boþe in periil of mort
Oȝaines fele score ypliȝt
And þai hem wered as noble kniȝt.
þis seiȝe Adregein þe broun
'Now helpe' he seyd 'seyn Symoun!' 9070
He rode to Rion and so him smot
þat he plat God it wot
Aswon on his hors swere

9038 *K* wende, to daschen   9053 *following this line, MS. has line* and to
king rion he gan ride, *roughly struck through, possibly by the late marginal hand*
9072 *K* [fel] plat

Miȝt he noiþer se no here;
þe heued he hadde him þer binome   9075
Nadde þe proude king ycome
Rion nevou Solinas
(þat honged worþ bi þeues las!),
Bihinde Adrageins com wiþ a spere
And to þe grounde gan him bere   9080
And bitven þe schulders him hirt,
Adragein anon vp stirt
On fot and halp his compainoun
So it were a wode lyoun
And so hem wered wiþ steles egge   9085
þat non no durst on hem hond legge,
Ac þai hem þrewe wiþ spere and kniif
And oþer armes to reuen her liif
And wounded hem sore swiþe
þurthout þe armes mani siþe.   9090
So þai were ouerriden in a þrawe
þat neiȝe þai hadde ben yslawe
ȝif Nacien no had ysein þis
þat þider smot his stede of pris,

f. 253ra

þo þat in his way he met   9095
Doun riȝt of hors he hem stett
Rion he smot on þe side riȝt
And bar him of his hors vpriȝt
And rod him on and ouer þries;
His hors was slain bitven his þies   9100
Gode and wiȝt kniȝtes of our
þo stode on fet four,
So þai gun fiȝt and lasse
þat þai made grete tasse
Abouten hem þer þai stode   9105
And depe woden in þe blod
And made swiche defense and sleiȝt
þat y no may telle it ariȝt.
Ac Rion þat wiþþerwinne
Dede gret power hem to nime   9110
And hadde hem nomen wiþouten let
No hadde Merlin riden þe bet

9103 *K* fiȝt [more] and lasse   9105 stode: st *uncertain*

To king Arthour and to king Ban
And seyd 'What do ȝe man?
King Bohort and Nacien   9115
Beþ ȝond biloke wiþ mani men
And Herui and Agreuein
Ȝond þai ben on þe plein,
Bot ȝe hem soner socour
þai ben ded al four.'   9120
'Allas allas!' quaþ king Ban
'Lade me þider riȝt onan
For be mi broþer þer mislad
Worþ y neuer þerafter glad.'
Merlin smot forþ, þai after dasse   9125
On aiþer half so grehounde of lasse
And her feren after hem come
þat mani paien ȝaf her dome
And s[e]nt hem wiþ scharp sword
To þe Deuel her lord,   9130
And þo þai comen and seiȝen hes
þai dasched forþ amid þe pres
Euerich hit a paien þo
þat þai arisen neuer mo
Kniȝtes wiȝt þai hem kedden   9135
And roume to þe four þai redden.
Geauntes strong þer weren to
þe four þat deden michel wo
f. 253ʳᵇ   Minap hete þat on veires
þat oþer was hoten Malgleires,   9140
King Ban ȝaf to king Minape
On þe helme swiche a clappe
þat he him cleued to þe toþ,
King Arthour smot after forsoþ
So Malgleires hit on þe scheld   9145
þat his heued fleiȝe in þe feld;
þes four seiȝen her socour
And lepen ouer wiþ gret vigour
Gret hepes of hors and men
þat slain lay hem bitven,   9150
Hors wel gode chepe þai founde

9129 MS. sornt, or on erasure, perhaps of eȝ, K reports MS. soȝut

And anon in þe sadel wounde
And conteined hem so wiʒtliche cert
So þai nere nouʒt yhert.
þo at arst bigan þe bataile   9155
þat last al day wiþouten faile
Ich on oþer so leyd veir
þat it dined into þe air
Also þicke þe aruwe schoten
In sonnebem so doþ þe moten   9160
Gauelokes also þicke flowe
So gnattes ichil avowe
þer was so michel dust riseing
þat sen þer nas sonne schineing;
þe trumpeing and þe tabouringe   9165
Dede togider þe kniʒtes flinge,
þe kniʒtes broken her speren
On þre, þai smiten and toteren,
Kniʒtes and stedes þer laien aboute
þe heuedes of-smiten þe guttes out   9170
Heueden fet and armes þer
Lay strewed eueriwher
Vnder stede fet so þicke
In crowes nest so doþ† þe sticke,
Sum storuen and sum gras gnowe   9175
þe gode steden her guttes drowe
Wiþ blodi sadels in þat pres.
Of swiche bataile nas no ses
To þe niʒt fram arnemorwe
It was a bataile of gret sorwe,   9180
þer was swiche cark and swiche defoil
þat al Leodeganes folk made recoil
f. 253ᵛᵃ   To Denebleise vnder þe wal,
Bot Arthour and his folk al
þat helden hem in þe bataile   9185
Of armes þat dede wonder meruaile.
⟨So Leodegan sau[n] fail
Houed vnder þe cites wal,
Sadones seyd an hardi man

9174 MS., K doþe   9179 þe: e uncertain   9187 sau[n] MS. after sa
three minims;   fail: il on erasure in darker ink

To his em Leodegan 9190
'Listneþ me now mi lord þe king
And ȝe oþer lordinge
What do we here, whi and warfore?
Ȝif we fle þis lond is lore
And wif and child and al our blisse 9195
Al is forlorn mid ywis
Better is to sterue worþschipliche
þan long to liuen schandfulliche,
Ȝif we be desirite
Our cowardschippe we may it wite; 9200
O þing ouȝt ous comfort wel
Our newe lord ȝong naturel
þat so wiȝtliche fiȝteþ for ous
Helpe we him for Crist Ihesus,
Ȝif he were hunist at þis asau†t 9205
He miȝt wite it our defau†t
And bot we him help at þis nede
We beþ forswore so Crist me rede,
And ȝete sle þat folk Sarraȝine
Is our soule medicine.' 9210
Riȝt so king Leodegan
Gan to crien hem opan,
þo seyd Goionar þe hende
' "He naþ non heued þat nil it defende"
Lete be sir þi precheing 9215
And oȝain þo houndes fling.'
Alle þai were at on asent
And forþ dassed verrament,
X m paiens of þos þai metten
þurthout hem bar, to grounde he stetten, 9220
þo bigan bataile newe
Ich on oþer wiþ swerd hewe
Wiþ mace and ex and fauchoun
Mani kniȝt laide oþer adoun.
⸿þerwhiles Merlin so y finde 9225
Dede his out wende to take þe winde
f. 253ᵛᵇ Gert her steden and ek resten,

9205 asau†t: *MS. has mark of contraction over* u *between* a *and* t *four minims*   9206 defau†t: *MS.*

What þe Sarraȝins oȝain þresten
Our Cristen þar fors oȝan,
þo mounted Arthour Bohort and Ban   9230
Wiþ alle her wiȝt compainie
Oȝain to bataile þai gun heiȝe,
Merlin tofore so seyt þe boke
Wiþ baner feld al þat he tok.
¶Arthour smot þe king Clarel   9235
Bitven þe schulder and þe hatrel
þat schulder and side and flaunke also
Wiþ his swerd he smot ato,
He was wroþ ȝe schul here wite
For Merlin hadde him atwite   9240
He hadde iuel ȝolden þe kisseinge
þat Gvenour him ȝaf at his arminge
þerfore he tohewe þat route
Tofore biside and al about,
Al wondred þat him seiȝe an   9245
And seyd he worþ a noble man.
¶þo knewe he þurth mani on
Wher þat rod þe king Rion
þurth corouns and berdes þat were his armes,
He made him way wiþ strengþe of armes   9250
His stede him bar to him anon
Arthour smot to king Rion
A quarter of his helme out hitt
And his scheld ato ykitt
And alle his armes verrament   9255
To þe purpoint, of o serpent,
Next his schert þat sat þo
Elles he hadde him coruen ato,
Rion fel doun wiþ þat dent
So he dede were verrament;   9260
Mani geauntes gret and long
About Rion þer were and strong
þat on Arthour at ones last
And wiþ her hors to grounde him dast
Ac Arthour lepe vp afot anon   9265
And werd him oȝain euerichon.

9228 K Sarraȝins † þresten   9264 her: K h[is]

Merlin wist of þis dede
And hete al Arthours felawered
Wenden swiþe to þis rideing,
Tofore dassed Ban þe king   9270
Al þat in his way stode
He biheueded hem and lete hem blode
So þat þurth his miȝt gode
þider he com þer Arthour stode
'Arthour' he seyd 'þi kinde it nis   9275
To stond o fot forsoþe ywis'—
An geaunt he tok anon
And cleued him to þe brest-bon
And brouȝt on hors Arthour ywis
Par for[s] among his enemis,   9280
þat so þo dede verrament
þat non no miȝt stond his dent.
¶þo Arthour was vp so y finde
Comen his felawes vi þousinde
And ich of hem on þer hitt   9285
Oþer heued of smot or bodi þurth kitt,
þer was defoiled king Rion
Vnder stedes fet mani on
And drawe and totore vilainliche
Ac he him defended orpedliche,   9290
Wiþ gret pine naþelas
Vp to hors couered he was
And smot wiþ mace al about
And mani slouȝ of our rout;
Ac an fewe of our best   9295
In al þat pres togider þrest,
Arthour and Ban and Bohort his amis
Naciens and Agraueins and Heruis
Lucans Griflet Vlfin and Kay
And her feren so fouȝten þat day   9300
þat in þe cuntre ran heþen blod
So in þe riuer doþ þe flod
And so fouȝten wiþ dintes hard
þat felled was king Rion standard
And þe four olyfaunce yslawe   9305

9280 *MS.* forþ

Baners and castels adoun yþrawe.
þo fleiȝe Riones folk here and ter
Non durst leue nowher
Ac king Rion þan was so wo
þat nist what he miȝt do,   9310
Wiþ his swerd scharp and briȝt
XX Cristen he slouȝ doun riȝt
Ac his men þat were him midde
Wiþ strengþe oway wiþ him ride

f. 254rb Ac fram his men he dassed sone   9315
Bi a wode oway alone
Makeand ful sikerly
Swiþe michel diol and cri.
Swiche noyse ros in þe bataile
þat þei it hadde þondred saun faile   9320
No schuld men it yhere
þe paiens made so rewely bere,
And our gred 'Sle! Lay on!
Kepe þere! Kepe here! Lete passe non!'
þus þai slouȝ in litel stounde   9325
Mani þousand to þe grounde
And euer þai ben tohewe and smite
So schepe þat were wiþ wolues ybite.
¶Leodegan and Cleodalis his steward
Folwed al on Goionard   9330
Riones nevou þat hadde wiþ him
Fele Sarraȝins wroþ and grim,
Ban and Bohort vertuous
þai todriuen four kinges orgulous
þat hete Gloiant and Minados   9335
Calufer and Sinargos,
þe oþer and þo of þe table rounde
Bi v, bi vi of gret mounde
Were departed her and tar
To folwe þe paiens eueraywhar,   9340
Naciens Adrageins and ek Herui
VI heþen kinges driuen hardi
þat hete Mautaile and Fernicans
Bantrines and Kehamans

9310 K þat [he] nist   9319 Swiche: che *on erasure in darker ink*

Forcoars and Troimadac   9345
Forto ȝeuen hem her mat;
Alone certes king Arthour
Drof king Rion wiþ gret vigour.
Arthour otok him wiþ drawe sward
And seyd 'Aȝeld þe now traitour coward!'   9350
Arthour on þe helme him smot
þe dent sanke þurth God it wot,
þurth þe pelet to þe panne
Ac dedli dent no hadde he nanne,
Rion oȝain smot a dent   9355
Ac Arthour him couered verrament
Of his scheld he carf a corner
And of his helme a quarter,

f. 254va   þe dint swarf and flei forbi
þerfore was non sori;   9360
Arthour smot oȝainward
Vnder Riones scheld a dint hard
And smot Rion þurth armes alle
þurth þe side neiȝe to þe ȝalle,
King Rion so feld him hert   9365
And gan fle ful swiþe cert,
Arthour wald after sue
Ac sex king gun on him hewe
Wiche y nemde tofore ȝou to
þat Herui drof and his feren also,   9370
þai grad 'Abide traitour!' on heiȝe
'Wroþerh[a]lle þou Rion seiȝe!'
þo lete Arthour Rion scape.
Kehenans com wiþ gret rape
And ȝaf king Arthour swiche a las   9375
þat Arthour al astoned was,
Arthour smot þat geant oȝan
A dint þat fro main cam
He smot his schulder, wiþ arm and scheld
þat it fleiȝe in þe feld,   9380
Kehenans dede his stede forþ steppe

9367 after: r *first omitted then squeezed in in darker ink*   9368 hewe: *in
darker ink, preceded by* hue *struck through (possibly in the darker ink)*
9371 K 'Abide, traitour, on heiȝe,   9372 MS., K wroþer hole

And king Arthour wald bicleppe
About his swere wiþ his riȝt arm
þat þe oþer miȝt don him harm
Ac bitven his hond and elbowe   9385
Arthour him ȝaue a dint of howe
Wiþ his swerd, þat his hond
Amidward þe feld wond;
þe stede him bar here and tere
Criand so wode he were   9390
Ac sone þerafter ded doun he þrewe
His soule to þe Deuel blewe.
þe oþer dasched on Arthour al fiue
Forto reuen him his liue
Ac Arthour king Ferican smot   9395
To þe hert God it wot,
Forcoars bi þe side he hitt
þat ribbes and þi he of slit.
þo com Naciens Herui and Adragein
Rideand to Arthour wiþ gret main,   9400
Wiþ his to feren king Mautaile
Fram Arthour gan swiþe fle,
Arthour wiþ his feren þo liȝt
Her hors girten and sadles riȝt.

N ow seiþ here þis romans   9405
  Of king Bohort and king Bans,
So driuen king Minados
Wiþ his þre feren of proude los
þai metten wiþ ten heþen kniȝtes
Strong geauntes fel and wiȝt   9410
Alle þritten þai smiten þo
On our Cristen kinges to
And perced boþe scheld and armes
And dede hem wel gret harmes,
¶Ac Ban hit king Calufer   9415
And cleued his heued into þe swere
After he tok so Sinargos
His heued fram þe bodi was los,
¶Bohort hit king Glorion
His riȝt schulder anouenon   9420
þat al þe schulder and ek þe scheld

f. 254vb

Wiþ þe ribbes fleiȝe in þe feld.
Sornigrens and Pinnogras
Gaidon and king Margaras
Wiþ vii heþen sikerliche   9425
Ban asailed wodeliche,
Ac Ban so noble kniȝt and hende
Wiȝtliche gan him defende
Pinogras he feld of hors
And foiled al his cursed cors   9430
Sornigrens he smot wiþ main
þurthout helme into þe brain.
King Bohort seiȝe his broþer fiȝt
Alon oȝain ten kniȝt,
þe stede wiþ þe spors he dust   9435
To þe grounde a paien he frust
Anoþer þurth helme and bacin
þurthout he clef him to þe chin;
þo þre paiens wiþ wiȝt bones
On þe helme him smiten at ones   9440
þat he nei hadde wiþouten balaunce
Ylorn hors and contenaunce
Ac he akeuered wiþ hert liȝt
And smiten hem on wiþ main wiȝt.
Ac in þat ich toilinge   9445
Fram Arthour com Rion þe king

f. 254A^ra   Fleand, his sw[erd ydrawe],

9448 ff. and, anxious for vengeance, he attacked Ban and Bohort,
striking Bohort down. The other heathens attacked and
wounded the felled Bohort, whose horse lay on his left
thigh so that he could not rise. Ban defended him, killing
king Margaras and another. Then the three kings whom
Arthour, Naciens, Adrageins and Herui were pursuing
appeared, and they also attacked Ban and Bohort. Bohort
succeeded in struggling to his feet, killed Mautaile and
took his horse; he charged at Rion and a fierce battle
developed between them. Then the four Christians

9444 smiten: K smiteƚ   9446 *below the column catchword* fleand his sw
9447 *from the catchword, f. 254A is missing,* K sw[erde drain . . . .]
9447-9622 *contained on the missing leaf, if it had the regular four columns each*

arrived and attacked, each killing his man. Rion rushed at
Arthour and his sword stuck in Arthour's shield. Arthour
severely wounded Rion's sword-arm, so that he left his
sword in the shield, which Arthour threw to the ground.
Rion seized Arthour by the shoulders and tried to pull
him from his horse, but Arthour threw down his sword
and grappled in return. Ban saw this and attacked and
wounded Rion, who, seeing all his men lying dead and not
knowing how to defend himself, fled as fast as he could.
As night had come the Christians let him go, and he
escaped to his own country, cursing and swearing ven-
geance. Arthour recovered both his own sword and Rion's,
which shone wonderfully.

Meanwhile Leodegan and Cleodalis, separated from
their men in the forest as night came on, were pursuing
four of the enemy when they encountered a body of
thirty-two heathens, who all attacked them. They set
their backs against an oak tree. When Leodegan's horse
was killed Cleodalis insisted on giving up his; they con-
tinued to defend themselves with their backs to the oak.

In another pursuit

f. 254Aᵛᵇ   [sir Antour]
f. 255ʳᵃ   And Kay and Griflet and Lucan
                And Meraugis and Craddoc and Gernan
                And Belchin þe broun and Bleoberiis   9625
                And Galescounde and Lectargis
                Kalogreuant and Kehedins
                Folweden and slowen þe Sarraȝins
                Her and ter so seyt þe boke,
                And a compeinie oftoke   9630
                To hundred paiens ful of grame
                For her ler and for her schame
                And for king Rion was oway
                Her hert was ful of ten and tray;
                Ich on oþer þer gan smite   9635
                Wiþ swerdes egge þat sore gan bite,
                þai weren arwe and our hardy
                And hem todriuen sikerly,

of 44 lines; summary of probable missing matter based on the author's source, the
French 'Vulgate' Merlin   9622 [sir Antour] supplied by inference from 9743 ff.

And wenten oȝain to Danbleys
And wiþouten þe gates iuel at ayse 9640
Bileueden þer for her king
Forto han of him tiding.
þai no hadde of Merlin no conseiling
For he was went wiþouten lesing
After king Galat of miȝti hond 9645
Lord-ouer of herdene lond,
Wiþ ten þousand þat was aschape
Sarraȝins wiþ gret rape
Forto make enchauntement
Hem tofore verrament 9650
He made alle a valaye
Also it were a brod leye
þat Galaþ no non of his
þat niȝt no miȝt oway ywis—
Herafter sone in þis write 9655
Whi he it dede ȝe schul it wite.
Now telleþ þis romaunce þat king Arthour
   Com driueand gode scour
And bar Marandois in his hond
Worþ al þe swerdes of Inglond 9660
þat he hadde of Rion wonne,
He bad þe King þat made sonne
For his swete moder loue
He most þat niȝt his swerd proue;
Auentours to seke his stede he smot, 9665
King Ban rode after God it wot

Bohort also and Nacien
Herui de Riuel and Adragein
And com dasseand al bi cas
Whar Goionar and Salinas 9670
Wiþ a kniȝt of þe table rounde
To lix bataile founde.
þese four smot on hem certes
So þe lyoun doþ on þe hertes,
Arthour tauȝt on a lessoun of howe 9675
And cleued him to þe sadel-bowe,
Anoþer he biheueded, þe þridde he hit

9646 Lord-ouer of: *K* Lord ouer †

Vnto þe girdel he him slit,
þe ferþ he tok on þe chine
And carf him ato bi line,   9680
Ten forsoþe in litel þrawe
þer he brouȝt o liue-dawe
Wiþ his swerd Marandoise
þat carf doun riȝt wiþouten noise.
King Ban smot about also   9685
And cleued a geant atvo,
Anoþer he schare of al þe side
þe þridde he dede of þe heued glide
And biheueded þre oþer þerto
And þe seuend he smot ato;   9690
And Bohort boþe þi and arm
Schare of [on] and dede him harm,
Anoþer he cleued to þe toþ
þe þridde he biheueded forsoþ,
þe ferþ and fift also   9695
To helle-grounde he de[de] hem go.
þe gode kniȝt Adragein
þurth hem smot on wiþ gret main,
Anoþer he cleued to þe brest
And of þe þridde þe heued he daste,   9700
þus he binam þer fiue
Al arowe day o liue.
Nacien dede ful wel
Wiþ scharp swerd of broun stiel
On he cleued doun riȝt   9705
And anoþer þerto apliȝt,
þe þridde to þe brest he cleued
And of þe ferþe þe heued of weued
And þre also þerto he slouȝ.
Herui also it made touȝ   9710
To þe chine he on slitt
And of to þe heued of kitt.
⸿ Goiomar and Balinas
And þe þridde þat wiþ hem was
Seiȝen her noble socour   9715

f. 255ᵛᵃ

9680 bi line: *so K corr., K text* biliue   9692 *K* Schare [on] of   9698 *K*
þurth † smot

And leyden on wiþ gret vigour
Ich of hem þo orpedeliche
Four slouȝ sikerliche,
þo þan leued þer bot niȝe
Of al þat iche companie   9720
And þo flowen anon riȝt
Also swiþe so þai miȝt
Gredeand it ner non men
Ac deuelen þat þai fouȝten oȝen.
Our hem suwed as men kene   9725
Til þai herden michel dene
Boþe on helmes and ysen hatten
þe dintes of swordes flatten,
þo seyd Ban 'We moten heye,
Al niȝt and wiþ swerd d[r]ie.'   9730
Quaþ king Arthour 'þat haue y l[e]ueþ
Al what ichaue mi swerd proued,'
Quaþ Ban 'ȝe no haue it nouȝt deleid
þat ȝe no haue it wele aseyd,'
'Nay sir' quaþ Arthour 'þat folk was lite   9735
þat y no miȝt to wille smite
And, to ek þat, ȝe slouȝ so fele
þat half no miȝt y me bistere.'
þo seyden our oþer hem bitvene,
Most he libben and ythen   9740
Bitvene Breteine and Costentinenoble
No worþ anoþer kniȝt so noble.
Now seyt þe boke þat sir Antore
Wiþ his feren y nemd bifore
At Danebleise Arthour þai no founde   9745
Oȝain þai went in þat stounde
Wiþ drawen swerd to sechen him,
An hundred geauntes wroþ and grim
Wiþ fauchouns and wiþ swerdes stett—
Ich oþer sone mett.   9750
Antore was feld among þat floc
And Gornain and Gales þe calu and Craddoc
And Blioberis and Beichardis,

9730 d[r]ie: *MS. between* d *and* i *two minims,* K *text* dþie, K *notes suggest* [us]
d[efend]e (:[l]e[nd]e)   9731 *MS.,* K loued

þat hem defended afot ywis

And bi help of her feren seuen   9755
Oȝain an hundred—þat was vneuen.
¶Arthour com rideinde in þis cas,
For sir Antour desmaied was
He smot amidward þe pres
So grehounde doþ out of les,   9760
A geaunt sone he tok, anne,
þurthout helme and heued-panne
And þurth þe side and þe hert,
Of anoþer þe heued he girt
Ȝete he tok þe þridde   9765
And cleued him to þe midde,
In þe swere he toke þe ferþ
þat þe heued fleiȝe to þe erþe,
Fiue and sex seuen and eiȝte
O rawe he biseiȝe so riȝt,   9770
þo gan king Arthour Maru[n]dois
His swerd to king Ban praise
And seyd it carf so wel men miȝt delite
þat witeþ þe geaunce of þis smite;
Hem fiue afot on hors he lift.   9775
King Ban aside glift
On a paien wiþ main he girt
þurthout þe heued into þe hert,
Anoþer he schar þe side of
þe þridde þe heued he al todrof   9780
þus her and tar he leyd adoun
So it were a wode lyoun.
¶Bohort als a geaunt laiste
And þe heued al todaiste
Anoþer to þe chine he karf   9785
þe þridde he hit þat he starf,
Al abouten he leyd on
And slouȝ to grounde mani on.
¶Adragein wiþ wille fre
Arawe biheueded geauntes þre   9790
And oþer mo feld to grounde

9771 Maru[n]dois: *MS. a stroke (faint but definite) over fourth minim,* K Mar-
midois

þat neuer more ner sounde,

⁋þe gode kniȝt also Herui
Slouȝ so fele it was ferly,
Nacien so seyt þe boke   9795
Of a geaunt þat heued he tok
Anoþer to þe chine he luȝste
þe schulder of þe þridde he duȝste.

f. 256ʳᵃ

þus þai laiden her and tar
And her heuedes fram þe bodi schar,   9800
þe xii feren þat hye þer founde
Non no hadde dedli wounde
Ac þo þai seiȝen þis fair socour
þai laiden on wiþ gret vigour
Ich of hem þre oþer to   9805
Of þe paiens biheueded þo.
þer was noble main ysene,
Of an hundred wiþouten wene
No leued paiens bot fourtene
(þe oþer lay dede opon þe grene)   9810
And þe xiiii flowen swiþe
So her stedes miȝten driue;
Our sueden wiþ wille fin,
And metten þe clerk Merlin
þat hem wiþstode and dede hem liȝt   9815
Her stedes girten her sadles riȝt,
So þai dede and blisse made
Ich of oþers helpe was glade.
Whiles hye hem graiþeþ resteþ and riȝteþ
Listneþ hou Leodegan fiȝteþ—   9820

Hou Leodegan now vnder an oke
     Fiȝteþ so seiþ þis boke
Wiþ his steward Cleodalis
Gentil kniȝt and trewe ywis,
Oȝain seuen and tventi fouȝten hye to   9825
Certes þat was michel wo;
On fot was Cleodalis
So ich ȝou seyd er þis
Leodegan on his hors was
Cleodalis fauȝt on þe gras,   9830
Wiþ michel sorwe and gret pine

þai werd hem oȝain þo Sarraȝine.
Colocaulnus an hoge man
Smot so to Leodegan
þat he aplat fel of his stede   9835
Boþe mouþe and nose gan blede,
For feblenis of oþer wounde
Streiȝt he lay on þe grounde;
þe Sarraȝins to him come
And þo him wold han ynome   9840
Ac Cleodalis herof nam kepe
He bistride his lord and wepe,

f. 256rb

Abouten he leyd wiþ his sword
And defended his lord
So he smot to his wiþþerwine   9845
þat non miȝt his lord winne,
þai him þrewe wiþ kniues and stones
And ȝauen him woundes for þe nones.
Vp stirt Leodegan þe king
þo passed was his swoninge,   9850
His steward miȝt stond vnneþe
For he him forfauȝt al to deþe,
He seiȝe his steward so ful of treuþe
His hert was ful of sorwe and reuþe
He biþouȝt him, wiþ wrong   9855
His wiif he hadde helden long
Oȝaines riȝt þurth iniquite,
A word he seyd of gret pite
'Hay' he seyd 'Cleodalis
Trewe kniȝt wiþouten feintis   9860
þurth mi sinne and mi desray
Icham comen to mi last day;
Haue on me pite gentil man
And rewe on me Leodegan,
Ich was þi lord now am y knaue   9865
On me pite and merci haue
Forȝiue me now þe trespas
þat y þe haue don allas,
Y pray þe þat neuer mi misdede
Mi soule into helle lede.'   9870

9837 *K* feblenis † oþer

A-knowe he sat and seyd 'Merci!
Mine owen swerd take bel ami
Mine heued smite of for mi misdede,
Crist me wil þe better rede.'
Cleodalis wepe for pite   9875
He seiȝe his lord humilite
He lift him vp in his arm
And forȝaf him al þat harm
þat he him hadde don and schame
And bad him fiȝt on Godes name,   9880
So þai deden and fouȝten boþe
þe paiens þerof weren wroþe.
þo com rideand a geaunt ywis
And smot to grounde Cleodalis
þer he lay streiȝt along   9885
Leodegan to him sprong

f. 256ᵛᵃ   And him wered al about
Fram al þat ich curssed route,
So long he fauȝt he was weri
And fel adoun wel dreri;   9890
Cleodalis þo vp made astert
As he nere nouȝt yhert
And wiþ main fair and hende
His lord-king he gan defende.
þus þai ferd oft, when fel þat on   9895
þe oþer vp stert þo anon
And him defended wiþ alle his miȝt;
þus þai fouȝten til midniȝt
þo were þai wounded so strong
þat þai no miȝt doure long,   9900
To Cleodalis þo seyd Leodegan
'Help now þeself gentil man
For to lese and winne al þis lond
Y no may lenger stond'
(Often þai made dounfalleing   9905
And when þai miȝt vpriseing),
And halp Cleodalis him to were and fiȝt
Also wele so he miȝt.
❡In þis time hadde Merlin

9891 *K* a stert   9894 *K* lord, [þe] king

To Arthour and Ban teld her pine, 9910
And þo hadde Leodegan ben ynome
ȝif Arthour no had ycome
Wiþ his sextene þat on hem plat
And euerich a paien to deþ flat,
Merlin rode out in a stounde 9915
And þider brouȝt xii of þe table rounde
þat dede wiþ strengþe her swerd baþen
In bodi and blod of þe haþen,
King Arthour and Bohort and Ban
Keuered on hors Leodegan 9920
And Nacien þat kniȝt of pris
On hors keuered Cleodalis,
þat also wele yfouȝten cert
So þai ner þat day yhert.
Merlin he[m] tauȝt to four geauntes saun fail 9925
þat sustend þat bataile,
Naciens rod Ancalnus to
þe side he schar his bodi fro,
Arthour cleued king Maulas
And Ban ato girt king Ridras, 9930

f. 256ᵛᵇ   Bohort biheue⟨de⟩d king Dorilan
And ich of þe oþer slouȝ a paien þan.
þe oþer paiens flowe swiþe
And our went oȝain biliue
Into þe cite of Carohaise, 9935
Wiþ her feren hem made at aise,
þai maden gret blis and fest
And after ȝeden hem to rest.

9925 he[m]: *K* he   9930 Ridras: *initial r uncertain*   9931 *above the line the title of the next piece* þe wenche þat ⟨lou⟩ed to ⟨. . . . . . . b⟩i ⟨a k⟩ing *in red, heavily erased*;   biheue⟨de⟩d: *involved in erasure, second* e *uncertain*   9932 And *uncertain*   9938 *A concludes*